독자의 **1초**를 아껴주는 정성!

—

세상이 아무리 바쁘게 돌아가더라도

책까지 아무렇게나 빨리 만들 수는 없습니다.

인스턴트 식품 같은 책보다는

오래 익힌 술이나 장맛이 밴 책을 만들고 싶습니다.

길벗이지톡은 독자여러분이 우리를 믿는다고 할 때 가장 행복합니다.

나를 아껴주는 어학도서, 길벗이지톡의 책을 만나보십시오.

독자의 1초를 아껴주는 정성을 만나보십시오.

미리 책을 읽고 따라해본 2만 베타테스터 여러분과 무따기 체험단, 길벗스쿨 엄마 2% 기획단,

시나공 평가단, 토익 배틀, 대학생 기자단까지!

믿을 수 있는 책을 함께 만들어주신 독자 여러분께 감사드립니다.

홈페이지의 '독자마당'에 오시면 책을 함께 만들 수 있습니다.

(주)도서출판 길벗 www.gilbut.co.kr

길벗 이지톡 www.gilbut.co.kr

길벗 스쿨 www.gilbutschool.co.kr

말하기 & 듣기	읽기 & 쓰기	발음 & 단어

첫걸음

초급

비즈니스

여행

일본어, 중국어, 기타 외국어 시리즈

500만 독자의 선택 무작정 따라하기

	일본어	중국어	기타 외국어
초급			
중급			
비즈니스			
여행			

: QR 코드로 음성 자료 듣는 법 :

1

스마트 폰에서
'QR 코드 스캔'
애플리케이션을 다운
받아 실행합니다.
[앱스토어나 구글
플레이 스토어에서
'QR 코드'로 검색하세요]

2

애플리케이션의 화면과
도서 각 unit 시작
페이지에 있는 QR 코드
를 맞춰 스캔합니다.

3

스캔이 되면
'음성 강의 듣기',
'예문 mp3 듣기'
선택 화면이 뜹니다.

4

원하는 음성 자료를
터치해서 학습을
시작합니다.

: 길벗이지톡 홈페이지에서 자료 받는 법 :

1

길벗이지톡 홈페이지(www.gilbut.co.kr) 검색창에서
《중국어 무작정 따라하기》를 검색합니다.

2

검색 후 나오는 화면에서 해당 도서를 클릭합니다.

3

해당 도서 페이지에서 '자료실'을 클릭합니다.

4

다운로드 아이콘을 클릭해 자료를 받습니다.

〈중국어 무작정 따라하기〉는 하루에 한 과 학습을 기본으로 구성했습니다. 공부를 할 때는 단번에 모든 것을 이해하고 외운다고 생각하지 말고, 전체를 보려고 노력하고 복습을 하며 세세한 내용을 챙기는 것이 좋습니다. '스스로 진단'에는 공부를 하고 나서 어려웠던 점이나 물어볼 것 등을 적어 두세요. 며칠만 쌓여도 잘하는 것과 부족한 것을 한눈에 볼 수 있습니다.

• 준비마당의 중국어 발음을 충분히 학습한 후, 본격적인 학습에 들어가세요.

학습일차	Day 01	Day 02	Day 03	Day 04	Day 05
첫째마당	01 你好!	02 你们好吗?	03 他是谁?	04 你做什么?	05 他在家吗?
학습자료	음성강의 01.mp3 01-1~01-5.mp3	음성강의 02.mp3 02-1~02-5.mp3	음성강의 03.mp3 03-1~03-5.mp3	음성강의 04.mp3 04-1~04-5.mp3	음성강의 05.mp3 05-1~05-5.mp3
학습일차	Day 06	Day 07	Day 08	Day 09	Day 10
첫째마당	06 今天几月几号?	07 现在六点十分。	08 他今年多大?	09 你哪儿不舒服?	10 多少钱?
학습자료	음성강의 06.mp3 06-1~06-5.mp3	음성강의 07.mp3 07-1~07-5.mp3	음성강의 08.mp3 08-1~08-5.mp3	음성강의 09.mp3 09-1~09-5.mp3	음성강의 10.mp3 10-1~10-5.mp3
학습일차	Day 11	Day 12	Day 13	Day 14	Day 15
둘째마당	11 我姓金, 叫金英俊。	12 你最近怎么样?	13 这是我哥哥。	14 你会打篮球吗?	15 AA书吧在麦当劳东边。
학습자료	음성강의 11.mp3 11-1~11-5.mp3	음성강의 12.mp3 12-1~12-5.mp3	음성강의 13.mp3 13-1~13-5.mp3	음성강의 14.mp3 14-1~14-5.mp3	음성강의 15.mp3 15-1~15-5.mp3
학습일차	Day 16	Day 17	Day 18	Day 19	Day 20
둘째마당	16 祝你生日快乐!	17 今天我要加班。	18 我在网上呢。	19 我头疼, 有点儿发烧。	20 能不能便宜一点儿?
학습자료	음성강의 16.mp3 16-1~16-5.mp3	음성강의 17.mp3 17-1~17-5.mp3	음성강의 18.mp3 18-1~18-5.mp3	음성강의 19.mp3 19-1~19-5.mp3	음성강의 20.mp3 20-1~20-5.mp3
학습일차	Day 21	Day 22	Day 23	Day 24	Day 25
셋째마당	21 请多多关照。	22 最近你生意怎么样?	23 这是这儿的特色菜。	24 我不能打开信箱。	25 文件柜旁边有复印机。
학습자료	음성강의 21.mp3 21-1~21-5.mp3	음성강의 22.mp3 22-1~22-5.mp3	음성강의 23.mp3 23-1~23-5.mp3	음성강의 24.mp3 24-1~24-5.mp3	음성강의 25.mp3 25-1~25-5.mp3
학습일차	Day 26	Day 27	Day 28	Day 29	Day 30
셋째마당	26 星期五晚上怎么样?	27 打车到北京饭店要多长时间?	28 我是来出差的。	29 我好像感冒了似的。	30 我想换成人民币。
학습자료	음성강의 26.mp3 26-1~26-5.mp3	음성강의 27.mp3 27-1~27-5.mp3	음성강의 28.mp3 28-1~28-5.mp3	음성강의 29.mp3 29-1~29-5.mp3	음성강의 30.mp3 30-1~30-5.mp3
학습일차	Day 31	Day 32	Day 33	Day 34	Day 35
넷째마당	31 我要登记入住。	32 你们睡好了吗?	33 我给你们推荐几个菜吧。	34 我们连午饭也没吃。	35 请问, 行李在哪儿取?
학습자료	음성강의 31.mp3 31-1~31-5.mp3	음성강의 32.mp3 32-1~32-5.mp3	음성강의 33.mp3 33-1~33-5.mp3	음성강의 34.mp3 34-1~34-5.mp3	음성강의 35.mp3 35-1~35-5.mp3
학습일차	Day 36	Day 37	Day 38	Day 39	Day 40
넷째마당	36 后天北京天气怎么样?	37 明天我要退房。	38 喂, 不是张阳家吗?	39 脚被扭伤了。	40 现在打七折。
학습자료	음성강의 36.mp3 36-1~36-5.mp3	음성강의 37.mp3 37-1~37-5.mp3	음성강의 38.mp3 38-1~38-5.mp3	음성강의 39.mp3 39-1~39-5.mp3	음성강의 40.mp3 40-1~40-5.mp3

중국어
무작정
따라하기

김윤희 지음

길벗
이지:톡

중국어 무작정 따라하기

The Cakewalk series – Chinese

초판 발행 · 2015년 1월 30일
초판 5쇄 발행 · 2020년 2월 20일

지은이 · 김윤희
발행인 · 이종원
발행처 · (주)도서출판 길벗
브랜드 · 길벗이지톡
출판사 등록일 · 1990년 12월 24일
주소 · 서울시 마포구 월드컵로 10길 56(서교동)
대표 전화 · 02)332-0931 | **팩스** · 02)323-0586
홈페이지 · www.gilbut.co.kr | **이메일** · eztok@gilbut.co.kr

책임 편집 · 박정현(bonbon@gilbut.co.kr) | **기획** · 이민경 | **디자인** · 박행아
제작 · 이준호, 손일순, 이진혁 | **영업마케팅** · 김학흥, 장봉석
웹마케팅 · 이수미, 최소영 | **영업관리** · 김명자, 심선숙 | **독자지원** · 송혜란, 홍혜진

편집진행 및 교정교열 · 홍주현 | **표지 일러스트** · 삼식이 | **본문 일러스트** · 김경찬 | **전산편집** · 수(秀) 디자인
오디오 녹음 · 와이알미디어 | **CTP 출력 및 인쇄** · 북토리 | **제본** · 신정문화사

- 책 내용에 대한 문의는 길벗 홈페이지(www.gilbut.co.kr) 고객센터에 올려 주세요.
- 잘못 만든 책은 구입한 서점에서 바꿔 드립니다.
- 이 책에 실린 모든 내용, 디자인, 이미지, 편집 구성의 저작권은 ㈜도서출판 길벗과 지은이에게 있습니다.
  허락 없이 복제하거나 다른 매체에 옮겨 실을 수 없습니다.

ISBN 978-89-6047-888-6 03720
(길벗 도서번호 300772)

정가 16,000원

독자의 1초까지 아껴주는 정성, 길벗출판사
(주)도서출판 길벗 | IT실용, IT/일반 수험서, 경제경영, 취미실용, 건강실용, 자녀교육서, 인문교양
더퀘스트 | 인문교양서, 비즈니스서
길벗이지톡 | 어학단행본, 어학수험서
길벗스쿨 | 국어학습서, 수학학습서, 유아학습서, 어학학습서, 어린이교양서, 교과서

페이스북 · www.facebook.com/gilbuteztok
네이버 포스트 · http://post.naver.com/gilbuteztok
유튜브 · https://www.youtube.com/gilbuteztok

어떤 상황이든 중국어로 말할 수 있어요!

첫째마당에서 배운 핵심 문장에서 **단어를 조금만 바꾸고 붙이는 것만으로 바로 일상생활, 비즈니스, 여행에서 다 통하는 표현**이 되는 게 정말 신기합니다. 이 책 덕분에 어렵기만 했던 중국어 공부가 즐거워졌어요.

이민지 | 20세, 대학생

말하기, 듣기, 읽기, 쓰기가 다 돼요!

문장이나 대화문 하나를 배우면 그냥 두지 않습니다. **병음, 중국어, 우리말을 돌아가며 듣게 하고, 말하게 하고, 읽게 합니다.** 마지막으로 써 보고 문제 풀이까지 끝내니 정말 확실하게 머리에 박히는 기분입니다. 한번 공부를 시작하면 지루할 틈이 없습니다.

신성은 | 26세, 연구원

독학으로 공부하기 최적의 책!

다른 책과 달리 문장을 알려 주고 끝나는 게 아니라 **해당 문장 설명은 물론, 관련 내용까지 상세하게 알려 줍니다.** 회화 책에서 부족했던 문형 공부까지 확실하게 챙겨주니 혼자 공부해도 부족한 걸 못 느낍니다. 더구나 짜랑짜랑한 목소리의 저자 음성 강의는 학원 강의까지 공짜로 챙겨 주는 것 같아요.

서유라 | 23세, 대학생

말할 수 있는 문장이 점점 길어집니다!

중반부를 넘겼을 때, 제법 긴 우리말 문장을 보고도 중국어로 술술 말할 수 있는 것에 놀랐습니다. **앞에서 쉬운 것부터 미리 챙겨 주고 응용하게 해서인지 그리 힘들지도 않았는데** 말이죠. 나머지를 마저 공부하고 나면 저도 모르게 더 실력이 늘어나 있겠죠?

윤세나 | 30세, 직장인

베타테스트에 참여해 주신 모든 분께 감사드립니다.
이 책을 만드는 동안 베타테스터 활동을 해 주시고 여러 가지 좋은 의견을 주셨던
권윤구 님, 김무원 님, 김희영 님, 박소정 님, 손정승 님께도 감사드립니다.

핵심 문장 40개면
어디서나 말하고, 듣고, 읽고, 쓸 수 있다!

중국어가 중요하다는 말은 굳이 하지 않아도 될 정도입니다. 매일 보는 뉴스와 신문에서 중국 관련 기사가 쏟아지고, 번화가에서 중국인 여행객 游客(요우커)를 쉽게 볼 수 있죠.
그래서 많은 사람들이 중국어 공부를 시작합니다. 하지만 '중국어는 울면서 들어갔다가 웃으며 나온다'는 말을 증명이나 하듯 초반에 고생만 하다가 그만두는 경우가 많습니다.

한자를 좀 안다고 만만하게 생각했는데 낯선 성조와 발음에 지레 겁을 먹고 도전자의 절반이 포기해 버립니다. 시중에 나와 있는 어렵고 분량이 많은 기초 중국어 교재를 보다가 또 한번 많은 학습자가 지쳐서 떨어져 나갑니다. 어렵사리 기초 중국어 교재를 끝냈는데 여행이나 비즈니스, HSK 같은 시험을 위해 또 공부를 해야 하니 아예 손을 놔 버리죠.

말을 배우는 것은 모방과 소통이다!

저도 처음 중국어를 배울 때 무척 고생을 했습니다. 아는 성조도 입으로 나오지 않고, 뻔한 한자도 발음이 되지 않아 고민이 많았습니다. 그런 제게 교수님께서 **강조한 것은 '모방과 소통'**이었고, 저는 무엇보다도 **'입과 귀가 부지런해야 한다'라는 말**을 마음 깊이 담았죠.
그 후 대학과 베이징 유학을 마치고 전문가가 된 지금까지 어린 학생부터 60세가 넘는 성인 학생을 지도하며 이 말은 불변의 진리라는 것을 깨닫고 있습니다.
이 책은 이런 학습자들의 어려움과 10년 넘는 현장 강의를 통해 쌓은 노하우로, 시행착오를 줄일 수 있는 방법을 모아 만들었습니다.

1. 어떤 상황에서도 통하는 핵심 문장 40개를 정리했습니다.

이제 기초 회화를 공부하고 여행 회화나 비즈니스 회화, 일상 회화를 따로 공부하지 않아도 됩니다. 이 책은 **기본 실력이 되는 핵심 문장 40개를 알려 주고, 여기에 단어 몇 개만 바꾸고 붙이는 것만으로 언제 어디서나 원하는 말을 만들 수 있게 해 줍니다.** 업무를 보며 중국어가 필요할 때, 현지에서 여행을 다닐 때, 생활 속에서 중국어가 필요할 때도 이 책 한 권이면 충분합니다.

2. 기본적인 어법과 응용 능력을 키워 줍니다.

중국어는 어순 배열이 엄격하지 않은 특징이 있습니다. 이런 쉬운 어법을 더 편하게 배울 수 있게 기본적인 어법을 패턴 공식으로 정리했습니다. **공식에 단어를 바꾸어 문장을 만드는 연습만으로도 저절로 어순이 잡히고, 어떤 상황에서든 응용이 됩니다.** 여기에 시험 문제까지 맛볼 수 있도록 작문 도전 코너를 만들었습니다. HSK나 TSC 등 시험 준비를 위해 다시 기초 어법부터 공부할 필요가 없는 것이죠.

3. 한 번 보는 것만으로 반복과 복습이 됩니다.

이 책은 배운 표현을 상황에 따라 응용할 수 있도록 10개의 주제가 여러 번 반복해서 나오게 구성했습니다. **핵심 문장 40개의 기본 골격을 조금씩 바꿔 가며 말하고, 듣고, 읽고, 쓰는 연습을 하는 것이죠.** 그래서 시간을 따로 들여 복습하지 않고 그냥 죽 보는 것만으로 학습한 내용이 머릿속에 차곡차곡 쌓이게 됩니다.

不怕慢, 只怕站。 느린 것을 두려워하지 말고, 서 있는 것을 두려워해라.

다음 장을 펼쳐 공부를 하게 될 여러분에게 당부하고 싶은 말이 있습니다. 남들처럼 실력이 바로 늘지 않는다고 조급해 하면 안 됩니다. **올바른 방법을 찾아 목표를 향해 간다면 천천히 가더라도 문제가 되지 않습니다.** 이 책을 통해 많은 분들이 중국어의 매력에 푹 빠져, 실력을 차곡차곡 쌓아 나가는 것에 즐거움을 느낄 수 있기를 진심으로 바랍니다.

마지막으로, 본 교재가 나오기까지 함께 고민하며 도움을 준 길벗 출판사, 든든한 중국 친구이자 감수에 많은 도움을 준 马燕 선생님께 진심으로 감사드립니다. 끝으로 '입술귀탁' 팬클럽 회원들과 지인분들, 영원한 보물 1호 가족들에게 감사와 사랑의 마음을 전합니다.

Dream Chinese 김윤희

500만 명의 독자가 선택한 〈무작정 따라하기〉 시리즈는 모든 원고를 독자의 눈에 맞춰 자세하고 친절한 해설로 풀어냈습니다. 또한 저자 음성강의, mp3 파일 무료 다운로드, '무작정 따라하기' 어플리케이션, 홈페이지 독자지원팀 운영 등 더 편하고 쉽게 공부할 수 있도록 아낌없는 서비스를 제공합니다.

1 음성강의

모든 과에 저자 음성강의를 넣었습니다. QR 코드를 스캔해 핵심 내용을 먼저 들어 보세요.

2 본 책

쉽고 편하게 배울 수 있도록 단계별로 구성했으며 자세하고 친절한 설명으로 풀어냈습니다.

7 동영상 강의

저자가 직접 알려 주는 동영상 강의도 준비했습니다. 혼자서 공부하기 힘들면 동영상 강의를 이용해 보세요.
(유료 서비스 중)

3 mp3 파일

홈페이지에서 mp3 파일을 무료로 다운받을 수 있습니다. 듣고 따라 하다 보면 저절로 말을 할 수 있게 됩니다.

6 홈페이지

공부를 하다 궁금한 점이 생기면 언제든지 홈페이지에 질문을 올리세요. 저자와 길벗 독자지원팀이 신속하게 답변해 드립니다.

4 소책자

출퇴근 시간에 지하철이나 버스에서 편하게 공부할 수 있도록 훈련용 소책자를 준비했습니다.

5 어플리케이션

〈무작정 따라하기〉 시리즈의 모든 자료를 담았습니다. 어디서나 쉽게 저자 음성강의와 예문, 텍스트 파일까지 볼 수 있어요. (추후 서비스 예정)

일단 책을 펼치긴 했는데 어떻게 공부를 시작해야 할지 막막하시다고요? 그래서 준비했습니다. 무료로 들을
수 있는 저자의 음성강의와 베테랑 원어민 성우가 녹음한 mp3 파일이 있으면 혼자 공부해도 어렵지 않습니다.

음성강의 / mp3 파일 활용법

각 과마다 배울 내용을 워밍업하고 어떻게 공부해야 하는지 조언도 들을 수 있는 저자 음성강의와 원어민 녹음 mp3 파
일을 제공합니다. 음성강의와 mp3 파일은 본 책의 QR코드를 찍거나 홈페이지에서 다운로드받을 수 있습니다.

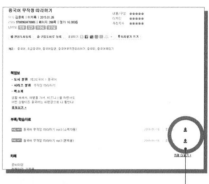

❶ QR코드로 확인하기

스마트 폰에서 QR코드 어플로 각 과 상단의 QR코드
를 스캔하세요. 저자의 음성강의와 mp3 파일을 골라서
바로 들을 수 있습니다.

❷ 홈페이지에서 다운로드받기

음성강의와 mp3 파일을 항상 가지고 다니며 듣고 싶
다면 홈페이지에서 파일을 다운로드받으세요. 길벗이지
톡 홈페이지(www.gilbut.co.kr)에 접속한 후, 자료실에
서 '중국어 무작정 따라하기'를 검색하세요.

확실한 기초 학습을 위하여 mp3 듣기 훈련이 기존 책보다 더욱 업그레이드되었습니다!
잘 듣고 따라 해 보세요.

mp3 파일 구성		
	본문	매 과-1.mp3 워밍업: 기본 문장 듣기
		매 과-2.mp3 1단계: 새로 배울 단어
		매 과-3.mp3 2단계: 듣고 말해 보기
		매 과-4.mp3 3단계: 읽고 써 보기(1~10과) / 3단계: 기본 문형 익히기(11~40과)
		매 과-5.mp3 연습문제 1번
	본문 대화 집중 훈련	매 과-4-A.mp3(1~10과): A역할 하기 / B만 녹음
		매 과-4-B.mp3(1~10과): B역할 하기 / A만 녹음
		매 과-3-A.mp3(11~40과): A역할 하기 / B만 녹음
		매 과-3-B.mp3(11~40과): B역할 하기 / A만 녹음
	소책자	2단계: 듣고 말해 보기 → 3단계: 읽고 써 보기(1~10과)
		2단계: 듣고 말해 보기 → 3단계: 기본 문형 익히기(11~40과)

준비 마당

중국어의 기본이 되는 발음을 학습합니다.

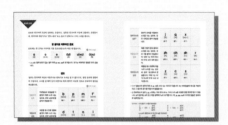

기본기 익히기

성조, 운모, 성모 등 소리 학습과 한어병음 쓰기 규칙 등 본격적으로 배우기 앞서 필요한 기초 내용을 배웁니다.

첫째~마당
넷째~마당

첫째마당에서 10가지 주제로 핵심 문장 4개씩 40문장을 배웁니다. 첫째마당을 마치면 둘째마당 생활 중국어, 셋째마당 비즈니스 중국어, 넷째마당 여행 중국어도 쉽게 배울 수 있습니다.

주제

첫째마당에서 10개의 주제가 나오고 같은 주제가 둘째마당에서 넷째마당까지 반복되어 자연스럽게 복습하며 새로운 표현을 익힐 수 있습니다.

저자 강의 듣기

첫째마당에서는 각 과를 본격적으로 배우기 전, 둘째마당에서 넷째마당은 기본 문형 익히기에서 저자 음성강의를 들어보세요. 유료 동영상 강의가 부럽지 않은 수업을 들을 수 있습니다.

워밍업 기본 문장 듣기

그림을 보고 어떤 내용인지 추측하면서 mp3 파일을 들어보세요.

1단계 새로 배울 단어

앞으로 나올 단어를 미리 배웁니다. mp3 파일을 듣고 따라하면서 발음과 글자, 뜻까지 살펴보세요.

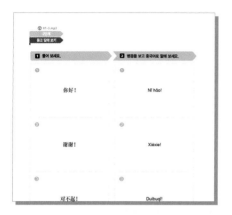

2단계 듣고 말해 보기

이번 단계는 핵심 문장 또는 대화를 듣고 말해 봅니다. '한자 → 병음 → 우리말'의 순서로 학습법을 바꿔 가며 3번 반복합니다.

1 들어 보기 mp3 파일을 들으며 한자를 눈에 익히세요.
2 병음 보고 중국어로 말하기 mp3 파일을 다시 들으며 병음을 소리 내어 읽어 보세요.

3 우리말 보고 중국어로 말하기 앞에서 보고 듣고 따라 한 기억을 되살려 우리말만 보고 중국어로 말해 보세요. 아직은 완전하지 않아도 괜찮습니다.

주요 문장 해설 보기

지금까지 듣고 따라 한 문장을 초보자의 눈높이에 맞춰 정리했습니다. 본격적인 문법은 둘째마당부터 배웁니다. 부담 없이 읽고 넘어가세요.

3단계 읽고 써 보기

앞에서 듣고 말했으니 이번에는 읽고 써 볼까요? 이번에는 앞에서 배운 문장으로 대화를 만들었습니다. '병음 → 한자 → 우리말' 순서로 읽어 보세요.

1 병음 보고 읽기 병음만 보고 큰 소리로 읽어 보세요. 아직 힘들다면 mp3 파일을 듣고 따라 해도 됩니다.
2 한자 보고 읽기 이번에는 병음을 가리고 한자만 보고 읽어 보세요. 어려운 한자가 많다면 병음의 도움을 살짝 받아도 좋습니다. 끝까지 해 보는 게 중요합니다.

3 우리말 보고 읽기 이제 어느 정도 입에 붙었죠? 우리말 해석을 보고 배운 내용을 확인해 보세요.

중국어로 써 보기

이제 입은 잠깐 쉬고 중국어로 대화를 써 보세요.

연습문제

지금까지 배운 내용을 문제를 풀어 보며 정리하는 코너입니다. 듣기, 쓰기, 문형 등 다방면에서 실력을 점검할 수 있습니다.

기본 문형 익히기

둘째마당에서 넷째마당은 대화문 연습이 끝나고 문형을 따로 배웁니다. 딱 세 문장만 뽑아서 꼭 필요한 것만 알려 주니까 그리 어렵지 않을 거예요. 게다가 저자 음성강의에서 중점적으로 짚어 주거든요.

작문 도전

문제를 풀어 보며 기본 문형 학습을 마무리하세요. 문장에 쓰일 단어는 미리 알려 주니 배열만 잘하면 됩니다.

휴대용 소책자

- 바쁜 직장인과 학생들이 지하철이나 버스 안에서도 간편하게 공부할 수 있도록 훈련용
- 소책자를 준비했습니다.

본 책에 있는 내용 중 꼭 외워야 할 문장과 문형을 한 번 더 정리했습니다. 소책자로 공부할 때도 꼭 mp3 파일을 들으면서 익히세요.

저자가 제안하는 공부법입니다. 공부할 때는 다음 순서를 참고하세요. 다음에서 제시하는 내용은 하나의 방법이니 개인의 목표에 따라 순서를 바꾸어 즐겁게 공부해도 됩니다.

준비마당

1단계 음성 강의를 들으세요.

중국어 발음과 성조를 이해하기 쉽게 설명한 저자 직강 음성강의를 들어 보세요.

2단계 듣고 따라 하세요.

발음과 성조를 정복하는 가장 쉬운 방법! mp3 파일을 반복해서 듣고 소리 내어 따라 하세요. 준비마당 학습이 끝나도, 매일 학습 전 준비마당 발음을 1번씩 듣고 따라 하는 습관을 기르면 원어민 발음이 내 것이 됩니다.

첫째마당

워밍업 배울 내용을 상상하세요.

그림을 보고 mp3 파일을 들으며 배울 내용을 상상해 보세요.

1단계 새로 배울 단어를 확인하세요.

mp3 파일을 여러 번 듣고 따라 하세요. 발음과 뜻이 익숙해지면 한자로 써 보세요.

2단계 듣고 따라 하세요.

mp3 파일을 듣고 따라 하며 핵심 문장을 익히세요.

3단계 읽고 써 보세요.

대화 속에 나온 핵심 문장을 확인하세요. 음성강의를 들으며 학습하세요.

둘째마당~넷째마당

워밍업 배울 내용을 상상하세요.

그림을 보고 mp3 파일을 들으며 배울 내용을 상상해 보세요.

1단계 새로 배울 단어를 확인하세요.

mp3 파일을 여러 번 듣고, 따라 하세요. 발음과 뜻이 익숙해지면 한자로 써 보세요.

2단계 듣고 따라 하세요.

mp3 파일을 듣고 따라 하며 본문을 학습하세요.

3단계 기본 문형을 익히세요.

새로 배우는 어법 포인트를 공식으로 익히세요. 단어만 바꾸면 언제, 어디서든 하고 싶은 말을 할 수 있습니다.

셋째마당 ： 핵심 문장 40개로 비즈니스 표현 말하기

넷째마당 : 핵심 문장 40개로 현지 표현 말하기

주제	핵심 문장 40개 익히기	생활 속 표현 익히기
인사하기	01과 인사 관련 핵심 문장 4개 학습하기	11과 형용사 술어문 | 是구문 | ~叫什么名字?
안부 묻기	02과 안부 관련 핵심 문장 4개 학습하기	12과 怎么样 | 주술 술어문 | 应该
소개하기	03과 자기소개하는 핵심 문장 4개 학습하기	13과 조사 的 | 是+직업 | 수량사 几
동작 표현하기	04과 현재 진행을 나타내는 동작 관련 핵심 문장 4개 학습하기	14과 가능을 나타내는 会 | 정도보어 | 对~感兴趣
장소/방향 표현하기	05과 사람과 사물의 위치를 나타내는 핵심 문장 4개 학습하기	15과 동사 在 | 방위사 | 往·到·拐
날짜/요일 표현하기	06과 날짜와 요일 관련 핵심 문장 4개 학습하기	16과 연동문 | 개사 离 | 别~
시간/일과 표현하기	07과 현재 시각과 일과 관련 핵심 문장 4개 학습하기	17과 조동사 要 | 동작의 완료를 나타내는 了 | 先~然后…
정보 주고받기	08과 나이에 대해 묻고 답하는 핵심 문장 4개 학습하기	18과 현재 진행을 나타내는 在 | 知道~吗? | 想의 용법
몸 상태 설명하기	09과 아픈 증상 관련 핵심 문장 4개 학습하기	19과 听~说 | 一点儿 | 개사 在
쇼핑/환전 표현하기	10과 물건 구매 관련 핵심 문장 4개 학습하기	20과 又~又… | 조동사 能 | 동사 중첩

회화의 기본이 되는
중국어 발음 익히기

중국어를 공부해 보려고 책을 펼쳤는데, 한자도 어려워 보이고, 발음과 억양도 익숙하지 않아 어떤 것부터 공부해야 할지 막막하셨죠? 준비마당에서 중국어를 말하고, 듣고, 읽고, 쓰는 데 기본이 되는 성조와 성모, 운모를 미리 알아 두세요. 우리말의 '가나다'같은 것이니 어려울 것 같다는 걱정은 잠시 접어 두고 일단 오디오를 듣고 귀에 익혀 보세요.

준비마당 학습을 마치면 본문에서 한어병음으로 된 문장을 읽을 수 있습니다. 중국어를 처음 접하는 분은 준비마당 mp3를 틈틈이 듣거나, 첫째마당을 학습하는 동안 학습 시작 전 한 번씩 준비마당을 빠르게 듣고 따라 하면 귀와 입이 빨리 트일 거예요. 그럼 다음 장을 펼치고 오디오를 들으며 중국어의 기본기를 다져 볼까요?

중국어는 어떤 언어인가요?

중국은 56개의 민족으로 구성된 다민족 국가입니다. 90% 이상이 한족(汉族)이고, 55개의 소수민족이 있습니다. 한족이 사용하는 말을 중국어로 칭하고, 한어(汉语)라고 합니다.

중국은 나라가 크고 다민족 국가이다 보니 지방이나 민족마다 사용하는 방언의 차이가 심해 중국 사람끼리도 의사 소통에 어려움이 있기도 합니다. 1949년 중화인민공화국이 설립된 이후, '북방 방언을 기초로, 베이징어의 발음을 기준으로, 현대 우수한 문학 작품의 중국어 문법을 표본으로 한' 표준어를 제정하였는데, 이를 보통화(普通话)라고 합니다.

중국어의 글자는 어떻게 쓰나요?

중국에서 쓰는 한자와 우리나라에서 쓰는 한자는 형태가 조금 다릅니다. 우리가 쓰는 한자는 정자인 번체자(繁体字)이고, 중국에서 쓰고 있는 한자는 간체자(简体字)라고 합니다.

중국에서는 1950년대부터 복잡한 번체자를 쓰기 쉽게 간소화시킨 간체자를 사용하고 있습니다. 그러나 홍콩, 마카오, 대만에서는 우리나라에서 쓰는 한자와 같은 번체자를 사용합니다.

번체자	간체자
漢語	汉语

중국어의 발음은 어떻게 표기하나요?

중국어 문자, 즉 한자는 표의문자입니다. 쉽게 말해 한자는 의미만 나타내기 때문에 한자의 모양만으로는 어떻게 읽어야 하는지 알 수 없습니다. 중국에서는 라틴 자모, 즉 알파벳을 공식적으로 채택하여 한자의 발음을 표기하는데 이를 한어병음(汉语拼音)이라고 하고, 일반적으로 줄여서 병음(拼音)이라고 부릅니다.

한글(표음문자)	중국어(표의문자)
강	江
ㄱ + ㅏ + ㅇ	성조 j iāng 성모 운모

성조란 각 음절마다 고유하게 가지고 있는 소리의 높낮이를 말하며, 4개의 성조가 있습니다. 이때 성모와 운모가 같더라도 성조가 다르면 의미가 달라지기 때문에 주의해서 연습해야 합니다.

🎧 00-1.mp3

1성	ā	높고 평평한 음을 처음부터 끝까지 유지하며, 표기는 '—'로 합니다. 예 mā (妈 엄마)	
2성	á	중간 음에서 높은 음으로 부드럽게 올려 발음하는 소리로, 표기는 '／'로 합니다. 예 má (麻 삼베)	
3성	ǎ	음을 가장 낮은 위치까지 내렸다가 천천히 살짝 위로 올려 발음하며, 표기는 'ˇ'로 합니다. 예 mǎ (马 말)	
4성	à	높은 음에서 가장 낮은 음으로 강하고 빠르게 떨어뜨리며 내는 소리로, 표기는 'ˋ'로 합니다. 예 mà (骂 꾸짖다)	
경성	a	경성은 앞 글자의 영향으로 원래의 성조를 잃고 가볍고 짧게 발음하는 소리로, 별도로 성조 표시를 하지 않습니다.(→27p.에서 학습합니다.) 예 ma (吗 ~입니까?)	

잠깐만요! • 성조는 모음 위에 표기하고 모음이 여러 개 나올 때는 a〉o, e〉i, u 순서로 표기합니다.
　　　　 예 hǎo / zǒu / xiè
　　　• i와 u로 나란히 이루어진 운모는 뒤에 있는 운모에 표기합니다.
　　　　 예 duì / jiù
　　　• i 위에 성조 부호를 표기할 때는 i 위의 점을 생략하고 표기합니다.
　　　　 예 nǐ
　　　• a, o, e로 시작하는 음절이 다른 음절 뒤에 바로 연결될 때, 음절의 경계가 모호해져서 발음상 혼란이 있을 수 있으므로 음절을 구분하기 위해 ' ' 를 사용합니다. 이 부호를 '격음부호'라고 합니다.
　　　　 예 天安门 tiān'ānmén 천안문

운모란 한국어의 모음에 상응하는 음절이고, 성모란 한국어의 자음에 상응하는 음절입니다. 한국어와 마찬가지로 '성모+운모' 또는 운모가 단독으로 쓰여 소리를 냅니다.

한 글자로 이루어진 운모

운모에는 한 글자로 이루어진 기본 운모(단운모)가 여섯 개 있습니다. 🎧 00-2.mp3

a	o	e	i(yi)	u(wu)	ü(yu)
[아]	[오-어]	[으-어]	[이]	[우]	[위]

· i, u, ü는 앞에 성모가 없는 경우 각각 yi, wu, yu로 표기합니다. 표기는 바뀌어도 발음은 모두 같습니다.

성모

성모는 한국어의 자음과 마찬가지로 단독으로 소리를 낼 수 없으므로, 항상 운모와 결합하여 쓰입니다. 소리를 낼 때의 입의 모양이나 혀의 위치가 비슷한 성모로 분류하여 발음을 연습합니다.

🎧 00-3.mp3

입술소리 성모	아랫입술과 윗입술을 다 물었다 떼며 소리 내는 성모로, 운모 'o[오어]'를 붙여서 연습합니다.	b [ㅃ/ㅂ] bā 八	p [ㅍ] pó 婆	m [ㅁ] mā 妈	f① [ㅍ/ㅎ] fù 父
혀끝소리 성모	혀끝을 윗니 안쪽 잇몸에 붙였다 떼며 소리 내는 성모로, 운모 'e[으어]'를 붙여 연습합니다	d [ㄸ/ㄷ] dì 地	t [ㅌ] tǐ 体	n [ㄴ] nǔ 女	l [ㄹ] lā 拉
혀뿌리소리 성모	혀뿌리로부터 공기를 마찰시켜 목구멍에서 내는 소리로, 운모 'e[으어]'를 붙여 연습합니다.	g [ㄲ/ㄱ] gē 歌	k [ㅋ] kǎ 卡	h [ㅎ] hē 喝	

혓바닥소리 성모②	혓바닥 전체를 이용해서 소리를 내는 성모로, 운모 'i[이]'를 붙여 연습합니다.	**j** [ㅈ] jú 橘	**q** [ㅊ] qī 七	**x** [ㅆ/ㅅ] xǐ 洗	
혀말음소리 성모	혀를 가볍게 말아 올려서 소리를 내는 성모로, 운모 'i'를 붙여서 연습합니다. 이때 'i'는 '이'가 아니라 '으'로 소리 내야 합니다.	**zh** [ㅈ] zhī 知	**ch** [ㅊ] chī 吃	**sh** [ㅅ] shí 十	**r** [ㄹ] rè 热
혀와잇소리 성모	혀끝을 윗니 뒷면에 마찰시켜 소리를 내는 성모로, 운모 'i'를 붙여서 연습합니다. 이때 'i'는 '이'가 아니라 '으'로 소리 내야 합니다.	**z** [ㅉ] zì 自	**c** [ㅊ] cā 擦	**s** [ㅆ] sè 色	

- ① f: 입술소리 성모이지만, b, p, m와 소리 나는 위치가 다릅니다. f는 아랫입술에 윗니를 가볍게 대고 그 틈으로 공기를 마찰시켜 발음합니다.
- ② 혓바닥소리 성모: j, q, x 뒤에는 기본 운모 i와 ü, 그리고 i와 ü를 포함한 결합 운모만 올 수 있습니다. ü가 올 때는 ü의 점 2개를 생략하고 u로 표기합니다. 즉, ju, qu, xu로 쓰지만 발음은 원래대로 'ü[위]'입니다.

잠깐만요! • i의 발음 두 가지를 구분하세요!

j			ji[지]		z			zi[쯔]
q	+	i[이] =	qi[치]		c	+	i[으] =	ci[츠]
x			xi[씨]		s			si[쓰]

• j, q, x와 결합한 ü의 표기와 운모 u를 구분하세요!

j			ju[쥐]		z			zu[쭈]
q	+	u[위] =	qu[취]		c	+	u[우] =	cu[추]
x			xu[쉬]		s			su[쑤]

두 글자 이상으로 이루어진 운모

운모는 한 글자로 이루어진 여섯 개의 기본 운모 이외에, 기본 운모가 결합한 복운모, 콧소리가 나는 비음운모, 혀끝을 말아 올려 발음하는 권설운모 등의 결합 운모가 있습니다. 여섯 개의 기본 운모를 다시 한 번 연습하며 함께 합해진 순서대로 발음을 연습해 보세요!

	i [이]	u [우]	ü [위]
a [아]	ia [이아]	ua [우아]	
o [오]		uo [우어]	
e [으어]	ie [이에]		üe [위에]
er [얼]			
ai [아이]		uai [우아이]	
ei [에이]		uei [우에이]	
ao [아오]	iao [이아오]		
ou [오우]	iou [이오우]		
an [안]	ian [이엔]	uan [우안]	üan [위엔]
en [은]	ien [인]	uen [우언]	üen [윈]
ang [앙]	iang [이앙]	uang [우앙]	
eng [엉]	ieng [이엉]	ueng [우엉]	
ong [옹]	iong [이옹]		

🎧 00-4.mp3

(1) a로 시작하는 운모

a	ai	ao	an	ang
ā 啊	kāi 开	bāo 包	hàn 汉	tǎng 躺

- a는 길게 발음합니다.
- an의 'n'은 우리말의 'ㄴ' 받침을 가볍고 짧게 발음합니다.
- ang의 'ng'은 우리말의 'ㅇ' 받침을 가볍고 짧게 발음합니다.

(2) o로 시작하는 운모

o	ou	ong
ò 哦	zǒu 走	zhòng 种

- o는 길게 발음합니다.
- ong의 'ng'은 우리말의 'ㅇ' 받침을 가볍고 짧게 발음합니다.

(3) e로 시작하는 운모

e	ei	en	eng	er
è 饿	hēi 黑	bèn 笨	lěng 冷	èr 二

- ei의 'e'는 '으어'가 아닌 '에'로 발음합니다.
- er은 '으'의 입 모양을 하고, 혀를 말아 올리면서 '어ㄹ'로 발음합니다.
- er은 성모와 결합하지 않고 단독으로 음절을 이룰 수 있고, 다른 운모의 뒤에 위치하여 'er(儿)화 운모'를 만들기도 합니다.

  ⓜ huā(花)+er(儿) = huār

> **잠깐만요!** 儿화 운모는 베이징어의 특색으로, 일부 명사나 동사, 형용사 뒤에 儿을 붙이는 것을 말합니다. 儿化로 쓰이면 '儿 ér'은 '-r'로 표기합니다. 일부 단어는 儿化 되면 의미나 품사가 달라지기도 합니다.
> ⓜ 画 huà 동 그림을 그리다 / 画儿 huàr 명 그림

(4) i로 시작하는 운모

i (yi) yī 一	ia (ya) jiā 家	ie (ye) bié 别	iao (yao) piào 票	iou (iu/you) qiū 秋	
	ian (yan) tiān 天	ien (in/yin) xìn 信	iang (yang) xiàng 像	ieng (ing/ying) líng 零	iong (yong) yòng 用

- i가 성모와 결합하지 않을 때 i는 'y'로 표기합니다.
- ie의 'e'는 '으어'가 아닌 '에'로 발음합니다.
- iou는 성모와 결합하면 표기할 때 'o'가 생략되지만 발음은 살짝 해 줍니다.
- ian은 '이안'이 아닌 '이엔'으로 발음합니다.
- ien과 ieng은 표기할 때 'e'가 생략되지만 발음은 살짝 해 줍니다.

(5) u로 시작하는 운모

u(wu) wǔ 五	ua(wa) wā 挖	uo(wo) huǒ 火	uai(wai) guāi 乖	uei (ui/wei) shuǐ 水
	uan(wan) wǎn 晚	uen (un/wen) chūn 春	uang (wang) chuāng 窗	ueng (weng) wēng 翁

- u가 성모와 결합하지 않을 때 'u'는 'w'로 표기합니다.
- uei는 성모와 결합하면 표기할 때 'e'가 생략되지만 발음은 살짝 해 줍니다.
- uen은 성모와 결합하면 표기할 때 'e'가 생략되지만 발음은 살짝 해 줍니다.

(6) ü로 시작하는 운모

ü(yu) yú 鱼	üe(yue) xuě 雪	üan(yuan) yuǎn 远 / xuǎn 选	üen(ün/yun) jūn 军

- ü가 성모와 결합하지 않을 때 'ü'는 'yu'로 표기합니다.
- üe의 'e'는 '으어'가 아닌 '에'로 발음합니다.
- üan은 '위안'이 아닌 '위엔'으로 발음합니다.
- üen은 표기할 때 'e'가 생략되지만 발음은 살짝 해 줍니다.
- ü로 시작하는 운모가 성모 j, q, x와 결합하면 ü의 두 점은 생략하여 'u'로 표기하지만, 발음은 그대로 '위'입니다.

경성

경성은 항상 다른 성조의 뒤에 오며 앞 글자의 성조에 따라 소리의 높낮이가 달라집니다.

🎧 00-5.mp3

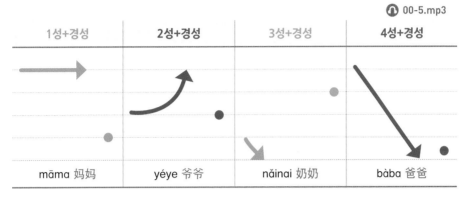

1성+경성	2성+경성	3성+경성	4성+경성
māma 妈妈	yéye 爷爷	nǎinai 奶奶	bàba 爸爸

3성의 성조 변화

3성은 두 개가 연이어 나올 경우, 앞의 3성이 2성으로 변합니다. 3성 외의 다른 성조가 올 때는 반3성, 즉, 소리를 내는 시작 지점에서 가장 낮은 지점까지 내는 소리만 발음합니다. '3성+3성'의 변화는 한어병음의 표기는 바꾸지 않습니다.

🎧 00-6.mp3

성조	실제 발음	예시
3성+1성	반3성+1성	lǎoshī 老师 선생님
3성+2성	반3성+2성	hěn máng 很忙 바쁘다
3성+3성	2성+3성	nǐ hǎo[ní hǎo] 你好 안녕
3성+4성	반3성+4성	gǎnmào 感冒 감기에 걸리다
3성+경성	반3성+경성	jiějie 姐姐 언니, 누나

不 bù 의 성조 변화

不는 원래 4성이지만 뒤에 4성인 글자가 오면 2성으로 변합니다.

🎧 00-7.mp3

성조	실제 발음	예시
不 bù+1성	bù+1성	bù gāo 不高 높지 않다
不 bù+2성	bù+2성	bù máng 不忙 바쁘지 않다
不 bù+3성	bù+3성	bù hǎo 不好 좋지 않다
不 bù+4성	bú+4성	bú jiàn 不见 보이지 않다

一 yī 의 성조 변화

一의 원래 성조는 1성입니다. 단독으로 쓰여 수를 나타낼 때는 원래의 성조인 1성으로 발음하지만, 뒤에 1, 2, 3성이 올 때는 一가 4성으로, 뒤에 4성이나 경성이 올 때는 一가 2성으로 변합니다.

🎧 00-8.mp3

성조	실제 발음	예시
一 yī+1성	yì+1성	yì qiān 一千 천, 1,000
一 yī+2성	yì+2성	yì nián 一年 일 년
一 yī+2성	yì+3성	yì bǎi 一百 백, 100
一 yī+4성	yí+4성	yí wàn 一万 만, 10,000
一 yī+경성	yí+경성	yí ge 一个 한 개, 한 명

잠깐만요! 본 교재에서 不와 一의 성조 변화는 변화되는 성조로 표기했습니다.

핵심 문장
40개 익히기

여행을 가기 위해, 업무상 필요해서, 드라마를 보기 위해, 한두 마디 알아 놓으면 유용할 것 같아서….
중국어를 배우는 목적은 모두 다를 겁니다. 각각의 상황을 따로 배우지 않고, 모든 상황에서 쓸 수 있
는 뼈대가 되는 표현만 골라서 배우면 중국어 공부가 좀 더 쉽고 재미있겠죠?

첫째마당 2단계에서는 핵심 문장을 4개씩, 총 40문장을 익힙니다. 핵심 문장 40개만으로도 간단한
의사소통이 가능하고, 이 문장을 뼈대로 삼아 일상생활, 비즈니스, 여행 등 각 상황에 맞는 단어로 살
만 붙이면 어떤 상황에서든 중국어로 자신 있게 말할 수 있습니다. 워밍업부터 단어, 듣고 말하기, 읽
고 쓰기, 연습문제까지 단계를 따라 오디오를 들으며 학습하세요.

기본 표현 말하기

01 인사하기

你好!

안녕하세요!

강의 및 예문 듣기

🎧 01-1.mp3
워밍업
기본 문장 듣기

그림을 보며 녹음을 들어
보세요. 본문에서 배울 표
현을 귀에 익숙하게 적응
하는 단계입니다.

🎧 01-2.mp3
1단계
새로 배울 단어

你 nǐ	때 너, 당신	好 hǎo	형 좋다
谢谢 xièxie	고마워, 감사합니다	对不起 duìbuqǐ	미안해, 죄송합니다
再见 zàijiàn	잘 가, 안녕히 가세요	您 nín	때 당신[상대방을 높여 부르는 말]
不客气 búkèqi	별말씀을요 [谢谢의 응답]	没关系 méi guānxi	괜찮습니다 [对不起의 응답]

1 들어 보세요.

2 병음을 보고 중국어로 말해 보세요.

① 你好！

① Nǐ hǎo!

② 谢谢！

② Xièxie!

③ 对不起！

③ Duìbuqǐ!

④ 再见！

④ Zàijiàn!

■ 우리말을 보고 중국어로 말해 보세요.

주요 문장 해설 보기

①

안녕!

안녕하세요!

②

고마워!

감사합니다!

③

미안해!

죄송합니다!

④

잘 가!

안녕히 가세요!

---

①

'你好!'는 누군가를 만났을 때 하는 인사말로, 처음 만난 사람이나 알고 지내던 사람에게 모두 쓸 수 있습니다. 你 대신 '您 nín'이나 여러 사람을 가리키는 '大家 dàjiā' 등 다른 호칭으로 바꾸어 나타낼 수도 있습니다.

▶만났을 때 인사 표현: 상대방 호칭+好！

예 您好! Nín hǎo! 안녕하세요!

大家好! Dàjiā hǎo! 여러분, 안녕하세요!
└─ 때 모두, 다들, 여러분

②

'谢谢!'는 상대방의 연령에 상관없이 쓸 수 있고, 뒤에 호칭을 붙여서 '谢谢你!', '谢谢大家!'와 같이 말하기도 합니다. 누군가 나에게 '谢谢!'라고 말한다면, '不客气! Búkèqi!'라고 대답합니다.

예 A: 谢谢! Xièxie! 감사합니다.

B: 不客气! Búkèqi! 별말씀을요.

③

'对不起!'는 상대방의 연령에 상관없이 쓸 수 있고 뒤에 호칭을 붙여서 말하기도 합니다. '对不起!'에 대한 대답 표현은 '没关系! Méi guānxi!'라고 합니다.

예 A: 对不起，老师! Duìbuqǐ, lǎoshī!
선생님, 죄송해요. └─ 명 선생님

B: 没关系! Méi guānxi! 괜찮아요.

④

'再见!'은 헤어질 때 쓰는 인사말입니다. '再(다시, 또)+见(만나다)'이라는 뜻의 한자가 합쳐진 표현이므로, '잘 가.', '다음에 봐요.'라는 뜻이 됩니다. 再 대신 때를 나타내는 단어를 써서 '明天见! Míngtiān jiàn!(내일 보자.)'과 같이 표현할 수도 있습니다. └─ 명 내일

▶헤어질 때 인사 표현: 시간/때+见！

---

1 병음을 보고 소리 내어 읽어 보세요.

2 한자를 보고 소리 내어 읽어 보세요.

①

A : Nǐ hǎo!

B : Nín hǎo!

---

②

A : Xièxie!

B : Búkèqi!

---

③

A : Duìbuqǐ!

B : Méi guānxi!

---

④

A : Zàijiàn!

B : Zàijiàn!

①

A : 你好！

B : 您好！

---

②

A : 谢谢！

B : 不客气！

---

③

A : 对不起！

B : 没关系！

---

④

A : 再见！

B : 再见！

3 우리말 해석을 확인하세요.

3의 대화를 중국어로 바꾸어 써 보세요.

①

A : 안녕!

B : 안녕하세요!

①

A : _____

B : _____

②

A : 감사합니다!

B : 별말씀을요!

②

A : _____

B : _____

③

A : 미안해!

B : 괜찮아!

③

A : _____

B : _____

④

A : 잘 가! / 다음에 보자!

B : 안녕히 가세요!

④

A : _____

B : _____

| 정답 | 034쪽 **2**를 참고하세요.

1 녹음을 듣고, 일치하는 단어를 고르세요.

(1) ① 你 nǐ ② 您 nín ③ 好 hǎo

(2) ① 明天 míngtiān ② 大家 dàjiā ③ 老师 lǎoshī

(3) ① 你好 Nǐ hǎo ② 谢谢 Xièxie ③ 再见 Zàijiàn

2 밑줄 친 뜻과 일치하는 중국어 문장을 고르세요.

(1)
> A : 감사합니다!
>
> B : 不客气!
> Búkèqi!

(2)
> A : 미안해요!
>
> B : 没关系!
> Méi guānxi!

(1)
① 谢谢！
Xièxie!

② 对不起！
Duìbuqǐ!

③ 您好！
Nín hǎo!

(2)
① 你好!
Nǐ hǎo!

② 对不起！
Duìbuqǐ!

③ 不客气！
Búkèqi!

3 다음 문장을 중국어로 바꾸어 써 보세요.

(1) 안녕！ Nǐ hǎo! ✎ -----------------------------------

(2) 별말씀을요！ Búkèqi! ✎ -----------------------------------

(3) 잘 가！ Zàijiàn! ✎ -----------------------------------

| 정답 | 281쪽

02

你们好吗?

당신들은 잘 지내나요?

강의 및 예문 듣기

🎧 02-1.mp3

워밍업

기본 문장 듣기

그림을 보며 녹음을 들어
보세요. 본문에서 배울 표
현을 귀에 익숙하게 적응
하는 단계입니다.

🎧 02-2.mp3

1단계

새로 배울 단어

참고

们 men [접미] [인칭대명사
뒤에 위치하여 복수형을
나타냄]

我 wǒ 나
→ 我们 wǒmen 우리

你们 nǐmen	대 너희들	吗 ma	조 ~예요?, ~입니까? [의문을 나타내는 조사]
我 wǒ	대 나	很 hěn	부 매우, 아주
呢 ne	조 ~는요? [의문을 나타내는 조사]	也 yě	부 ~도, 역시

1 들어 보세요.

2 병음을 보고 중국어로 말해 보세요.

❶

你们好吗?

❶

Nǐmen hǎo ma?

❷

我们很好。

❷

Wǒmen hěn hǎo.

❸

您呢?

❸

Nín ne?

❹

我也很好。

❹

Wǒ yě hěn hǎo.

■ **우리말을 보고 중국어로 말해보세요.**

주요 문장 해설 보기

❶

너희들은 잘 지내니?

❷

우리들은 잘 지내요.

❸

당신은요?

❹

나도 잘 지내.

❶

'你们好吗?'는 안부를 묻는 표현입니다. 你们의 们은 복수형을 나타내는 표현이고, 吗는 문장 끝에 위치해서 의문문을 만드는 조사입니다. 따라서 상대방이 1명이라면, '你好吗?'와 같이 말합니다. '你好吗?'는 '잘 지내니?'라는 표현이므로, '你好!(안녕!)'와는 구분해서 써야 합니다.
▶안부 표현: 호칭+好吗?

❷

'我们很好。'는 안부를 묻는 말에 대한 대답입니다. 我们은 我의 복수형으로 '우리'라는 의미이고, 很은 '很+［형］'의 형태로 써서 뒤에 나오는 형용사를 강조합니다.

❸

'…呢?'는 '…吗?'와 마찬가지로 문장 끝에 위치하여 의문문을 만드는 조사입니다. 우리말의 '…는요?'처럼 앞에서 언급한 내용은 생략하고 짧게 물어볼 때 씁니다. 따라서 이 대화에서의 '您呢?'는 '您好吗?'와 같습니다.

❹

也는 '~도', '역시'라는 뜻이고, 주어 뒤, 술어 앞에 위치합니다. 일반적으로 '3성+3성'의 경우, '2성+3성'으로 발음하지만, '我也很好'처럼 3성이 3개 이상 연속되는 경우에는 끊어서 읽습니다. 끊어 읽는 부분(也 yě)은 반 3성으로 발음하세요.

我 也 // 很 好。
Wǒ yě // hén hǎo.

3단계
읽고 써 보기

---

1 병음을 보고 소리 내어 읽어 보세요.

2 한자를 보고 소리 내어 읽어 보세요.

1

A : Nǐmen hǎo ma?

B : Wǒmen hěn hǎo.

2

A : Wǒmen hěn hǎo. Nǐmen ne?

B : Wǒmen yě hěn hǎo.

3

A : Wǒ hěn hǎo. Nín ne?

B : Wǒ yě hěn hǎo.

4

A : Wǒmen hěn hǎo. Nǐ ne?

B : Wǒ yě hěn hǎo.

1

A : 你们好吗？

B : 我们很好。

2

A : 我们很好。你们呢？

B : 我们也很好。

3

A : 我很好。您呢？

B : 我也很好。

4

A : 我们很好。你呢？

B : 我也很好。

3 우리말 해석을 확인하세요.

3의 대화를 중국어로 바꾸어 써 보세요.

①

A : 너희들은 잘 지내니?

B : 우리들은 잘 지내.

①

A : _____

B : _____

②

A : 우리들은 잘 지내요. 당신들은요?

B : 우리들도 잘 지내요.

②

A : _____

B : _____

③

A : 저는 잘 지내요. 당신은요?

B : 저도 잘 지내요.

③

A : _____

B : _____

④

A : 우리들은 잘 지내. 너는?

B : 나도 잘 지내.

④

A : _____

B : _____

I 정답 I 040쪽 **2**를 참고하세요.

1 녹음을 듣고, 일치하는 단어를 고르세요.

(1) ① 你们 nǐmen   ② 我们 wǒmen   ③ 您 nín

(2) ① 很 hěn   ② 也 yě   ③ 你 nǐ

(3) ① 也 yě   ② 吗 ma   ③ 呢 ne

2 밑줄 친 뜻과 일치하는 중국어 문장을 고르세요.

(1)

> A : 你们好吗?
> Nǐmen hǎo ma?
>
> B : <u>우리들은 잘 지내요.</u>

① 我很好。
Wǒ hěn hǎo.

② 我们很好。
Wǒmen hěn hǎo.

③ 我们也很好。
Wǒmen yě hěn hǎo.

(2)

> A : <u>나는 잘 지내. 너는?</u>
>
> B : 我也很好。
> Wǒ yě hěn hǎo.

① 我很好。你呢?
Wǒ hěn hǎo. Nǐ ne?

② 我们很好。您吗?
Wǒmen hěn hǎo. Nín ma?

③ 我很好。您呢?
Wǒ hěn hǎo. Nín ne?

3 다음 문장을 중국어로 바꾸어 써 보세요.

(1) 너는 잘 지내니? Nǐ hǎo ma? ✎ _____

(2) 우리들은 잘 지내요. 당신은요? ✎ _____
Wǒmen hěn hǎo. Nín ne?

(3) 나도 잘 지내. Wǒ yě hěn hǎo. ✎ _____

| 정답 | 281쪽

03

소개하기

他是谁?

그는 누구예요?

강의 및 예문 듣기

🎧 03-1.mp3

워밍업

기본 문장 듣기

그림을 보며 녹음을 들어 보세요. 본문에서 배울 표현을 귀에 익숙하게 적응하는 단계입니다.

🎧 03-2.mp3

1단계

새로 배울 단어

보충

它 tā 때 그, 그것[사물이나 동물을 가리키는 대명사]

是 shì	동 ~이다	对 duì	형 맞다, 옳다
他 tā	대 그, 그 사람[남자를 가리키는 대명사]	谁 shéi	대 누구[사람을 가리키는 대명사]
朋友 péngyou	명 친구	她 tā	대 그녀, 그 사람[여자를 가리키는 대명사]
不 bù	부 ~이 아니다		

1 들어 보세요.

2 병음을 보고 중국어로 말해 보세요.

❶

你是美爱吗？

❶

Nǐ shì Měi'ài ma?

❷

对，我是美爱。

❷

Duì, wǒ shì Měi'ài.

❸

他是谁？

❸

Tā shì shéi?

❹

他是我朋友，英俊。

❹

Tā shì wǒ péngyou, Yīngjùn.

❸ 우리말을 보고 중국어로 말해 보세요.

주요 문장 해설 보기

❶

너는 미애니?

❷

맞아, 나는 미애야.

❸

그는 누구니?

❹

그는 내 친구 영준이야.

❶

是는 'A(주어)+是+B(목적어)'의 형식으로 써서 'A는 B 이다'라는 뜻을 나타냅니다. 부정을 나타낼 때는 부사 '不 bù'를 써서 'A不是B(A는 B가 아니다)'로 표현합니다. 'A是B' 문장을 의문문으로 만들 때는 'A是B吗?' 또는 'A是不是B?'로 나타냅니다. 是不是와 같이 술어의 긍정형(是)과 부정형(不是)을 붙여서 만든 의문문을 '정반의문문'이라고 하는데, 정반의문문에는 吗를 쓸 수 없고 不는 경성으로 가볍게 발음합니다.

❷

对는 '맞다', '옳다'라는 뜻으로, 상대방의 질문에 긍정의 대답을 할 때 쓰는 표현입니다. '틀렸다'라고 상대방의 질문에 부정으로 대답할 때는 '不对 bú duì'라고 표현합니다.

❸

他는 3인칭 남자를 가리키는 대명사입니다. 3인칭 여자를 가리킬 때는 '她 tā', 사물을 가리킬 때는 '它 tā'를 씁니다. 谁는 누구인지 물어보는 의문사로, 'A(주어)+是+谁?'의 형태로 쓰면 'A는 누구니?'라는 의미가 됩니다. 의문사 谁가 있는 의문문은 吗를 쓸 수 없습니다.

❹

특정 인물을 다른 사람에게 소개하는 표현입니다. 'A(주어)+是+B(목적어)'의 형식에서 A에는 소개하는 대상, B에는 화자와의 관계 또는 이름을 넣어 말할 수 있습니다.

예 他是我爸爸。 이분은 내 아빠야.
Tā shì wǒ bàba.

她是美爱。 이 애는 미애야.
Tā shì Měi'ài.

1 병음을 보고 소리 내어 읽어 보세요.

2 한자를 보고 소리 내어 읽어 보세요.

①

A : Nǐ shì Měi'ài ma?

B : Duì, wǒ shì Měi'ài.

①

A : 你是美爱吗?

B : 对，我是美爱。

②

A : Tā shì Měi'ài ma?

B : Tā bú shì Měi'ài.

②

A : 她是美爱吗?

B : 她不是美爱。

③

A : Tā shì shéi?

B : Tā shì wǒ péngyou.

③

A : 她是谁?

B : 她是我朋友。

④

A : Tā shì shéi?

B : Tā shì Yīngjùn.

④

A : 他是谁?

B : 他是英俊。

3 우리말 해석을 확인하세요.

3의 대화를 중국어로 바꾸어 써 보세요.

❶

A : 너는 미애니?

B : 맞아, 나는 미애야.

❶

A : _____

B : _____

❷

A : 그녀는 미애니?

B : 그녀는 미애가 아니야.

❷

A : _____

B : _____

❸

A : 그녀는 누구니?

B : 그녀는 내 친구야.

❸

A : _____

B : _____

❹

A : 그는 누구니?

B : 그는 영준이야.

❹

A : _____

B : _____

l 정답 l 046쪽 **2**를 참고하세요.

1 녹음을 듣고, 일치하는 단어를 고르세요.

(1) ① 对 duì   ② 是 shì   ③ 谁 shéi

(2) ① 朋友 péngyou   ② 老师 lǎoshī   ③ 不是 bú shì

(3) ① 他 tā   ② 谁 shéi   ③ 是 shì

2 밑줄 친 뜻과 일치하는 중국어 문장을 고르세요.

(1)

> **A :** 你是英俊吗?
> Nǐ shì Yīngjùn ma?
>
> **B :** <u>맞아, 나는 영준이야.</u>

① 对，我英俊是。
Duì, wǒ Yīngjùn shì.

② 是，我英俊。
Shì, wǒ Yīngjùn.

③ 对，我是英俊。
Duì, wǒ shì Yīngjùn.

(2)

> **A :** 她是美爱吗?
> Tā shì Měi'ài ma?
>
> **B :** <u>그녀는 미애가 아니야.</u>

① 她不美爱。
Tā bù Měi'ài.

② 她是不美爱。
Tā shì bù Měi'ài.

③ 她不是美爱。
Tā bú shì Měi'ài.

3 다음 문장을 중국어로 바꾸어 써 보세요.

(1) 그는 누구니? Tā shì shéi? ✎ ------------------------------------

(2) 나는 영준이야. Wǒ shì Yīngjùn. ✎ ------------------------------------

(3) 그녀는 내 친구야. ✎ ------------------------------------
Tā shì wǒ péngyou.

04

동작 표현하기

你做什么?

당신 뭐 해요?

강의 및 예문 듣기

🎧 04-1.mp3

워밍업

기본 문장 듣기

그림을 보며 녹음을 들어
보세요. 본문에서 배울 표
현을 귀에 익숙하게 적응
하는 단계입니다.

🎧 04-2.mp3

1단계

새로 배울 단어

做 zuò	동 ~을 하다	什么 shénme	대 무엇, 무슨
看 kàn	동 보다	电影 diànyǐng	명 영화
中国 Zhōngguó	고유 중국	书 shū	명 책

2단계
듣고 말해 보기

1 들어 보세요.

2 병음을 보고 중국어로 말해 보세요.

❶

你做什么?

❶

Nǐ zuò shénme?

❷

我看电影。

❷

Wǒ kàn diànyǐng.

❸

你看什么电影?

❸

Nǐ kàn shénme diànyǐng?

❹

我看中国电影。

❹

Wǒ kàn Zhōngguó diànyǐng.

■3 우리말을 보고 중국어로 말해 보세요.

주요 문장 해설 보기

①

①

너는 무엇을 하니?

做는 '(어떤 동작·일·활동 등을) 하다'라는 동사입니다. 什么는 '무엇', '무슨'이라는 뜻의 대명사로, 동사 뒤에 위치하여 무슨 동작을 하는지 구체적으로 물어볼 수 있습니다. 谁와 마찬가지로 의문을 나타내는 대명사이므로, 什么 의문문에는 吗를 쓸 수 없습니다.

②

②

나는 영화를 봐.

看은 '~을 보다'라는 동사, 电影은 '영화'라는 명사입니다. 우리말은 '나는 영화를 본다'와 같이 '주어+목적어+술어'의 순서이지만, 중국어는 '주어(我)+술어(看)+목적어(电影)'의 순서입니다.

③

③

너는 무슨 영화를 보니?

'你做什么?'와 같이 什么가 구체적인 동작을 물어볼 때는 동사 뒤에 위치하지만, '무슨 영화'와 같이 명사를 수식할 때는 명사 앞에 위치합니다.

예 你看什么? 너 뭐 보니?
　　Nǐ kàn shénme?

　　什么书? 무슨 책?
　　Shénme shū?

④

④

나는 중국 영화를 봐.

'중국 영화'에서 '중국'은 '영화'를 수식하는 성분입니다. 이처럼 수식 성분은 중심어 앞에 위치합니다. 수식하는 단어를 바꾸어서 다양하게 표현할 수 있습니다.

예 韩国电影 Hánguó diànyǐng 한국 영화
　　└── 고유 한국

　　恐怖电影 kǒngbù diànyǐng 공포 영화
　　└── 형 공포를 느끼다, 무섭다

3단계

읽고 써 보기

---

1 병음을 보고 소리 내어 읽어 보세요.

2 한자를 보고 소리 내어 읽어 보세요.

①

A : Nǐ zuò shénme?

B : Wǒ kàn shū.

①

A : 你做什么?

B : 我看书。

---

②

A : Nǐ zuò shénme?

B : Wǒ kàn diànyǐng.

②

A : 你做什么?

B : 我看电影。

---

③

A : Wǒ kàn shū.

B : Nǐ kàn shénme shū?

③

A : 我看书。

B : 你看什么书?

---

④

A : Nǐ kàn shénme diànyǐng?

B : Wǒ kàn Zhōngguó diànyǐng.

④

A : 你看什么电影?

B : 我看中国电影。

③ 우리말 해석을 확인하세요.

③의 대화를 중국어로 바꾸어 써 보세요.

❶

A : 너는 무엇을 하니?

B : 나는 책을 봐.

❶

A : _____

B : _____

❷

A : 당신 뭐 해요?

B : 저는 영화를 봐요.

❷

A : _____

B : _____

❸

A : 나는 책을 봐.

B : 너는 무슨 책을 보니?

❸

A : _____

B : _____

❹

A : 너는 무슨 영화를 보니?

B : 나는 중국 영화를 봐.

❹

A : _____

B : _____

| 정답 | 052쪽 **②**를 참고하세요.

1 녹음을 듣고, 일치하는 단어를 고르세요.

(1) ① 做 zuò   ② 看 kàn   ③ 书 shū

(2) ① 电影 diànyǐng   ② 谁 shéi   ③ 什么 shénme

(3) ① 中国 Zhōngguó   ② 电影 diànyǐng   ③ 做 zuò

2 밑줄 친 뜻과 일치하는 중국어 문장을 고르세요.

(1)

> **A :** 你做什么?
> Nǐ zuò shénme?
>
> **B :** 나는 영화를 봐.

① 你看电影。
Nǐ kàn diànyǐng.

② 我看电影。
Wǒ kàn diànyǐng.

③ 我电影看。
Wǒ diànyǐng kàn.

(2)

> **A :** 너는 무슨 영화를 보니?
>
> **B :** 我看中国电影。
> Wǒ kàn Zhōngguó diànyǐng.

① 你什么看电影?
Nǐ shénme kàn diànyǐng?

② 你什么电影看?
Nǐ shénme diànyǐng kàn?

③ 你看什么电影?
Nǐ kàn shénme diànyǐng?

3 빈칸에 알맞은 중국어를 써 보세요.

(1) 너는 무엇을 하니?
Nǐ zuò shénme?
✎ ------------------------------------

(2) 나는 중국 영화를 봐.
Wǒ kàn Zhōngguó diànyǐng.
✎ ------------------------------------

(3) 너는 무슨 책을 보니?
Nǐ kàn shénme shū?
✎ ------------------------------------

| 정답 | 281쪽

05

장소/방향 표현하기

他在家吗?

그는 집에 있어요?

강의 및 예문 듣기

🎧 05-1.mp3

워밍업

기본 문장 듣기

그림을 보며 녹음을 들어
보세요. 본문에서 배울 표
현을 귀에 익숙하게 적응
하는 단계입니다.

🎧 05-2.mp3

1단계

새로 배울 단어

在 zài	통 ~에 있다	家 jiā	명 집
有 yǒu	통 ~을 가지고 있다, 있다	手机 shǒujī	명 휴대전화
没有 méiyǒu	통 ~을 가지고 있지 않다, 없다	哪儿 nǎr	대 어디[장소를 가리키는 대명사]
公司 gōngsī	명 회사		

1 들어 보세요.

2 병음을 보고 중국어로 말해 보세요.

❶

他在家吗?

❷

他不在家。

❸

他有手机吗?

❹

他没有手机。

❶

Tā zài jiā ma?

❷

Tā bú zài jiā.

❸

Tā yǒu shǒujī ma?

❹

Tā méiyǒu shǒujī.

3 우리말을 보고 중국어로 말해 보세요.

주요 문장 해설 보기

---

①

그는 집에 있니?

②

그는 집에 없어.

③

그는 휴대전화를 가지고 있니?

④

그는 휴대전화를 가지고 있지 않아.

---

①

在는 '~에 있다'라는 뜻으로, 'A(주어)+在+B(장소 목적어)'의 형태로 써서 'A는 B에 있다'라는 의미를 나타냅니다. 이 문장처럼 의문문으로 나타낼 때는 吗를 붙여서 'A가 B에 있니?'라고 표현합니다. 'A在B' 구문에서 A에는 사람뿐 아니라 사물이 올 수도 있습니다.

예 手机在公司。 휴대전화는 회사에 있다.
　　Shǒujī zài gōngsī.

②

'A는 B에 없다'라는 부정형의 표현은 'A不在B'라고 합니다. 이때 A의 위치를 물어보려면 장소를 나타내는 의문사 '哪儿 nǎr'을 이용해서 'A在哪儿?(A는 어디에 있니?)'과 같이 표현할 수 있습니다.

예 他在哪儿? 　그는 어디에 있어요?
　　Tā zài nǎr?

③

有는 '~을 가지고 있다'라는 뜻으로, 'A(주어)+有+B(사물 목적어)'의 형태로 써서 'A는 B를 가지고 있다'라는 소유의 의미를 나타냅니다. 문장 끝에 吗를 붙여서 의문문으로 만들 수 있고, 'A有B' 구문에서 B에는 사물뿐 아니라 사람이 올 수도 있습니다.

예 他有女朋友吗? 　그는 여자 친구가 있니?
　　Tā yǒu nǚpéngyou ma?
　　　　└── 여자 친구

④

有의 부정형은 不有가 아니라 没有입니다. 따라서 'A는 B를 가지고 있지 않다', 'A는 B가 없다'라고 표현할 때는 'A没有B'라고 나타내고, 의문문은 'A没有B吗?' 또는 'A有没有B?'와 같이 나타냅니다.

예 他没有手机吗? 그는 휴대전화가 없니?
　　Tā méiyǒu shǒujī ma?

　　他有没有手机? 그는 휴대전화가 있니, 없니?
　　Tā yǒu méiyǒu shǒujī?

3단계

읽고 써 보기

1 병음을 보고 소리 내어 읽어 보세요.

2 한자를 보고 소리 내어 읽어 보세요.

❶

A : Tā zài jiā ma?

B : Tā bú zài jiā.

❶

A : 他在家吗?

B : 他不在家。

❷

A : Tā bú zài jiā.

B : Tā zài nǎr?

❷

A : 他不在家。

B : 他在哪儿?

❸

A : Shǒujī zài nǎr?

B : Shǒujī zài gōngsī.

❸

A : 手机在哪儿?

B : 手机在公司。

❹

A : Tā yǒu shǒujī ma?

B : Tā méiyǒu shǒujī.

❹

A : 他有手机吗?

B : 他没有手机。

3 우리말 해석을 확인하세요.

3의 대화를 중국어로 바꾸어 써 보세요.

❶

A: 그는 집에 있니?

B: 그는 집에 없어.

❶

A :

B :

❷

A: 그는 집에 없어.

B: 그는 어디에 있니?

❷

A :

B :

❸

A: 휴대전화는 어디에 있니?

B: 휴대전화는 회사에 있어.

❸

A :

B :

❹

A: 그는 휴대전화가 있니?

B: 그는 휴대전화가 없어.

❹

A :

B :

I 정답 I 058쪽 **2**를 참고하세요.

🎧 05-5.mp3

1 녹음을 듣고, 일치하는 단어를 고르세요.

(1) ① 不 bù   ② 是 shì   ③ 在 zài

(2) ① 家 jiā   ② 哪儿 nǎr   ③ 有 yǒu

(3) ① 女朋友 nǚpéngyou   ② 手机 shǒujī   ③ 没有 méiyǒu

2 밑줄 친 뜻과 일치하는 중국어 문장을 고르세요.

(1)
> A : 他在家吗?
> Tā zài jiā ma?
>
> B : <u>그는 집에 없어.</u>

① 他家在不。
Tā jiā zài bù.

② 他家不在。
Tā jiā bú zài.

③ 他不在家。
Tā bú zài jiā.

(2)
> A : <u>그는 휴대전화를 가지고 있니?</u>
>
> B : 他有手机。
> Tā yǒu shǒujī.

① 他手机有吗?
Tā shǒujī yǒu ma?

② 他有手机吗?
Tā yǒu shǒujī ma?

③ 他手机吗有?
Tā shǒujī ma yǒu?

3 다음 문장을 중국어로 바꾸어 써 보세요.

(1) 그는 어디에 있니? Tā zài nǎr? ✏ ------------------------------------

(2) 휴대전화는 회사에 있다. Shǒujī zài gōngsī. ✏ ------------------------------------

(3) 나는 휴대전화가 없다. Wǒ méiyǒu shǒujī. ✏ ------------------------------------

| 정답 | 282쪽

06

날짜/요일 표현하기

今天几月几号?

오늘은 몇 월 며칠이에요?

강의 및 예문 듣기

🎧 06-1.mp3

워밍업

기본 문장 듣기

그림을 보며 녹음을 들어 보세요. 본문에서 배울 표현을 귀에 익숙하게 적응하는 단계입니다.

🎧 06-2.mp3

1단계

새로 배울 단어

보충

零	líng	0, 영
一	yī	1, 일
二	èr	2, 이
三	sān	3, 삼
四	sì	4, 사
五	wǔ	5, 오
六	liù	6, 육
七	qī	7, 칠
八	bā	8, 팔
九	jiǔ	9, 구
十	shí	10, 십

今天 jīntiān	몡 오늘	几 jǐ	㊌ 몇[수를 물어볼 때 쓰는 의문사]
月 yuè	몡 (날짜의) 월, 달	号 hào	몡 (날짜의) 일
六 liù	㊌ 6, 여섯	九 jiǔ	㊌ 9, 아홉
明天 míngtiān	몡 내일	星期 xīngqī	몡 요일, 주
星期一 xīngqīyī	몡 월요일	昨天 zuótiān	몡 어제

2단계

듣고 말해 보기

---

1 들어 보세요.

2 병음을 보고 중국어로 말해 보세요.

① 今天几月几号?

① Jīntiān jǐ yuè jǐ hào?

② 今天六月九号。

② Jīntiān liù yuè jiǔ hào.

③ 明天星期几?

③ Míngtiān xīngqī jǐ?

④ 明天星期一。

④ Míngtiān xīngqīyī.

3 우리말을 보고 중국어로 말해 보세요.

주요 문장 해설 보기

❶

오늘은 몇 월 며칠이니?

❶

'O월 O일'은 'O月O号'라고 표현합니다. 号와 같은 표현으로 '日 rì'도 있지만, 회화에서는 号를 더 많이 사용합니다. 날짜를 물어볼 때는 수를 묻는 표현인 几를 쓰는데, 几는 谁, 哪儿 등과 같이 의문을 나타내는 단어이므로 이 문장에서는 吗를 붙이지 않습니다.

❷

오늘은 6월 9일이야.

❷

날짜를 말할 때 우리말에서는 '오늘은 6월 9일이다'와 같이 '~이다'라는 서술 표현이 들어가지만, 중국어에서는 일반적으로 동사 是를 쓰지 않습니다. 六月九号라는 명사 자체가 술어의 역할을 하기 때문입니다. 하지만 부정문에서는 반드시 不是를 써야 합니다.

例 今天不是六月九号。 오늘은 6월 9일이 아니다.
　 Jīntiān bú shì liù yuè jiǔ hào.

❸

내일은 무슨 요일이니?

❸

'월요일~금요일'은 '星期+숫자'의 형태로 나타냅니다. 따라서 무슨 요일인지 물어볼 때는 의문사 什么가 아니라 숫자를 묻는 의문사 几를 써서 '星期几?'와 같이 표현합니다. 今天, 明天 등 구체적인 날을 앞에 덧붙여서 '明天星期几?'와 같이 말할 수 있습니다.

例 昨天星期几? 어제는 무슨 요일이니?
　 Zuótiān xīngqī jǐ?

❹

내일은 월요일이야.

❹

요일은 '星期+숫자'의 형태입니다. 단, 일요일은 숫자가 아닌, '星期天' 또는 '星期日'라고 표현합니다.
星期一 xīngqīyī 월요일　　星期二 xīngqī'èr 화요일
星期三 xīngqīsān 수요일　星期四 xīngqīsì 목요일
星期五 xīngqīwǔ 금요일　星期六 xīngqīliù 토요일
星期天 xīngqītiān / 星期日 xīngqīrì 일요일

---

1 병음을 보고 소리 내어 읽어 보세요.

❶

A : Jīntiān jǐ yuè jǐ hào?

B : Jīntiān liù yuè jiǔ hào.

---

❷

A : Jīntiān shì liù yuè jiǔ hào ma?

B : Jīntiān bú shì liù yuè jiǔ hào.

---

❸

A : Míngtiān xīngqī jǐ?

B : Míngtiān xīngqīsān.

---

❹

A : Zuótiān shì xīngqīwǔ ma?

B : Zuótiān bú shì xīngqīwǔ.

2 한자를 보고 소리 내어 읽어 보세요.

❶

A : 今天几月几号?

B : 今天六月九号。

---

❷

A : 今天是六月九号吗?

B : 今天不是六月九号。

---

❸

A : 明天星期几?

B : 明天星期三。

---

❹

A : 昨天是星期五吗?

B : 昨天不是星期五。

❸ 우리말 해석을 확인하세요.

❸의 대화를 중국어로 바꾸어 써 보세요.

①

A : 오늘은 몇 월 며칠이니?

B : 오늘은 6월 9일이야.

①

A : _____

B : _____

②

A : 오늘은 6월 9일이니?

B : 오늘은 6월 9일이 아니야.

②

A : _____

B : _____

③

A : 내일은 무슨 요일이니?

B : 내일은 수요일이야.

③

A : _____

B : _____

④

A : 어제는 금요일이니?

B : 어제는 금요일이 아니야.

④

A : _____

B : _____

| 정답 | 064쪽 **2**를 참고하세요.

1 녹음을 듣고, 일치하는 단어를 고르세요.

(1) ① 今天 jīntiān ② 一 yī ③ 明天 míngtiān

(2) ① 月 yuè ② 几 jǐ ③ 九 jiǔ

(3) ① 星期 xīngqī ② 六 liù ③ 号 hào

2 밑줄 친 뜻과 일치하는 중국어 문장을 고르세요.

(1)
> **A :** 今天是六月九号吗?
> Jīntiān shì liù yuè jiǔ hào ma?
>
> **B :** <u>오늘은 6월 9일이 아니야.</u>

① 今天六月九号不是。
Jīntiān liù yuè jiǔ hào bú shì.

② 今天不六月九号。
Jīntiān bú liù yuè jiǔ hào.

③ 今天不是六月九号。
Jīntiān bú shì liù yuè jiǔ hào.

(2)
> **A :** 내일은 무슨 요일이니?
>
> **B :** 明天星期一。
> Míngtiān xīngqīyī.

① 明天星期几?
Míngtiān xīngqī jǐ?

② 明天几星期?
Míngtiān jǐ xīngqī?

③ 明天星期几吗?
Míngtiān xīngqī jǐ ma?

3 다음 문장을 중국어로 바꾸어 써 보세요.

(1) 오늘은 몇 월 며칠이니?
Jīntiān jǐ yuè jǐ hào?
✏ --------------------------------

(2) 내일은 수요일이다.
Míngtiān xīngqīsān.
✏ --------------------------------

(3) 어제는 금요일이 아니다.
Zuótiān bú shì xīngqīwǔ.
✏ --------------------------------

l 정답 l 282쪽

07

시간/일과 표현하기

现在六点十分。

지금은 6시 10분이에요.

강의 및 예문 듣기

🎧 07-1.mp3

워밍업

기본 문장 듣기

그림을 보며 녹음을 들어
보세요. 본문에서 배울 표
현을 귀에 익숙하게 적응
하는 단계입니다.

🎧 07-2.mp3

1단계

새로 배울 단어

도움

刻 kè 명 1/4[시간에서는
1시간의 1/4을 뜻하므로
15분을 나타냄]

现在 xiànzài	명 지금, 현재	点 diǎn	명 시
十 shí	수 10, 열	分 fēn	명 분
下班 xiàbān	동 퇴근하다	半 bàn	수 30분, 반, 1/2
两 liǎng	수 둘	一刻 yí kè	15분
上班 shàngbān	동 출근하다	差 chà	동 부족하다, 모자라다

1 들어 보세요.

2 병음을 보고 중국어로 말해 보세요.

❶

现在几点?

❶

Xiànzài jǐ diǎn?

❷

现在六点十分。

❷

Xiànzài liù diǎn shí fēn.

❸

你几点下班?

❸

Nǐ jǐ diǎn xiàbān?

❹

我六点半下班。

❹

Wǒ liù diǎn bàn xiàbān.

3 우리말을 보고 중국어로 말해 보세요.

① 지금 몇 시니?

② 지금 6시 10분이야.

③ 너는 몇 시에 퇴근하니?

④ 나는 6시 반에 퇴근해.

주요 문장 해설 보기

①

중국어로 시간을 표현할 때 시는 '숫자+点', 분은 '숫자+分'이라고 표현합니다. 시간을 물어볼 때는 숫자가 들어가는 부분에 의문사 几를 넣으면 됩니다. 의문사 几가 있기 때문에 吗는 쓸 수 없습니다.

②

시간을 묻는 표현에는 '现在O点O分'이라고 대답합니다. 2시 정각의 경우, '二 èr'이 아닌 '两 liǎng'을 써서 '两点 liǎng diǎn'이라고 말해야 합니다.

예　2:00 → 两点 2시
　　　　　liǎng diǎn

　　2:20 → 两点二十分 2시 20분
　　　　　liǎng diǎn èrshí fēn

③

시간과 동작이 함께 나올 때는 반드시 '(주어)는 (시간)에 (동작)한다'라고 표현해야 합니다. 이 문장은 동작이 행해지는 시간을 묻고 있으므로 구체적인 시간 대신 几点이 쓰였습니다.

예　주어 + 시간 + 동작
A: 你　几点　上班? 너는 몇 시에 출근하니?
　 Nǐ　jǐ diǎn　shàngbān?
B: 我　八点　上班。나는 8시에 출근해.
　 Wǒ　bā diǎn　shàngbān.

④

분을 나타내는 표현은 分 외에도 半과 刻가 있습니다. 半은 1/2, 즉, 30분을 나타내고, 刻는 1/4, 즉, 一刻는 15분, 三刻는 45분을 나타냅니다. 또한 '몇 시 몇 분 전'은 '差O分O点'이라 표현합니다.

예　2:45 → 两点三刻 2시 45분
　　　　　liǎng diǎn sān kè

　　　→ 差一刻三点 3시 15분 전
　　　　chà yí kè sān diǎn

1 병음을 보고 소리 내어 읽어 보세요.

❶

A : Xiànzài jǐ diǎn?

B : Xiànzài liǎng diǎn yí kè.

---

❷

A : Xiànzài jǐ diǎn jǐ fēn?

B : Xiànzài liù diǎn shí fēn.

---

❸

A : Nǐ jǐ diǎn shàngbān?

B : Wǒ chà shí fēn bā diǎn shàngbān.

---

❹

A : Nǐ jǐ diǎn xiàbān?

B : Wǒ liù diǎn bàn xiàbān.

2 한자를 보고 소리 내어 읽어 보세요.

❶

A : 现在几点?

B : 现在两点一刻。

---

❷

A : 现在几点几分?

B : 现在六点十分。

---

❸

A : 你几点上班?

B : 我差十分八点上班。

---

❹

A : 你几点下班?

B : 我六点半下班。

3 우리말 해석을 확인하세요.

3의 대화를 중국어로 바꾸어 써 보세요.

①

A : 지금은 몇 시니?

B : 지금은 2시 15분이야.

①

A : _____

B : _____

②

A : 지금은 몇 시 몇 분이니?

B : 지금은 6시 10분이야.

②

A : _____

B : _____

③

A : 너는 몇 시에 출근하니?

B : 나는 8시 10분 전에 출근해.

③

A : _____

B : _____

④

A : 너는 몇 시에 퇴근하니?

B : 나는 6시 반에 퇴근해.

④

A : _____

B : _____

l 정답 l 070쪽 **2**를 참고하세요.

1 녹음을 듣고, 일치하는 단어를 고르세요.

(1) ① 点 diǎn   ② 几 jǐ   ③ 分 fēn

(2) ① 现在 xiànzài   ② 下班 xiàbān   ③ 一刻 yí kè

(3) ① 上班 shàngbān   ② 半 bàn   ③ 点 diǎn

2 밑줄 친 뜻과 일치하는 중국어 문장을 고르세요.

(1)
> A : 지금은 몇 시 몇 분이야?
>
> B : 现在六点十分。
> Xiànzài liù diǎn shí fēn.

① 现在几分几点?
Xiànzài jǐ fēn jǐ diǎn?

② 几点几分现在?
Jǐ diǎn jǐ fēn xiànzài?

③ 现在几点几分?
Xiànzài jǐ diǎn jǐ fēn?

(2)
> A : 너는 몇 시에 퇴근하니?
>
> B : 我六点半下班。
> Wǒ liù diǎn bàn xiàbān.

① 你下班几点?
Nǐ xiàbān jǐ diǎn?

② 你几点下班?
Nǐ jǐ diǎn xiàbān?

③ 你几点上班?
Nǐ jǐ diǎn shàngbān?

3 다음 문장을 중국어로 바꾸어 써 보세요.

(1) 지금은 2시 45분이다. ✎ ----------------------------
Xiànzài liǎng diǎn sān kè.

(2) 우리는 8시 15분 전에 출근한다. ✎ ----------------------------
Wǒmen chà yí kè bā diǎn shàngbān.

(3) 나는 7시 반에 퇴근한다. ✎ ----------------------------
Wǒ qī diǎn bàn xiàbān.

I 정답 I 282쪽

08

他今年多大?

그는 올해 몇 살이에요?

강의 및 예문 듣기

🎧 08-1.mp3

워밍업

기본 문장 듣기

그림을 보며 녹음을 들어
보세요. 본문에서 배울 표
현을 귀에 익숙하게 적응
하는 단계입니다.

🎧 08-2.mp3

1단계

새로 배울 단어

보충
女儿 nǚ'er 딸

今年 jīnnián	명 올해	多大 duō dà	몇 살입니까[나이를 묻는 표현]
三十 sānshí	수 30, 서른	岁 suì	양 살, 세[나이를 세는 단위]
属 shǔ	동 띠가 ~이다	马 mǎ	명 말
儿子 érzi	명 아들	羊 yáng	명 양

1 들어 보세요.

2 병음을 보고 중국어로 말해 보세요.

❶

他今年多大?

❶

Tā jīnnián duō dà?

❷

他今年三十岁。

❷

Tā jīnnián sānshí suì.

❸

他属什么?

❸

Tā shǔ shénme?

❹

他属马。

❹

Tā shǔ mǎ.

3 우리말을 보고 중국어로 말해 보세요.

주요 문장 해설 보기

❶

그는 올해 몇 살이니?

❷

그는 올해 30살이야.

❸

그는 무슨 띠니?

❹

그는 말띠야.

❶

나이를 묻는 표현은 상대방의 연령대에 따라 달라집니다. 말하는 사람을 기준으로, 나이대가 비슷할 경우 '你 多大?', 나이가 많을 경우 '您多大年纪 Nín duō dà niánjì?'라고 표현하며, 상대방이 어린아이일 경우에는 '你几岁?'라고 표현합니다.

└─ 몡 나이, 연령

❷

나이를 말할 때는 '숫자+岁'의 형태로 표현합니다. 날짜 표현과 마찬가지로, 나이를 나타내는 숫자 자체가 술어 의 역할을 하므로 동사 是는 쓰지 않습니다. 또한 10살 이상인 경우에는 岁는 생략하여 말할 수 있습니다.

예 他今年三十。 그는 올해 30살이다.
　　Tā jīnnián sānshí.

❸

나이를 묻고 답할 때는 띠로 말할 수도 있습니다. 属는 '띠가 ~이다'라는 뜻의 동사로, '띠가 무엇입니까?'라고 물어볼 때는 '你属什么?'라고 말합니다. 의문사 什么 가 동사와 함께 쓰이면 동사 뒤에 위치하므로, 属什么 가 되는 것입니다.

❹

자신의 띠를 말할 때는 '我属+띠'의 형태로 말합니다. 띠를 나타내는 동물 단어를 이용해서 자신의 띠를 말할 수 있습니다.

▶띠를 말하는 표현: 我属+띠

▶띠를 나타내는 동물: 鼠 shǔ 쥐 | 牛 niú 소 | 虎 hǔ 호랑이 | 兔 tù 토끼 | 龙 lóng 용 | 蛇 shé 뱀 | 马 mǎ 말 | 羊 yáng 양 | 猴 hóu 원숭이 | 鸡 jī 닭 | 狗 gǒu 개 | 猪 zhū 돼지

---

1 병음을 보고 소리 내어 읽어 보세요.

❶

A : Tā jīnnián duō dà?

B : Tā jīnnián sānshí suì.

❷

A : Nǐ érzi jīnnián jǐ suì?

B : Tā bā suì.

❸

A : Nǐ shǔ shénme?

B : Wǒ shǔ mǎ.

❹

A : Tā shǔ shénme?

B : Tā shǔ yáng.

---

2 한자를 보고 소리 내어 읽어 보세요.

❶

A : 他今年多大？

B : 他今年三十岁。

❷

A : 你儿子今年几岁？

B : 他八岁。

❸

A : 你属什么？

B : 我属马。

❹

A : 她属什么？

B : 她属羊。

| **3** 우리말 해석을 확인하세요. | **3**의 대화를 중국어로 바꾸어 써 보세요. |

①

A : 그는 올해 몇 살이니?

B : 그는 30살이야.

①

A : _____

B : _____

②

A : 너희 아들은 올해 몇 살이니?

B : 그는 8살이야.

②

A : _____

B : _____

③

A : 너는 무슨 띠니?

B : 나는 말띠야.

③

A : _____

B : _____

④

A : 그녀는 무슨 띠니?

B : 그녀는 양띠야.

④

A : _____

B : _____

| 정답 | 076쪽 **2**를 참고하세요.

🎧 08-5.mp3

1 녹음을 듣고, 일치하는 단어를 고르세요.

(1) ① 今年 jīnnián   ② 多大 duō dà   ③ 年纪 niánjì

(2) ① 岁 suì   ② 马 mǎ   ③ 属 shǔ

(3) ① 属 shǔ   ② 岁 suì   ③ 多 duō

2 밑줄 친 뜻과 일치하는 중국어 문장을 고르세요.

(1)

A : 네 아들은 올해 몇 살이니?

B : 他八岁。
　　Tā bā suì.

① 你今年儿子几岁?
　 Nǐ jīnnián érzi jǐ suì?

② 你儿子几岁今年?
　 Nǐ érzi jǐ suì jīnnián?

③ 你儿子今年几岁?
　 Nǐ érzi jīnnián jǐ suì?

(2)

A : 你属什么?
　　Nǐ shǔ shénme?

B : 나는 말띠야.

① 我马属。
　 Wǒ mǎ shǔ.

② 我属马。
　 Wǒ shǔ mǎ.

③ 我是马。
　 Wǒ shì mǎ.

3 다음 문장을 중국어로 바꾸어 써 보세요.

(1) 너는 올해 몇 살이니? ✏ _____
　　 Nǐ jīnnián duō dà?

(2) 나는 양띠야. Wǒ shǔ yáng. ✏ _____

(3) 그녀는 무슨 띠니? Tā shǔ shénme? ✏ _____

I 정답 I 282쪽

09

몸 상태 설명하기

你哪儿不舒服?

당신 어디가 아파요?

강의 및 예문 듣기

🎧 09-1.mp3

워밍업

기본 문장 듣기

그림을 보며 녹음을 들어 보세요. 본문에서 배울 표현을 귀에 익숙하게 적응하는 단계입니다.

🎧 09-2.mp3

1단계

새로 배울 단어

보충

가족 호칭

哥哥 gēge 오빠, 형
姐姐 jiějie 언니, 누나
弟弟 dìdi 남동생
妹妹 mèimei 여동생
爷爷 yéye 할아버지
奶奶 nǎinai 할머니
姥爷 lǎoye 외할아버지
姥姥 lǎolao 외할머니

身体 shēntǐ	명 신체, 몸	舒服 shūfu	형 편안하다
头 tóu	명 머리	有点儿 yǒudiǎnr	부 조금, 약간
疼 téng	형 아프다	爸爸 bàba	명 아빠
妈妈 māma	명 엄마	怎么了 zěnme le	무슨 일이니?
肚子 dùzi	명 배		

1 들어 보세요.

2 병음을 보고 중국어로 말해 보세요.

①

你身体好吗?

①

Nǐ shēntǐ hǎo ma?

②

我身体不舒服。

②

Wǒ shēntǐ bù shūfu.

③

你哪儿不舒服?

③

Nǐ nǎr bù shūfu?

④

我头有点儿疼。

④

Wǒ tóu yǒudiǎnr téng.

3 우리말을 보고 중국어로 말해 보세요.

주요 문장 해설 보기

❶

너 몸은 괜찮니?

❷

나는 몸이 안 좋아.

❸

너는 어디가 아프니?

❹

나는 머리가 소금 아파.

❶

안부를 묻는 표현인 '你好吗?'와 같은 문형입니다. 你 대신 你身体를 넣어서 '너 건강은 괜찮니?'라고 묻는 표현입니다. 또한 '你身体好不好?'와 같이 정반의문문으로 물어볼 수도 있고, '어떠하다'라는 의미의 대명사 '怎么样 zěnmeyàng'을 써서 '你身体怎么样?(너 건강은 어떠니?)'으로 물어볼 수도 있습니다.

└ 때 어떠하다 ┘

❷

중국어의 기본 어순은 '주어+술어(동사/형용사)+목적어'인데, 이 문장은 술어 부분이 '주어(身体)+술어(不舒服)'로 이루어졌습니다. 이렇게 술어 부분이 또다른 주어와 술어로 이루어진 문장을 '주술술어문'이라고 합니다. 不舒服는 '불편하다'라는 의미인데, 이 문장처럼 身体를 서술할 때는 '나는 몸이 안 좋다[아프다]'와 같이 해석하는 것이 자연스럽습니다.

❸

이 문장은 상대방의 몸 상태를 물어보는 표현입니다. 이 표현 외에도 '你怎么了? Nǐ zěnme le?'라는 표현이 있습니다. '너 무슨 일이니?', '너 왜 그러니?'라는 의미로, 상대방의 몸 상태나 신변에 대해 묻는 표현입니다.

예 你哥哥怎么了? Nǐ gēge zěnme le?
　　네 오빠 왜 그러니? (네 오빠 무슨 일 있니?)

❹

有点儿은 '조금', '약간'이라는 뜻으로, 부사이므로 술어 앞에 위치합니다. 有点儿의 뒤에는 불만족스럽거나 부정적인 상황이 옵니다.

예 我身体有点儿不舒服。나는 몸이 조금 안 좋아.
　　Wǒ shēntǐ yǒudiǎnr bù shūfu.

　　我身体有点儿舒服。(x)

　　→ 我身体很舒服。나는 몸이 괜찮아.
　　　Wǒ shēntǐ hěn shūfu.

1 병음을 보고 소리 내어 읽어 보세요.

2 한자를 보고 소리 내어 읽어 보세요.

❶

A : Nǐ shēntǐ hǎo ma?

B : Wǒ shēntǐ hěn shūfu.

❶

A : 你身体好吗?

B : 我身体很舒服。

❷

A : Nǐ bàba、māma shēntǐ hǎo ma?

B : Tāmen shēntǐ hěn hǎo.

❷

A : 你爸爸、妈妈身体好吗?

B : 他们身体很好。

❸

A : Nǐ gēge nǎr bù shūfu?

B : Tā tóu yǒudiǎnr téng.

❸

A : 你哥哥哪儿不舒服?

B : 他头有点儿疼。

❹

A : Nǐ jiějie zěnme le?

B : Tā dùzi yǒudiǎnr téng.

❹

A : 你姐姐怎么了?

B : 她肚子有点儿疼。

❸ 우리말 해석을 확인하세요.

❶

A : 너는 몸이 괜찮니?

B : 나는 몸이 괜찮아.

❷

A : 너희 아빠, 엄마는 건강하시니?

B : 그분들은 건강하셔.

❸

A : 너희 형은 어디가 아프니?

B : 그는 머리가 조금 아파.

❹

A : 너희 누나는 왜 그러니?

B : 그녀는 배가 조금 아파.

❸의 대화를 중국어로 바꾸어 써 보세요.

❶

A : ＿＿＿＿＿＿＿＿＿＿＿＿＿＿＿

B : ＿＿＿＿＿＿＿＿＿＿＿＿＿＿＿

❷

A : ＿＿＿＿＿＿＿＿＿＿＿＿＿＿＿

B : ＿＿＿＿＿＿＿＿＿＿＿＿＿＿＿

❸

A : ＿＿＿＿＿＿＿＿＿＿＿＿＿＿＿

B : ＿＿＿＿＿＿＿＿＿＿＿＿＿＿＿

❹

A : ＿＿＿＿＿＿＿＿＿＿＿＿＿＿＿

B : ＿＿＿＿＿＿＿＿＿＿＿＿＿＿＿

| 정답 | 082쪽 ❷를 참고하세요.

1 녹음을 듣고, 일치하는 단어를 고르세요.

(1) ① 爸爸 bàba   ② 身体 shēntǐ   ③ 舒服 shūfu

(2) ① 疼 téng   ② 头 tóu   ③ 妈妈 māma

(3) ① 有点儿 yǒudiǎnr   ② 怎么了 zěnme le   ③ 不舒服 bù shūfu

2 밑줄 친 뜻과 일치하는 중국어 문장을 고르세요.

(1)
> A : 你身体好吗?
> Nǐ shēntǐ hǎo ma?
>
> B : 나는 몸이 안 좋아.

① 我不舒服身体。
Wǒ bù shūfu shēntǐ.

② 我身体不舒服。
Wǒ shēntǐ bù shūfu.

③ 身体我不舒服。
Shēntǐ wǒ bù shūfu.

(2)
> A : 你姐姐怎么了?
> Nǐ jiějie zěnme le?
>
> B : 그녀는 배가 조금 아파.

① 她肚子疼有点儿。
Tā dùzi téng yǒudiǎnr.

② 她有点儿肚子疼。
Tā yǒudiǎnr dùzi téng.

③ 她肚子有点儿疼。
Tā dùzi yǒudiǎnr téng.

3 다음 문장을 중국어로 바꾸어 써 보세요.

(1) 너희 오빠는 어디가 아프니?   ✏️ -------------------------------
Nǐ gēge nǎr bù shūfu?

(2) 너희 아빠, 엄마는 건강하시니?   ✏️ -------------------------------
Nǐ bàba、māma shēntǐ hǎo ma?

(3) 나는 머리가 조금 아프다.   ✏️ -------------------------------
Wǒ tóu yǒudiǎnr téng.

| 정답 | 282쪽

10

多少钱?

얼마예요?

강의 및 예문 듣기

🎧 10-1.mp3

워밍업

기본 문장 듣기

그림을 보며 녹음을 들어
보세요. 본문에서 배울 표
현을 귀에 익숙하게 적응
하는 단계입니다.

🎧 10-2.mp3

1단계

새로 배울 단어

참고

人民币 rénmínbì
· 단위: 块 kuài, 毛 máo,
　分 fēn
· 1块=10毛=100分

要 yào	동 원하다, 필요하다	杯 bēi	양 잔, 컵
可乐 kělè	명 콜라	多少 duōshao	대 얼마, 얼마나
钱 qián	명 돈	二十五 èrshíwǔ	수 25, 스물다섯
喝 hē	동 마시다	瓶 píng	양 병
啤酒 píjiǔ	명 맥주	面包 miànbāo	명 빵
怎么 zěnme	대 어떻게	卖 mài	동 팔다
个 ge	양 개, 명		

1 들어 보세요.

2 병음을 보고 중국어로 말해 보세요.

❶

您要几杯可乐?

❶

Nín yào jǐ bēi kělè?

❷

我要两杯。

❷

Wǒ yào liǎng bēi.

❸

多少钱?

❸

Duōshao qián?

❹

二十五块。

❹

Èrshíwǔ kuài.

❸ 우리말을 보고 중국어로 말해 보세요.

주요 문장 해설 보기

①

콜라 몇 잔을 하시겠어요?

②

두 잔이요.

③

얼마인가요?

④

25위안입니다.

---

①

要는 물건을 사고팔 때 자주 쓰는 동사입니다. 要의 뜻은 '필요하다', '원하다'이지만 해석은 '~하시겠어요?', '~할래?' 등 자연스럽게 하는 것이 좋습니다.

예　您要什么? 무엇이 필요하세요?
　　Nín yào shénme?

②

杯는 컵을 세는 단위입니다. 사람이나 사물을 세는 단위를 '양사'라고 하고 '숫자+양사+명사(사람/사물)'의 순서로 나타냅니다. ❶에서 可乐라는 사물이 이미 나왔기 때문에 이 문장에서는 목적어 可乐가 생략되었습니다.

예　숫자 + 양사 + 명사
　　两　　瓶　　啤酒 liǎng píng píjiǔ 맥주 두 병

③

'多少钱?'은 가격을 묻는 표현입니다. 비슷한 표현으로 '怎么卖?'가 있는데, 직역하면 '어떻게 팔아요?'라는 의미가 됩니다. '怎么卖?'는 '多少钱?'과 같은 의미로 볼 수 있지만 비교적 흥정이 가능한 물건을 살 때 씁니다.

④

중국의 화폐는 '人民币'라고 합니다. 块, 毛, 分의 세 단위가 있고 서면어에서는 块를 '元 yuǎn', 毛를 '角 jiǎo'라고 쓰기도 합니다.

• 소수점으로 적혀 있어도 단위를 나누어 읽는다.
예　8.95元 → 八块九毛五分

• 단위가 하나만 있을 때는 끝에 钱을 붙이기도 한다.
예　25元 → 二十五块钱 ｜ 5毛 → 五毛钱

• 화폐의 마지막 단위는 주로 생략한다.
예　5.7元 → 五块七

• 2가 첫 단위에 올 때는 两으로, 두세 번째 단위에 올 때는 二로 읽는다.
예　2元 → 两块(钱) ｜ 5.2元 → 五块二(毛)

1 병음을 보고 소리 내어 읽어 보세요.

1

A : Nǐ yào jǐ bēi kělè?

B : Wǒ yào liǎng bēi.

2

A : Nǐ hē jǐ píng píjiǔ?

B : Wǒ hē liǎng píng píjiǔ.

3

A : Duōshao qián?

B : Èrshíwǔ kuài.

4

A : Miànbāo zěnme mài?

B : Yí ge liǎng kuài, liǎng ge sān kuài
wǔ máo.

2 한자를 보고 소리 내어 읽어 보세요.

1

A : 你要几杯可乐?

B : 我要两杯。

2

A : 你喝几瓶啤酒?

B : 我喝两瓶啤酒。

3

A : 多少钱?

B : 二十五块。

4

A : 面包怎么卖?

B : 一个两块,两个三块五毛。

3 우리말 해석을 확인하세요.

3의 대화를 중국어로 바꾸어 써 보세요.

①

A : 너 콜라 몇 잔 필요해?

B : 나는 두 잔 필요해.

②

A : 너는 맥주 몇 병을 마시니?

B : 나는 맥주 두 병을 마셔.

③

A : 얼마인가요?

B : 25위안이에요.

④

A : 빵은 어떻게 파나요?

B : 한 개에 2위안, 두 개에 3위안 5마오예요.

①

A : _____

B : _____

②

A : _____

B : _____

③

A : _____

B : _____

④

A : _____

B : _____

I 정답 I 088쪽 **2**를 참고하세요.

1 녹음을 듣고, 일치하는 단어를 고르세요.

(1) ① 要 yào   ② 杯 bēi   ③ 钱 qián

(2) ① 块 kuài   ② 多少 duōshao   ③ 可乐 kělè

(3) ① 多少 duōshao   ② 钱 qián   ③ 要 yào

2 밑줄 친 뜻과 일치하는 중국어 문장을 고르세요.

(1)

> A : 너는 콜라 몇 잔 할래?
>
> B : 我要两杯。
>   Wǒ yào liǎng bēi.

① 你要可乐几杯？
  Nǐ yào kělè jǐ bēi?

② 你要几可乐？
  Nǐ yào jǐ kělè?

③ 你要几杯可乐？
  Nǐ yào jǐ bēi kělè?

(2)

> A : 你喝几瓶啤酒？
>   Nǐ hē jǐ píng píjiǔ?
>
> B : 나는 맥주 두 병을 마셔.

① 我啤酒两瓶喝。
  Wǒ píjiǔ liǎng píng hē.

② 我喝两瓶啤酒。
  Wǒ hē liǎng píng píjiǔ.

③ 我喝啤酒两瓶。
  Wǒ hē píjiǔ liǎng píng.

3 다음 문장을 중국어로 바꾸어 써 보세요.

(1) 나는 콜라 두 잔을 원한다. ✎ ------------------------------
    Wǒ yào liǎng bēi kělè.

(2) 얼마예요? Duōshao qián? ✎ ------------------------------

(3) 20.2元이에요. Èrshí kuài èr máo. ✎ ------------------------------

| 정답 | 282쪽

핵심 문장 40개로
생활 속 표현
말하기

친구를 만나고, 밥을 먹고, 물건을 사고…. 일상생활에서 벌어질 수 있는 상황 중 대표적인 10개의 상황을 뽑았습니다. 첫째마당에서 학습한 핵심 문장 40개를 바탕으로, 일상생활에서 자주 쓰는 단어만 넣어 생활 속 표현을 만들어 보세요.

워밍업에서 주요 문장을 맛보고, 일상생활에서 자주 쓰는 단어를 확인하세요. 2단계에서 본격적으로 핵심 문장으로 대화를 연습하세요. 3단계 기본 문형 익히기 코너에서는 문형을 자세히 익히세요. 둘째마당 학습을 마치면 내가 하고 싶은 일상 대화를 100% 속 시원히 할 수 있습니다.

생활 속 표현 말하기

11 我姓金，叫金英俊。
저는 김씨이고, 김영준이라고 합니다.

12 你最近怎么样? 당신 요즘 어떻게 지내요?

13 这是我哥哥。 이 사람은 나의 오빠예요.

14 你会打篮球吗? 당신은 농구할 줄 알아요?

15 AA书吧在麦当劳东边。
AA 북카페는 맥도날드 동쪽에 있어요.

16 祝你生日快乐! 생일 축하해요!

17 今天我要加班。 오늘 저는 초과 근무를 해야 해요.

18 我在上网呢。 나는 인터넷을 하고 있어요.

19 我头疼，有点儿发烧。
머리가 아프고, 열이 조금 났어요.

20 能不能便宜一点儿? 좀 싸게 해 줄 수 있나요?

11

인사하기

我姓金, 叫金英俊。

저는 김씨이고, 김영준이라고 합니다.

강의 및 예문 듣기

🎧 11-1.mp3

워밍업

기본 문장 듣기

그림을 보며 녹음을 들어
보세요. 본문에서 배울 표
현을 귀에 익숙하게 적응
하는 단계입니다.

🎧 11-2.mp3

1단계

새로 배울 단어

帅 shuài	형 멋지다		同屋 tóngwū	명 룸메이트
认识 rènshi	동 알다		高兴 gāoxìng	형 기쁘다
叫 jiào	동 ~이라고 부르다		名字 míngzi	명 이름
姓 xìng	동 성이 ~이다		韩国 Hánguó	고유 한국
人 rén	명 사람			

093

1 들어 보세요.

2 병음을 보고 중국어로 말해 보세요.

A : 你好吗?

B : 我很好。
他是谁? 他很帅。

A : 他是我同屋。

B : 认识你很高兴!
你叫什么名字?

C : 你好!
我姓金，叫金英俊。
认识你我也很高兴。

B : 你是韩国人吗?

C : 是。

A : Nǐ hǎo ma?

B : Wǒ hěn hǎo.
Tā shì shéi? Tā hěn shuài.

A : Tā shì wǒ tóngwū.

B : Rènshi nǐ hěn gāoxìng!
Nǐ jiào shénme míngzi?

C : Nǐ hǎo!
Wǒ xìng Jīn, jiào Jīn Yīngjùn.
Rènshi nǐ wǒ yě hěn gāoxìng.

B : Nǐ shì Hánguórén ma?

C : Shì.

3 우리말을 보고 중국어로 말해 보세요.

A : 잘 지내니?

B : 나는 잘 지내.

이 남자애는 누구야? 정말 멋지다.

A : 이 애는 내 룸메이트야.

B : 만나서 반가워!

너는 이름이 뭐니?

C : 안녕!

나는 김씨이고, 이름은 김영준이라고 해.

만나서 나도 반가워.

B : 너는 한국인이니?

C : 응.

빈칸에 알맞은 병음을 쓰고 읽어 보세요.

A : 你好吗?

Nǐ _____ ma?

B : 我很好。

Wǒ _____ hǎo.

他是谁? 他很帅。

Tā shì shéi? Tā hěn _____.

A : 他是我同屋。

Tā shì wǒ _____.

B : 认识你很高兴!

Rènshi nǐ hěn _____!

你叫什么名字?

Nǐ _____ shénme míngzi?

C : 你好! 我姓金，叫金英俊。

Nǐ hǎo! Wǒ _____ Jīn,

_____ Jīn Yīngjùn.

认识你我也很高兴。

_____ nǐ wǒ yě hěn _____.

B : 你是韩国人吗?

Nǐ shì _____ ma?

C : 是。

shì.

I 정답 I 094쪽 **2**를 참고하세요.

단어

漂亮 piàoliang
형 예쁘다

聪明 cōngming
형 똑똑하다

1 他很帅。 그는 정말 멋있다.

A +	**(很)** +	**B。**		A는 B하다
주어	hěn	형용사		
你	很	漂亮		당신은 예쁘다.
她	很	聪明		그녀는 똑똑하다.

형용사가 술어로 쓰인 문장을 '형용사 술어문'이라고 합니다. 평서문에서는 일반적으로 很을 붙여 말하지만 비교하거나 대조되는 문장에서는 很을 쓰지 않습니다.

잠깐만요!

형용사 술어문에서는 很을 습관적으로 붙이므로 '매우'라는 의미가 거의 없습니다. 따라서 강조할 때는 很 대신 '非常 fēicháng'을 씁니다.

他非常帅。
그는 매우 멋있다.

- 평서문: 주어+(很/非常)+형용사 술어

  他很帅。 Tā hěn shuài. 그는 멋있다.

  他帅，他哥哥不帅。 Tā shuài, tā gēge bú shuài. 그는 멋있고, 그의 형은 멋있지 않다.

- 부정문: 주어+不+형용사 술어

  他不帅。 Tā bú shuài. 그는 멋있지 않다.

- 의문문: ①주어+형용사 술어+吗？　②주어+술어의 긍정형+부정형？

  他帅吗？ Tā shuài ma? 그는 멋있니?

  他帅不帅？ Tā shuài bu shuài? 그는 멋있니?

단어

中国人 Zhōngguórén
중국인

美国人 Měiguórén
미국인

2 他是我同屋。 그는 내 룸메이트이다.

A +	**是** +	**B。**	A는 B이다
주어	shì	목적어	
她		中国人	그녀는 중국인이다.
我		美国人	나는 미국인이다.

是는 '~이다'라는 동사로, 'A+是+B'는 가장 기본적인 문형입니다.

- 평서문: 주어+是+목적어

  他是韩国人。 Tā shì Hánguórén. 그는 한국인이다.

- 부정문: 주어+不是+목적어

  他不是韩国人。 Tā bú shì Hánguórén. 그는 한국인이 아니다.

- 의문문: ①주어+是+목적어+吗？　②주어+是不是+목적어？

  他是韩国人吗？ Tā shì Hánguórén ma? 그는 한국인이니?

  他是不是韩国人？ Tā shì bu shì Hánguórén? 그는 한국인이니?

잠깐만요!

중국은 성씨를 부르는 문화이기 때문에, '您贵姓? Nín guì xìng?'이라 묻기도 합니다. 상대방의 집안을 높이는 의미에서 您을 쓰므로, '你贵姓?'이라고 말하지 않습니다.

3 你叫什么名字? 너는 이름이 뭐니?

A ➕ **叫什么名字?**　　　　　　　　　A는 이름이 뭐니?
주어　　　　　jiào shénme míngzi

你朋友　　　　　　　　　　　　　　　네 친구는 이름이 뭐니?

她同屋　　　　　　　　　　　　　　　그녀의 룸메이트는 이름이 뭐니?

'你叫什么名字?'는 상대방의 이름을 묻는 가장 기본적인 표현입니다. 你 대신 다른 대상을 넣어서 제3자의 이름을 물어볼 수 있습니다. 대답할 때는 '我叫□□' 또는 '他叫□□'와 같이 말합니다.

예 A: 你叫什么名字? 당신은 이름이 뭐예요?
　　Nǐ jiào shénme míngzi?

B: 我叫金秀贤。 / 我姓金，叫金秀贤。 제 이름은 김수현입니다.
　　Wǒ jiào Jīn Xiùxián. / Wǒ xìng Jīn, jiào Jīn Xiùxián.

작문 도전! 다음 문장의 뜻에 맞게 단어의 순서를 배열하여 중국어 문장을 완성해 보세요.

1. 그녀는 똑똑하다.　　　　　➙ 聪明 | 她 | 很

✎ ....

2. 그녀는 중국인이다.　　　　　➙ 是 | 她 | 中国人

✎ ....

3. 네 친구는 이름이 뭐니?　　　➙ 名字 | 朋友 | 什么 | 叫 | 你

✎ ....

| 정답 |

1. 她很聪明。

2. 她是中国人。

3. 你朋友叫什么名字?

1 녹음을 듣고, 일치하는 문장을 고르세요.

(1) ① 她很聪明。
② 你很漂亮。
③ 他很帅。

(2) ① 他是我同屋。
② 她是中国人。
③ 我是美国人。

(3) ① 她同屋叫什么名字?
② 你叫什么名字?
③ 你朋友叫什么名字?

2 밑줄 친 뜻과 일치하는 중국어 문장을 고르세요.

(1)
> **A :** 你叫什么名字?
> Nǐ jiào shénme míngzi?
>
> **B :** 나는 성이 김씨이고, 이름은 김영준이라고 해.

① 我姓金，叫金英俊。

② 我金姓，叫金英俊。

③ 我姓金，金英俊叫。

(2)
> **A :** 너는 한국인이니?
>
> **B :** 是。
> Shì

① 你韩国人是吗?

② 你是韩国人吗?

③ 你韩国人吗是?

3 빈칸에 알맞은 단어 또는 해석을 써 보세요.

A : 认识你很高兴。　　　　✎ --

B : 认识你我 _____ 很高兴。　✎ 만나서 나도 반가워.
　　　　　　yě

A : 你是中国人吗?　　　　　✎ --

B : 不是，我是 _____。　✎ 아니야, 나는 한국인이야.
　　　　　　Hánguórén

| 정답 | 282쪽

12

안부 묻기

你最近怎么样?

당신 요즘 어떻게 지내요?

강의 및 예문 듣기

🎧 12-1.mp3

워밍업

기본 문장 듣기

그림을 보며 녹음을 들어
보세요. 본문에서 배울 표
현을 귀에 익숙하게 적응
하는 단계입니다.

🎧 12-2.mp3

1단계

새로 배울 단어

보충

好久不见은 '好(매우)+久
(오래되다)+不(~하지 못하
다)+见(만나다)'라는 뜻으
로, 직역하면 '매우 오랫동
안 만나지 못했다'라는 뜻입
니다.

好久不见 hǎo jiǔ bú jiàn	오랜만이다	最近 zuìjìn	명 최근, 요즘
怎么样 zěnmeyàng	대 어떠하다	还可以 hái kěyǐ	그런대로 괜찮다
工作 gōngzuò	명 일 동 일하다	忙 máng	형 바쁘다
太~了 tài~le	매우 ~하다	累 lèi	형 피곤하다
应该 yīnggāi	조동 마땅히 ~해야 한다	休息 xiūxi	동 쉬다, 휴식하다

1 들어 보세요.

A : 好久不见!

B : 好久不见!
你最近怎么样?

A : 还可以。

B : 你工作忙吗?

A : 我最近工作太忙了。
你呢?

B : 我也很忙。太累了。

A : 你应该休息。

2 병음을 보고 중국어로 말해 보세요.

A : Hǎo jiǔ bú jiàn!

B : Hǎo jiǔ bú jiàn!
Nǐ zuìjìn zěnmeyàng?

A : Hái kěyǐ.

B : Nǐ gōngzuò máng ma?

A : Wǒ zuìjìn gōngzuò tài máng le.
Nǐ ne?

B : Wǒ yě hěn máng. Tài lèi le.

A : Nǐ yīnggāi xiūxi.

❸ 우리말을 보고 중국어로 말해 보세요.

A : 오랜만이야!

B : 오랜만이야!

너 요즘 어떻게 지내니?

A : 그럭저럭 지내.

B : 너는 일이 바쁘니?

A : 나는 요즘에 일이 너무 바빠.

너는?

B : 나도 바빠. 정말 피곤해.

A : 너는 쉬어야겠구나.

빈칸에 알맞은 병음을 쓰고 읽어 보세요.

A : 好久不见!

Hǎo jiǔ _____!

B : 好久不见!

Hǎo jiǔ _____!

你最近怎么样?

Nǐ zuìjìn _____?

A : 还可以。

_____ kěyǐ.

B : 你工作忙吗?

Nǐ _____ máng ma?

A : 我最近工作太忙了。你呢?

Wǒ zuìjìn _____ tài máng le.

_____ ne?

B : 我也很忙。

Wǒ yě hěn máng.

太累了。

_____ lèi le.

A : 你应该休息。

Nǐ _____ xiūxi.

┃ 정답 ┃ 100쪽 ❷를 참고하세요.

1 **你最近怎么样?** 너는 요즘 어때?

A	➕	怎么样?	A는 어떠니?
		zěnmeyàng	

果汁   과일 주스는 어때?

明天   내일은 어때?

怎么样은 '어떠하다', '어떻다'라는 뜻의 대명사로, 주로 상대방의 의견이나 상황을 물어볼 때 씁니다. 주어 없이 단독으로 쓰기도 합니다.

⑩ A: 果汁怎么样? Guǒzhī zěnmeyàng? 과일 주스는 어때?(과일 주스 마실래?)

B: 好。Hǎo. 좋아.

2 **我最近工作太忙了。** 나는 요즘 일이 너무 바쁘다.

A	➕	(最近)	➕	B。	A는 (요즘) B하다
주어		zuìjìn		주술 술어	

我   最近   学习太累了   나는 요즘 공부하는 게 매우 피곤하다.

他   眼睛很大   그는 눈이 아주 크다.

술어 부분이 '주어+술어'로 이루어진 문장을 '주술 술어문'이라고 합니다.

- 평서문: 주어+술어(주어+술어)

  我工作太忙了。Wǒ gōngzuò tài máng le. 나는 일이 매우 바쁘다.

- 부정문: 주어+술어(주어+不+술어)

  我工作不忙。Wǒ gōngzuò bù máng. 나는 일이 바쁘지 않다.

- 의문문: ①주어+술어(주어+술어)+吗?
  ②주어+술어(주어+술어의 긍정형+부정형)?

  你工作忙吗? Nǐ gōngzuò máng ma? 너는 일이 바쁘니?

  你工作忙不忙? Nǐ gōngzuò máng bu máng? 너는 일이 바쁘니?

단어

比赛 bǐsài 명 경기, 시합

锻炼 duànliàn
동 단련하다

3 **你应该休息。** 당신은 쉬어야 한다.

A	✚	应该	✚	B。	A는 (마땅히) B해야 한다
주어		yīnggāi		술어	

你	看比赛	너는 경기를 봐야 한다.
我	锻炼身体	나는 운동을 해야 한다.

应该는 '마땅히 ~해야 한다'라는 뜻의 조동사입니다. 조동사는 동사를 도와주는 품사이므로 항상 동사 앞에 위치합니다. 그러므로 应该 뒤에는 동사 또는 동사 구가 와야 합니다.

예 A: 我应该看比赛吗? 내가 경기를 꼭 봐야 하니?
　　 Wǒ yīnggāi kàn bǐsài ma?

　　B: 你不应该看比赛。 넌 꼭 보진 않아도 돼.
　　 Nǐ bù yīnggāi kàn bǐsài.

작문 도전! 다음 문장의 뜻에 맞게 단어의 순서를 배열하여 중국어 문장을 완성해 보세요.

1. 너는 요즘 어때?　　　　　➡ 最近 | 怎么样 | 你

　✎ --

2. 나는 요즘 공부하는 게 매우 피곤하다. ➡ 太 | 学习 | 累 | 我 | 了 | 最近

　✎ --

3. 나는 운동을 해야 한다.　　 ➡ 身体 | 应该 | 我 | 锻炼

　✎ --

| 정답 |

1. 你最近怎么样? /
　 最近你怎么样?

2. 我最近学习太累了。

3. 我应该锻炼身体。

1 녹음을 듣고, 일치하는 문장을 고르세요.

(1) ① 明天怎么样?
② 你最近怎么样?
③ 果汁怎么样?

(2) ① 他眼睛很大。
② 我最近学习太累了。
③ 我最近工作太忙了。

(3) ① 你应该休息。
② 我应该锻炼身体。
③ 你应该看比赛。

2 밑줄 친 뜻과 일치하는 중국어 문장을 고르세요.

(1)
> **A :** 你工作忙吗?
> Nǐ gōngzuò máng ma?
>
> **B :** <u>나는 요즘에 일이 매우 바빠.</u>

① 最近我很忙。

② 我最近工作太忙了。

③ 我最近工作忙。

(2)
> **A :** <u>오랜만이에요!</u>
>
> **B :** 你最近怎么样?
> Nǐ zuìjìn zěnmeyàng?

① 好不见!

② 好久不见!

③ 好久见!

3 빈칸에 알맞은 단어 또는 해석을 써 보세요.

A : 你学习怎么样?　　　✎ --------------------------------------

B : 我最近学习太 _____ 了。　　✎ 나는 요즘 공부하는 게 매우 피곤해.
　　　　　　　lèi

A : 你应该休息。　　　✎ --------------------------------------

I 정답 I 282쪽

13

소개하기

这是我哥哥。

이 사람은 나의 오빠예요.

강의 및 예문 듣기

🎧 13-1.mp3

워밍업

기본 문장 듣기

그림을 보며 녹음을 들어
보세요. 본문에서 배울 표
현을 귀에 익숙하게 적응
하는 단계입니다.

🎧 13-2.mp3

1단계

새로 배울 단어

这 zhè	때 이, 이것, 이 사람	的 de	조 ~의, ~한
全家福 quánjiāfú	명 가족사진	真 zhēn	부 정말, 참
职员 zhíyuán	명 직원	口 kǒu	양 명[가족 수를 세는 단위]
和 hé	접 ~와/과		

1 들어 보세요.

A : 这是我们家的全家福。

B : 这是谁?

A : 这是我哥哥。
他今年三十五岁。

B : 真帅。
你哥哥做什么工作?

A : 他是公司职员。
你家有几口人?

B : 我家有五口人。
爸爸、妈妈、两个姐姐和
我。

2 병음을 보고 중국어로 말해 보세요.

A : Zhè shì wǒmen jiā de quánjiāfú.

B : Zhè shì shéi?

A : Zhè shì wǒ gēge.
Tā jīnnián sānshíwǔ suì.

B : Zhēn shuài.
Nǐ gēge zuò shénme gōngzuò?

A : Tā shì gōngsī zhíyuán.
Nǐ jiā yǒu jǐ kǒu rén?

B : Wǒ jiā yǒu wǔ kǒu rén.
Bàba、 māma、 liǎng ge jiějie hé
wǒ.

3 우리말을 보고 중국어로 말해 보세요.

빈칸에 알맞은 병음을 쓰고 읽어 보세요.

A : 이것은 우리 가족사진이야.

B : 이 사람은 누구니?

A : 이 사람은 우리 오빠야.

오빠는 올해 35살이야.

B : 정말 멋있구나.

너희 오빠는 무슨 일을 하니?

A : 그는 회사원이야.

너희 가족은 몇 명이니?

B : 우리 가족은 다섯 명이야.

아빠, 엄마, 두 명의 누나, 그리고 나야.

A : 这是我们家的全家福。

Zhè shì wǒmen jiā de _____ .

B : 这是谁?

_____ shì shéi?

A : 这是我哥哥。

Zhè shì wǒ _____ .

他今年三十五岁。

Tā jīnnián _____ suì.

B : 真帅。

Zhēn _____ .

你哥哥做什么工作?

Nǐ gēge zuò shénme _____ ?

A : 他是公司职员。

Tā shì _____ .

你家有几口人?

Nǐ jiā yǒu jǐ _____ rén?

B : 我家有五口人。

Wǒ jiā yǒu wǔ _____ rén.

爸爸、妈妈、两个姐姐和我。

Bàba、māma、_____ jiějie

hé wǒ.

| 정답 | 106쪽 **2**를 참고하세요.

단어

那 nà 때 그, 그것, 그 사람
手机 shǒujī 몡 휴대전화
漂亮 piàoliang 휑 예쁘다
学校 xuéxiào 몡 학교

1 **这是我们家的全家福。** 이것은 우리 집의 가족사진이다.

这是 +	A	的 +	B。	이것은 A의 B이다
Zhè shì	관형어	de	목적어	
这	我的		手机	이것은 나의 휴대전화이다.
那	我		爸爸	저분은 우리 아버지이다.

的는 관형어를 만드는 조사로, '수식 성분+的+명사'의 형태로 쓰는데, '나의 컴퓨터'와 같이 소유를 나타낼 수도 있고, '예쁜 휴대전화'와 같이 명사를 수식할 수도 있습니다. 만약 的 뒤에 가족, 친척, 친구, 소속 기관이 올 경우에는 的를 생략할 수 있습니다.

잠깐만요!

말하는 사람을 기준으로 가까이에 있는 사람이나 사물을 가리킬 때는 这, 비교적 멀리 있는 사람이나 사물을 가리킬 때는 那를 씁니다.

· **소유를 나타내는 경우**
  我的电脑 wǒ de diànnǎo 나의 컴퓨터

· **수식하는 경우**
  漂亮的手机 piàoliang de shǒujī 예쁜 휴대전화

· **생략하는 경우**
  我朋友 wǒ péngyou 내 친구 | 我家 wǒ jiā 우리 집
  我们公司 wǒmen gōngsī 내 회사 | 你们学校 nǐmen xuéxiào 너희 학교

단어

学生 xuésheng 몡 학생
演员 yǎnyuán 몡 배우
厨师 chúshī 몡 요리사
歌手 gēshǒu 몡 가수
老师 lǎoshī 몡 선생님, 교사

2 **他是公司职员。** 그는 회사원이다.

A +	是 +	B。	A는 B이다
주어	shì	직업	
他		学生	그는 학생이다.
我		演员	나는 배우이다.

직업을 소개할 때는 '주어+是+직업'의 구조를 씁니다. 주어 부분에 我, 他, 她와 같은 인칭대명사 또는 사람 이름을 넣어서 특정 사람의 직업을 소개할 수 있습니다.

예 我们是厨师。 Wǒmen shì chúshī. 우리는 요리사이다.
   他是歌手。 Tā shì gēshǒu. 그는 가수이다.
   美爱是老师。 Měi'ài shì lǎoshī. 미애는 선생님이다.

단어

件 jiàn
양 벌, 건[옷 · 문서 등을
세는 단위]

衣服 yīfu 명 옷

辆 liàng
양 대[차량 등을 세는 단위]

自行车 zixíngchē
명 자전거

잠깐만요!

'你家有几口人?'은 가족
수를 묻는 표현입니다. 가족
구성원을 물어볼 때는 '你
家有什么人?' 또는 '你
家有谁?'라고 합니다.

---

3 你家有几口人? 너희 가족은 몇 명이니?

A ⊕ **有** ⊕ **几** ⊕ **양사** ⊕ **B?**
주어　　　　　yǒu　　　　jǐ　　　　　　　　목적어

　　　　　　　　　　　A는 몇 (개)의 B가 있니?

你　　　　　　　　　**件**　　**衣服**
　　　　　　　　　　　　　　너는 몇 벌의 옷이 있니?

他家　　　　　　　　**辆**　　**自行车**
　　　　　　　　　　　　　그의 집에는 몇 대의 자전거가 있니?

수량을 물어보는 의문사는 几와 多少가 있습니다. 비교적 적은 수량에 대해 물어볼 때는 几, 불특정한 수량에 대해 물어볼 때는 多少를 씁니다.

예 你有几本书? 너는 몇 권의 책을 가지고 있니?
Nǐ yǒu jǐ běn shū?

你们公司有多少职员? 너희 회사에는 직원이 얼마나 있니?
Nǐmen gōngsī yǒu duōshao zhíyuán?

작문 도전! 다음 문장의 뜻에 맞게 단어의 순서를 배열하여 중국어 문장을 완성해 보세요.

1. 이것은 나의 휴대전화이다.　　→ 手机 | 是 | 的 | 这 | 我

　🖉 _____

2. 나는 배우이다.　　→ 是 | 我 | 演员

　🖉 _____

3. 너는 몇 벌의 옷이 있니?　　→ 几 | 有 | 衣服 | 件 | 你

　🖉 _____

| 정답 |

1. 这是我的手机。

2. 我是演员。

3. 你有几件衣服?

1 녹음을 듣고, 일치하는 문장을 고르세요.

(1) ① 那是我爸爸。
② 这是我们家的全家福。
③ 这是我的手机。

(2) ① 他是公司职员。
② 他是学生。
③ 我是演员。

(3) ① 你有几件衣服？
② 他家有几辆自行车？
③ 你家有几口人？

2 밑줄 친 뜻과 일치하는 중국어 문장을 고르세요.

(1)

> **A :** 너희 오빠는 무슨 일을 하니?
>
> **B :** 他是公司职员。
> Tā shì gōngsī zhíyuán.

① 你哥哥做什么工作？

② 你哥哥做什么？

③ 你哥哥什么工作做？

(2)

> **A :** 너희 가족은 몇 명이니?
>
> **B :** 我家有五口人。
> Wǒ jiā yǒu wǔ kǒu rén.

① 你家几口？

② 你家几口人？

③ 你家有几口人？

3 빈칸에 알맞은 단어 또는 해석을 써 보세요.

A : 这是＿＿＿＿＿＿？
　　　　　shéi

B : 这是我哥哥。

A : 你哥哥做什么工作？

B : 我哥哥是＿＿＿＿＿＿。
　　　　　　　　lǎoshī

✎ 이 사람은 누구니?

✎ ＿＿＿＿＿＿＿＿＿＿＿＿＿

✎ ＿＿＿＿＿＿＿＿＿＿＿＿＿

✎ 우리 오빠는 선생님이야.

| 정답 | 282쪽

14

동작 표현하기

你会打篮球吗?

당신은 농구할 줄 알아요?

강의 및 예문 듣기

🎧 14-1.mp3

워밍업

기본 문장 듣기

그림을 보며 녹음을 들어 보세요. 본문에서 배울 표현을 귀에 익숙하게 적응하는 단계입니다.

🎧 14-2.mp3

1단계

새로 배울 단어

보충

打는 '(손으로) 때리다, 치다'라는 동작을 나타내므로, 구기 운동의 동사로 쓰입니다.

打排球 배구하다
dǎ páiqiú

打棒球 야구하다
dǎ bàngqiú

打高尔夫球 골프 치다
dǎ gāo'ěrfūqiú

爱好 àihào	명 취미	喜欢 xǐhuan	동 좋아하다
打篮球 dǎ lánqiú	농구를 하다	会 huì	조동 ~을 할 수 있다, ~을 할 줄 알다
得 de	조 [동사, 형용사 뒤에서 정도보어를 연결하는 조사]	不太 bú tài	그다지 ~하지 않다
对 duì	개 ~에 대해서	歌 gē	명 노래
感兴趣 gǎn xìngqù	관심이 있다, 흥미가 있다	教 jiāo	동 가르치다

1 들어 보세요.

A : 你有什么爱好?

B : 我喜欢打篮球。
你会打篮球吗?

A : 我不会打。
你打篮球打得怎么样?

B : 我打得不太好。
你喜欢做什么?

A : 我对中国歌很感兴趣。

B : 是吗?
我教你中国歌。

A : 谢谢！

2 병음을 보고 중국어로 말해 보세요.

A : Nǐ yǒu shénme àihào?

B : Wǒ xǐhuan dǎ lánqiú.
Nǐ huì dǎ lánqiú ma?

A : Wǒ bú huì dǎ.
Nǐ dǎ lánqiú dǎ de zěnmeyàng?

B : Wǒ dǎ de bú tài hǎo.
Nǐ xǐhuan zuò shénme?

A : Wǒ duì Zhōngguógē hěn gǎn
xìngqù.

B : Shì ma?
Wǒ jiāo nǐ Zhōngguógē.

A : Xièxie!

3 우리말을 보고 중국어로 말해 보세요.

빈칸에 알맞은 병음을 쓰고 읽어 보세요.

A : 너는 취미가 뭐니?

B : 나는 농구하는 것을 좋아해.

너 농구할 줄 아니?

A : 나는 할 줄 몰라.

너는 농구하는 게 어떠니?

B : 나는 그다지 잘하지는 않아.

너는 뭐 하는 걸 좋아해?

A : 나는 중국 노래에 관심이 있어.

B : 그래?

내가 너에게 중국 노래를 가르쳐 줄게.

A : 고마워.

A : 你有什么爱好?

Nǐ yǒu shénme _____?

B : 我喜欢打篮球。

Wǒ _____ dǎ lánqiú.

你会打篮球吗?

Nǐ _____ dǎ lánqiú ma?

A : 我不会打。

Wǒ bú huì _____.

你打篮球打得怎么样?

Nǐ dǎ lánqiú dǎ de _____?

B : 我打得不太好。

Wǒ dǎ de _____.

你喜欢做什么?

Nǐ _____ zuò shénme?

A : 我对中国歌很感兴趣。

Wǒ duì Zhōngguógē hěn

_____.

B : 是吗? 我教你中国歌。

Shì ma? Wǒ _____ nǐ

Zhōngguógē.

A : 谢谢 !

Xièxie!

I 정답 I 112쪽 **2**를 참고하세요.

단어

滑雪 huáxuě 图 스키 타다

开车 kāichē 图 운전하다

1 **你会打篮球吗?** 너는 농구할 줄 아니?

你 Nǐ	➕	会 huì	➕	**A** 동사(구)	➕	吗? ma	너는 A할 줄 아니?
				滑雪			너는 스키 탈 줄 아니?
				开车			너는 운전할 줄 아니?

会는 조동사이므로 동사 앞에 위치하고, '~을 할 수 있다(할 줄 안다)'라는 뜻을 나타냅니다. 会가 나타내는 '할 수 있다'라는 의미는 타고난 능력이 아니라, 학습이나 연습을 통해 할 수 있게 된 것을 뜻합니다.

• 평서문: 주어+会+동사 술어+목적어

　我会打篮球。 Wǒ huì dǎ lánqiú. 나는 농구를 할 수 있다.

• 부정문: 주어+不会+동사 술어+목적어

　我不会打篮球。 Wǒ bú huì dǎ lánqiú. 나는 농구를 못한다.

단어

踢足球 tī zúqiú
축구를 하다

唱歌 chànggē
图 노래를 하다

2 **我(打篮球)打得不太好。** 나는 (농구를) 그다지 잘하지 않는다.

我 Wǒ	➕	**A** 동사(구)	➕	得 de	➕	**B**。 형용사	나는 A하는 정도가 B이다
		踢足球踢				不太好	나는 축구를 잘하지 못한다.
		唱歌唱				很好	나는 노래를 잘한다.

'동사+得+형용사'의 형식으로 동사의 정도를 보충하는 구문을 '정도보어'라고 합니다.

• 평서문: ①주어+동사+得+형용사　②주어+동사+목적어+동사+得+형용사

　我唱得很好。 Wǒ chàng de hěn hǎo. 나는 노래를 잘한다.

　我唱歌唱得很好。 Wǒ chànggē chàng de hěn hǎo. 나는 노래를 잘한다.

잠깐만요!

정도보어의 부정문은 형용사 부분, 즉, 보어 부분을 부정합니다.

• 부정문: 주어+동사(+목적어+동사)+得+不+형용사

　我唱歌唱得不好。 Wǒ chànggē chàng de bù hǎo. 나는 노래를 잘 못한다.

• 의문문: ①주어+동사(+목적어+동사)+得+형용사+吗?
　　　　　②주어+동사(+목적어+동사)+得+형용사의 긍정형+부정형?

　你唱歌唱得好吗? Nǐ chànggē chàng de hǎo ma? 너 노래 잘하니?

　你唱歌唱得好不好? Nǐ chànggē chàng de hǎo bu hǎo? 너 노래 잘하니?

단어

历史 lìshǐ 몡 역사

打高尔夫球
dǎ gāo'ěrfūqiú 골프 치다

3 我对中国歌很感兴趣。 나는 중국 노래에 관심이 있다.

我 ➕ 对 ➕ **A** ➕ (很)感兴趣。
Wǒ　　　　 duì　　　 대상　　　 (hěn) gǎn xìngqù

나는 A에 관심이 있다

历史　　　　　　　나는 역사에 관심이 있다.
打高尔夫球　　　　나는 골프에 관심이 있다.

'对～感兴趣'는 '～에 관심이 있다'라는 표현입니다. 对는 '～에 대해서'라는 뜻의 개사로, 말하려는 대상을 이끌어 냅니다. '对～有兴趣'라고 쓰기도 합니다.

중국어 품사 중 '개사(介词
jiècí)'는 영어의 전치사에
상응합니다. 개사는 단독으
로는 의미를 가지지 못하기
때문에 주로 '개사+명사'의
구조로 씁니다.

- **평서문**: ①주어+对+대상+感兴趣　②주어+对+대상+有兴趣

  我对中国歌很感兴趣。 나는 중국 노래에 관심이 있다.
  Wǒ duì Zhōngguógē hěn gǎn xìngqù.

  我对中国歌有兴趣。 나는 중국 노래에 관심이 있다.
  Wǒ duì Zhōngguógē yǒu xìngqù.

- **부정문**: ①주어+对+대상+不+感兴趣　②주어+对+대상+没有+兴趣

  我对中国歌不感兴趣。 나는 중국 노래에 흥미가 없다.
  Wǒ duì Zhōngguógē bù gǎn xìngqù.

  我对中国歌没有兴趣。 나는 중국 노래에 관심이 없다.
  Wǒ duì Zhōngguógē méiyǒu xìngqù.

본문 중 我教你中国歌의
教는 你와 中国歌 두 개
의 목적어를 가지고 있죠?
'教+목적어1(사람)+목적어
2(사물)'의 형태를 기억하세
요!

작문 도전! 다음 문장의 뜻에 맞게 단어의 순서를 배열하여 중국어 문장을 완성해 보세요.

1. 너는 스키 탈 줄 아니?　→ 你 │ 吗 │ 滑雪 │ 会

   ✎ _____

2. 나는 축구를 잘하지 못한다. → 我 │ 得 │ 踢 │ 不太 │ 好 │ 踢足球

   ✎ _____

3. 나는 골프에 관심이 있다. → 对 │ 感兴趣 │ 我 │ 高尔夫球 │ 很 │ 打

   ✎ _____

| 정답 |

1. 你会滑雪吗?

2. 我踢足球踢得不太
   好。

3. 我对打高尔夫球很
   感兴趣。

1 녹음을 듣고, 일치하는 문장을 고르세요.

(1) ① 你会滑雪吗?
② 你会开车吗?
③ 你会打篮球吗?

(2) ① 我踢足球踢得不太好。
② 我打篮球打得不太好。
③ 我唱歌唱得很好。

(3) ① 我对打高尔夫球很感兴趣。
② 我对历史很感兴趣。
③ 我对中国歌很感兴趣。

2 밑줄 친 뜻과 일치하는 중국어 문장을 고르세요.

(1)

A : 너는 농구하는 것이 어때?

B : 我打得不太好。
Wǒ dǎ de bú tài hǎo.

① 你打篮球得怎么样?
② 你打篮球打得怎么样?
③ 你打篮球怎么样?

(2)

A : 你喜欢做什么?
Nǐ xǐhuan zuò shénme?

B : 나는 중국 노래에 관심이 있어.

① 我中国歌对很感兴趣。
② 我很感兴趣对中国歌。
③ 我对中国歌很感兴趣。

3 빈칸에 알맞은 단어 또는 해석을 써 보세요.

A : 你有什么爱好? 🖉 _____

B : 我 _____ 打高尔夫球。 🖉 나는 골프 치는 것을 좋아해.
　　　 xǐhuan

A : 我不会打高尔夫球。 🖉 _____

B : 我 _____ 你打。 🖉 내가 너에게 가르쳐 줄게.
　　　 jiāo

15

장소/방향 표현하기

AA书吧在麦当劳东边。

AA 북카페는 맥도날드 동쪽에 있어요.

강의 및 예문 듣기

 15-1.mp3

워밍업

기본 문장 듣기

그림을 보며 녹음을 들어
보세요. 본문에서 배울 표
현을 귀에 익숙하게 적응
하는 단계입니다.

 15-2.mp3

1단계

새로 배울 단어

这儿 zhèr	대 여기, 이곳	书吧 shūbā	명 북카페
麦当劳 Màidāngláo	고유 맥도날드	东边 dōngbian	명 동쪽
走 zǒu	동 (걸어)가다	往 wǎng	개 ~쪽으로
前 qián	명 앞	到 dào	동 도착하다
补习班 bǔxíbān	명 학원	右 yòu	명 오른쪽
拐 guǎi	동 방향을 바꾸다, (모퉁이를) 돌다		

117

1 들어 보세요.

A : 东建在这儿吗?

B : 他不在。他在AA书吧。

A : AA书吧在哪儿?

B : AA书吧在麦当劳东边。

A : 麦当劳怎么走?

B : 往前走，到BB补习班
往右拐。

2 병음을 보고 중국어로 말해 보세요.

A : Dōngjiàn zài zhèr ma?

B : Tā bú zài. Tā zài AA shūbā.

A : AA shūbā zài nǎr?

B : AA shūbā zài Màidāngláo
dōngbian.

A : Màidāngláo zěnme zǒu?

B : Wǎng qián zǒu, dào BB bǔxíbān
wǎng yòu guǎi.

3 우리말을 보고 중국어로 말해 보세요.

A: 동건이 여기에 있어?

B: 그는 없어. 그는 AA 북카페에 있어.

A: AA 북카페는 어디에 있어?

B: AA 북카페는 맥도날드 동쪽에 있어.

A: 맥도날드는 어떻게 가?

B: 앞으로 가다가, BB 학원에 도착하면
우회전해.

빈칸에 알맞은 병음을 쓰고 읽어 보세요.

A: 东建在这儿吗?

Dōngjiàn zài _____ ma?

B: 他不在。他在AA书吧。

Tā bú zài. Tā zài AA _____.

A: AA书吧在哪儿?

AA _____ zài nǎr?

B: AA书吧在麦当劳东边。

AA _____ zài Màidāngláo

_____.

A: 麦当劳怎么走?

Màidāngláo zěnme _____?

B: 往前走，到BB补习班往右拐。

_____ qián _____, dào BB

bǔxíbān _____ yòu guǎi.

I 정답 I 118쪽 **2**를 참고하세요.

단어

办公室 bàngōngshì
명 사무실

眼镜 yǎnjìng 명 안경

---

1 他在AA书吧。 그는 AA 북카페에 있다.

A	+	在	+	B。	A는 B에 있다
주어		zài		장소	

老师		办公室	선생님은 사무실에 계신다.
眼镜		这儿	안경은 여기에 있다.

在는 '~에 있다'라는 뜻으로, 사람이나 사물이 어떤 장소에 있음을 표현합니다.

- 평서문: 주어+在+장소 목적어

  他在AA书吧。 Tā zài AA shūbā. 그는 AA 북카페에 있다.

- 부정문: 주어+不在+장소 목적어

  他不在AA书吧。 Tā bú zài AA shūbā. 그는 AA 북카페에 없다.

- 의문문: 주어+在+장소 목적어+吗?

  他在AA书吧吗? Tā zài AA shūbā ma? 그는 AA 북카페에 있니?

지시대명사를 정리해
볼까요?

가깝다	멀다	불특정
这 zhè 이	那 nà 저	哪 nǎ 어느
这儿 zhèr 이곳, 여기	那儿 nàr 저곳, 저기	哪儿 nǎr 어디

단어

桌子 zhuōzi 명 책상

---

2 AA书吧在麦当劳东边。 AA 북카페는 맥도날드 동쪽에 있다.

A	+	在	+	B(的)	+	C。	A는 B(의) C쪽에 있다
주어		zài		(de)		방향	

我家		公司	西边	우리 집은 회사의 서쪽에 있다.
眼镜		桌子	上边	안경은 책상 위에 있다.

방향이나 위치를 나타내는 명사를 방위사라고 합니다.

동/서/남/북

东 dōng
西 xī
南 nán
北 běi
+ 边 bian

왼쪽/오른쪽

左 zuǒ
右 yòu
+ 边 bian

위쪽/아래쪽

上 shàng
下 xià
+ 边 bian

앞쪽/뒤쪽

前 qián
后 hòu
+ 边 bian

안쪽/바깥쪽

里 lǐ
外 wài
+ 边 bian

우리나라에서는 '동서남북'
이라고 말하지만 중국인들
은 '东南西北'라고 말합니
다. 순서가 다르죠?

3 往前走，到BB补习班往右拐。

앞으로 가다가, BB 학원에 도착해서 우회전한다.

往	**A**	走，	⊕	到	**B**	⊕	往	**C**	拐。
Wǎng	방향	zǒu		dào	장소		wǎng	방향	guǎi

A쪽으로 가다가 B에서 C로 꺾는다

后		银行		左

뒤쪽으로 가다가 은행에 도착해서 좌회전한다.

北		书吧		南

북쪽으로 가다가, 북카페에 도착해서 남쪽으로 꺾는다.

往은 '~쪽으로'라는 뜻의 개사로, 방향을 나타내는 단어이므로 뒤에는 반드시 방위사가 나옵니다. 到는 '~에 도착하다', '다다르다'라는 뜻의 동사이므로 뒤에는 반드시 구체적인 장소 명사가 나옵니다. 拐는 '(방향을) 꺾다, 틀다'라는 뜻이므로 반드시 '往+방향+拐'의 형태로 씁니다.

예 A: 你家怎么走? 너희 집은 어떻게 가니?
　　Nǐ jiā zěnme zǒu?

　B: 往东走，到银行，往西拐。 동쪽으로 가다가 은행에서 서쪽으로 돌아.
　　Wǎng dōng zǒu, dào yínháng, wǎng xī guǎi.

작문 도전! 다음 문장의 뜻에 맞게 단어의 순서를 배열하여 중국어 문장을 완성해 보세요.

1. 선생님께서는 사무실에 계신다. → 办公室 │ 老师 │ 在

✏ _____

2. 안경은 책상 위에 있다. → 桌子 │ 在 │ 眼镜 │ 上边

✏ _____

3. 북쪽으로 가다가, 북카페에 도착해서 남쪽으로 꺾는다.
→ 北 │ 走 │ 往 │ 拐 │ 南 │ 书吧 │ 到 │ 往

✏ _____

1 녹음을 듣고, 일치하는 문장을 고르세요.

(1) ① 老师在办公室。
② 他在书吧。
③ 眼镜在这儿。

(2) ① 我家在公司的西边。
② 眼镜在桌子上边。
③ 书吧在麦当劳东边。

(3) ① 往前走，到补习班往右拐。
② 往后走，到银行往左拐。
③ 往北走，到书吧往南拐。

2 밑줄 친 뜻과 일치하는 중국어 문장을 고르세요.

(1)

A : 东建在这儿吗?
Dōngjiàn zài zhèr ma?

B : 그는 없어. 그는 AA 북카페에
있어.

① 他不在，他AA书吧。

② 他不在，他在AA书吧。

③ 他不，他在AA书吧。

(2)

A : 내 안경은 어디에 있니?

B : 你的眼镜在这儿。
Nǐ de yǎnjing zài zhèr.

① 我的眼镜在那儿?

② 我的眼镜哪儿?

③ 我的眼镜在哪儿?

3 빈칸에 알맞은 단어 또는 해석을 써 보세요.

A : 办公室在哪儿?

🖊 ------------------------------

B : 办公室在 _____ 北边。
　　　　　yínháng

🖊 사무실은 은행 북쪽에 있어요.

A : 银行怎么走?

🖊 ------------------------------

B : _____ 前走，到书吧往左 _____。
　　Wǎng　　　　　　　　　guǎi

🖊 앞으로 가다가 북카페 도착해서 좌회전해요.

| 정답 | 282쪽

16

강의 및 예문 듣기

날짜/요일 표현하기

祝你生日快乐！

생일 축하해요!

🎧 16-1.mp3

워밍업

기본 문장 듣기

그림을 보며 녹음을 들어
보세요. 본문에서 배울 표
현을 귀에 익숙하게 적응
하는 단계입니다.

🎧 16-2.mp3

1단계

새로 배울 단어

노트

请은 '请+동사'의 형태로
말하고, 상대방에게 무엇을
부탁하거나 권할 때 쓰는 정
중한 표현입니다.

请+问(묻다) qǐngwèn
→ 말씀 좀 묻겠습니다

请+进(들어오다) qǐng jìn
→ 들어오세요

请+坐(앉다) qǐng zuò
→ 앉으세요

단어	품사	뜻	단어	품사	뜻
请 qǐng	동	~해 주세요	进 jìn	동	(밖에서 안으로) 들다
欢迎 huānyíng	동	환영하다	来 lái	동	오다
玩儿 wánr	동	놀다	邀请 yāoqǐng	동	초대하다
坐 zuò	동	앉다, (교통수단을) 타다	离 lí	개	~에서, ~로부터
远 yuǎn	형	(거리가) 멀다	哇 wā	감	와, 어머
蛋糕 dàngāo	명	케이크	纪念日 jìniànrì	명	기념일
生日 shēngrì	명	생일	祝 zhù	동	[축하나 기원을 나타냄]
快乐 kuàilè	형	즐겁다, 행복하다	忘 wàng	동	잊어버리다
别 bié	부	~하지 마라	客气 kèqi	형	예의를 차리다

1 들어 보세요.

A : 请进! 欢迎你来我家玩儿!

B : 谢谢你的邀请。

A : 请坐，请坐! 你家离这儿远吗?

B : 我家离这儿不远。
哇! 蛋糕! 今天是什么纪念日吗?

A : 今天六月二十四号，是你的生日。祝你生日快乐!

B : 我忘了! 谢谢。

A : 别客气! 我们是朋友。

2 병음을 보고 중국어로 말해 보세요.

A : Qǐng jìn! Huānyíng nǐ lái wǒ jiā wánr!

B : Xièxie nǐ de yāoqǐng.

A : Qǐng zuò, qǐng zuò! Nǐ jiā lí zhèr yuǎn ma?

B : Wǒ jiā lí zhèr bù yuǎn.
Wā! Dàngāo! Jīntiān shì shénme jìniànrì ma?

A : Jīntiān liù yuè èrshísì hào, shì nǐ de shēngrì. Zhù nǐ shēngrì kuàilè!

B : Wǒ wàng le! Xièxie.

A : Bié kèqi! Wǒmen shì péngyou.

❸ 우리말을 보고 중국어로 말해 보세요.

빈칸에 알맞은 병음을 쓰고 읽어 보세요.

A : 들어와! 우리 집에 놀러 온 것을 환영해!

B : 초대해 줘서 고마워!

A : 앉아, 앉아! 너희 집은 여기서 머니?

B : 우리 집은 여기에서 멀지 않아.

　　와! 케이크네! 오늘 무슨 기념일이니?

A : 오늘 6월 24일은 네 생일이야. 생일 축하

　　해.

B : 난 잊어버리고 있었어. 고마워.

A : 너무 예의 차리지 마. 우린 친구잖아.

A : 请进! 欢迎你来我家玩儿!

　　Qǐng jìn! _____ nǐ lái wǒ jiā

　　wánr!

B : 谢谢你的邀请。

　　Xièxie nǐ de _____.

A : 请坐，请坐! 你家离这儿远吗?

　　Qǐng zuò, qǐng zuò! Nǐ jiā

　　_____ zhèr yuǎn ma?

B : 我家离这儿不远。哇! 蛋糕! 今天

　　是什么纪念日吗?

　　Wǒ jiā _____ zhèr bù yuǎn.

　　Wā! Dàngāo! Jīntiān shì shénme

　　_____ ma?

A : 今天六月二十四号，是你的生日。

　　祝你生日快乐!

　　Jīntiān liù yuè èrshísì hào, shì

　　nǐ de _____. Zhù nǐ _____

　　kuàilè!

B : 我忘了! 谢谢。

　　Wǒ _____ le! Xièxie.

A : 别客气! 我们是朋友。

　　Bié _____! Wǒmen shì

　　péngyou.

l 정답 l 124쪽 **❷**를 참고하세요.

단어

旅行 lǚxíng 통 여행하다

参观 cānguān
통 견학하다, 참관하다

去 qù 통 가다

1 **欢迎你来我家玩儿！** 우리 집에 놀러 온 것을 환영해!

<u>A</u> **+** <u>来</u> **+** <u>B</u> **+** <u>C</u>。   A가 B에 C하러 오다
주어   lái   장소   동사

我们   韩国   旅行   우리는 한국에 여행하러 온다.
请你   我们公司 参观   저희 회사에 견학하러 오세요.

'동사1(来)+동사2(玩儿)'처럼 주어 하나에 동사가 연이어 나오는 문장을 '연동문'
이라고 합니다. 이때 동사1은 来나 去만 제한적으로 쓰고, 동사2는 동사1의 목적
이 됩니다.

예 他去旅行。Tā qù lǚxíng. 그는 여행하러 온다.

　 他去韩国旅行。Tā qù Hánguó lǚxíng. 그는 한국에 여행하러 온다.

단어

北京 Běijīng 고유 베이징

首尔 Shǒu'ěr 고유 서울

近 jìn 형 가깝다

书店 shūdiàn 명 서점

学校 xuéxiào 명 학교

天 tiān 명 날, 일

2 **我家离这儿不远。** 우리 집은 여기서 멀지 않다.

<u>A</u> **+** <u>离</u> **+** <u>B</u> **+** <u>不远</u>。   A는 B에서 멀지 않다
목표점   lí   기준점   bù yuǎn

北京   首尔   不近   베이징은 서울에서 가깝지 않다.
书店   学校   很远   서점은 학교에서 멀다.

离는 '~에서'라는 의미로, 주로 '(A)离B'의 형태로 쓰고 'A는 B에서'라는 뜻을 나
타냅니다. 공간적, 시간적 거리를 말할 때 모두 사용할 수 있습니다.

- **평서문: 목표점+离+기준점+远/近**

　我家离这儿很近。Wǒ jiā lí zhèr hěn jìn. 우리 집은 여기에서 가깝다.

　离生日还有三天。Lí shēngrì hái yǒu sān tiān. 생일까지 3일 남았다.

- **부정문: 목표점+离+기준점+不+远/近**

　我家离这儿不近。Wǒ jiā lí zhèr bú jìn. 우리 집은 여기에서 가깝지 않다.

- **의문문: ①목표점+离+기준점+远/近+吗？**

　　　　 ②목표점+离+기준점+远不远/近不近？

　你家离这儿近吗？Nǐ jiā lí zhèr jìn ma? 너희 집은 여기에서 가깝니?

　你家离这儿远不远？Nǐ jiā lí zhèr yuǎn bu yuǎn? 너희 집은 여기에서 머니?

3 别客气！ 너무 예의 차리지 마!

| 别 ❶ A ！ | A하지 마라! |
| Bié 동사 | |

吵架 　　　　　　　　　　 말다툼하지 마라!

迟到 　　　　　　　　　　 지각하지 마라!

别는 주로 '别+동사'의 형식으로 쓰고 '～하지 마라'라는 의미를 나타냅니다. 客气는 '예의 차리다', '예의 바르다'라는 뜻이므로 别客气는 '너무 예의 차리지 않아도 된다'라는 뜻이 되며, 谢谢에 대한 응답 표현으로 자주 쓰입니다.

예 A: 我喜欢喝啤酒。 Wǒ xǐhuan hē píjiǔ. 나는 맥주 마시는 걸 좋아해.

　 B: 你别喝吧。 Nǐ bié hē ba. 마시지 마세요.

작문 도전! 다음 문장의 뜻에 맞게 단어의 순서를 배열하여 중국어 문장을 완성해 보세요.

1. 우리는 한국에 여행하러 온다. → 来 | 我们 | 韩国 | 旅行

✎ _____

2. 서점은 학교에서 멀다. → 离 | 书店 | 很 | 远 | 学校

✎ _____

3. 지각하지 마세요. → 迟到 | 别

✎ _____

| 정답 |

1. 我们来韩国旅行。

2. 书店离学校很远。

3. 别迟到。

127

1 녹음을 듣고, 일치하는 문장을 고르세요.

(1) ① 欢迎你来我家玩儿。
　　② 请你来我们公司参观。
　　③ 我们来韩国旅行。

(2) ① 北京离首尔不近。
　　② 我家离这儿不远。
　　③ 书店离学校很远。

(3) ① 别吵架。
　　② 别迟到。
　　③ 别客气。

2 밑줄 친 뜻과 일치하는 중국어 문장을 고르세요.

(1)
> **A :** 우리 집에 놀러 오신 것을 환영합니다.
>
> **B :** 谢谢你的邀请。
> 　　Xièxiè nǐ de yāoqǐng.

① 欢迎你我家来玩儿！
② 欢迎你玩儿来我家！
③ 欢迎你来我家玩儿！

(2)
> **A :** 谢谢您的邀请。
> 　　Xièxiè nín de yāoqǐng.
>
> **B :** 너무 예의 차리지 마세요!

① 客气！
② 别客气！
③ 客气别！

3 빈칸에 알맞은 단어 또는 해석을 써 보세요.

A : 我们去书店看书怎么样？　　✎ _____

B : 书店 _____ 学校远吗？　　✎ 서점은 학교에서 멀어?
　　　　　 lí

A : 不远，书店离学校很近。　　✎ _____

B : 好，你别 _____　　　✎ 좋아, 너 늦지 마.
　　　　　 chídào

I 정답 I 283쪽

17

시간/일과 표현하기

今天我要加班。

오늘 저는 초과 근무를 해야 해요.

강의 및 예문 듣기

🎧 17-1.mp3

워밍업

기본 문장 듣기

그림을 보며 녹음을 들어
보세요. 본문에서 배울 표
현을 귀에 익숙하게 적응
하는 단계입니다.

🎧 17-2.mp3

1단계

새로 배울 단어

什么时候 shénme shíhou	언제	不过 búguò	접 그러나, 그런데[반전을 나타냄]
要 yào	조동 ~해야 한다	加班 jiābān	동 초과 근무하다
吃饭 chīfàn	동 밥을 먹다, 식사하다	了 le	조 [문장 끝에 쓰여 동작의 완료를 나타냄]
还 hái	부 아직	没 méi	부 ~하지 않다 [= 没有 méiyǒu]
多 duō	형 (수량이) 많다	先~然后… xiān~ránhòu…	먼저 ~하고, 그런 후에 …하다
晚饭 wǎnfàn	명 저녁 식사	吧 ba	조 [제안·완곡한 명령·추측을 나타냄]
买 mǎi	동 (물건 등을) 사다	汉堡包 hànbǎobāo	명 햄버거
辛苦 xīnkǔ	형 고생하다, 수고하다		

1 들어 보세요.

A : 王明，你什么时候下班?

B : 我六点下班，不过今天
我要加班。

A : 是吗? 你吃饭了吗?

B : 还没吃饭。
工作太多了。

A : 你先吃晚饭，然后工作吧。

B : 谢谢。我买汉堡包了。

A : 辛苦了，那我先走了。
明天见！

2 병음을 보고 중국어로 말해 보세요.

A : Wáng Míng, nǐ shénme shíhou
xiàbān?

B : Wǒ liù diǎn xiàbān, búguò jīntiān
wǒ yào jiābān.

A : Shì ma? Nǐ chīfàn le ma?

B : Hái méi chīfàn.
Gōngzuò tài duō le.

A : Nǐ xiān chī wǎnfàn, ránhòu
gōngzuò ba.

B : Xièxie. Wǒ mǎi hànbǎobāo le.

A : Xīnkǔ le, nà wǒ xiān zǒu le.
Míngtiān jiàn!

③ 우리말을 보고 중국어로 말해 보세요.

빈칸에 알맞은 병음을 쓰고 읽어 보세요.

A : 왕밍, 언제 퇴근해요?

A : 王明，你什么时候下班?
　　Wáng Míng, nǐ shénme shíhou
　　_____?

B : 저는 6시에 퇴근인데, 오늘 야근해야 해요.

B : 我六点下班，不过今天我要加班。
　　Wǒ liù diǎn _____, búguò
　　jīntiān wǒ yào _____.

A : 그래요? 당신 식사는 했어요?

A : 是吗? 你吃饭了吗?
　　Shì ma? Nǐ _____ le ma?

B : 아직 먹지 못했어요.
　　일이 너무 많아요.

B : 还没吃饭。工作太多了。
　　_____ méi chīfàn. Gōngzuò
　　_____ duō le.

A : 먼저 저녁 식사를 하고, 그런 다음에 일해
　　요.

A : 你先吃晚饭，然后工作吧。
　　Nǐ _____ chī wǎnfàn,
　　_____ gōngzuò ba.

B : 감사해요. 저는 햄버거 샀어요.

B : 谢谢。我买汉堡包了。
　　Xièxie. Wǒ mǎi _____ le.

A : 수고해요. 그럼 저 먼저 갈게요.
　　내일 봅시다!

A : 辛苦了，那我先走了。明天见！
　　_____ le, nà wǒ xiān _____ le.
　　Míngtiān jiàn!

| 정답 | 130쪽 **②**를 참고하세요.

1 今天我**要**加班。 오늘 나는 초과 근무를 해야 한다.

단어

复习 fùxí 통 복습하다
课文 kèwén 명 본문
复印 fùyìn 통 복사하다
材料 cáiliào 명 자료

A	⊕	**要**	⊕	B。	A는 B해야 한다
주어		yào		동사(구)	

你　　　　　　　　复习课文　　　　　　　　　너는 본문을 복습해야 한다.

我们　　　　　　　复印材料　　　　　　　　　우리는 자료를 복사해야 한다.

要는 동사와 조동사 용법이 있습니다. 조동사는 다음 두 가지 의미가 있습니다.

· 要의 동사 용법은 10과 87p.로 돌아가서 복습하세요!
· 要의 부정형에 주의하세요! 不要는 '~하지 마라'라는 뜻으로 別와 의미가 같습니다.

❶ 당위, 의무: ~해야 한다, ~할 필요가 있다 ↔ ~할 필요가 없다

· 주어+要+동사(구) ↔ 주어+不用+동사(구)

你要复印材料。 Nǐ yào fùyìn cáiliào. 당신은 자료를 복사해야 한다.

你不用复印材料。 Nǐ búyòng fùyìn cáiliào. 당신은 자료를 복사할 필요가 없다.

❷ 의지, 염원: ~하려고 한다, ~할 것이다 ↔ ~하기 싫다

· 주어+要+동사(구) ↔ 주어+不想+동사(구)

我要复印材料。 Wǒ yào fùyìn cáiliào. 나는 자료를 복사하려고 한다.

我不想复印材料。 Wǒ bù xiǎng fùyìn cáiliào. 나는 자료를 복사하기 싫다.

2 你吃饭**了**吗? 식사하셨어요?

단어

发 fā 통 보내다, 발송하다
电子邮件 diànzǐyóujiàn
명 이메일
参加 cānjiā 통 참가하다
会议 huìyì 명 회의

你	⊕	A	⊕	**了**	⊕	吗?	너는 A했니?
Nǐ		동사(구)		le		ma	

　　　　　　　发电子邮件　　　　　　　　너는 메일을 보냈니?

　　　　　　　参加会议　　　　　　　　　너는 회의에 참석했니?

了는 동사 뒤나 문장 끝에 위치하여 동작이나 상태의 완료를 나타냅니다.

· 평서문: ①주어+동사+단순 목적어+了　②주어+동사+了+수식받는 목적어

我吃饭了。 Wǒ chīfàn le. 나는 밥을 먹었다.

我吃了他的饭。 Wǒ chīle tā de fàn. 나는 그의 밥을 먹었다.

동작의 완료를 나타내는 了의 부정형은 '(还)没(有)'이고, 이때는 了를 쓰지 않아요. 꼭 기억하세요!

· 부정문: 주어+(还)没(有)+동사+목적어

我还没吃饭。 Wǒ hái méi chīfàn. 나는 아직 밥을 못 먹었다.

· 의문문: ①주어+동사+목적어+了+吗?　②주어+동사+목적어+了+没有?

你吃饭了吗? Nǐ chīfàn le ma? 너 밥 먹었니?

你吃饭了没有? Nǐ chīfàn le méiyǒu? 너 밥 먹었니?

단어

咖啡 kāfēi 명 커피

开会 kāihuì 동 회의하다

新闻 xīnwén 명 뉴스

3 **你先吃晚饭，然后工作吧。** 먼저 저녁 식사를 하고, 그다음에 일하세요.

A	⊕	先	⊕	B,	⊕	然后	⊕	C。
주어		xiān		동작1		ránhòu		동작2

A는 먼저 B하고, 그다음에 C한다

我们 　　　　喝咖啡　　　　　　开会

우리는 먼저 커피를 마시고, 그다음에 회의를 한다.

他 　　　　　看新闻　　　　　　上班

그는 먼저 뉴스를 보고, 그 후에 출근을 한다.

'先~, 然后…'는 동작의 선후를 나타내는 표현으로, '우선 ~하고, 그 후에 …하다'라는 뜻을 나타냅니다. 뒤에는 종종 再가 오기도 합니다.

예 我们先喝咖啡，然后再开会。우리들은 먼저 커피를 마시고, 그다음에 회의를 한다
Wǒmen xiān hē kāfēi, ránhòu zài kāihuì.

他先看新闻，然后再上班。그는 뉴스를 먼저 보고, 그 후에 출근을 한다.
Tā xiān kàn xīnwén, ránhòu zài shàngbān.

잠깐만요!

이때 再는 동작의 반복이 아닌, 동작의 순서를 나타내는 표현이에요.

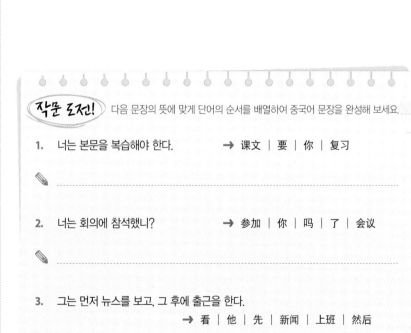

작문 도전! 다음 문장의 뜻에 맞게 단어의 순서를 배열하여 중국어 문장을 완성해 보세요.

1. 너는 본문을 복습해야 한다. → 课文 | 要 | 你 | 复习

　✎ ....

2. 너는 회의에 참석했니? → 参加 | 你 | 吗 | 了 | 会议

　✎ ....

3. 그는 먼저 뉴스를 보고, 그 후에 출근을 한다.
　　　　　　　　　　　　　 → 看 | 他 | 先 | 新闻 | 上班 | 然后

　✎ ....

| 정답 |

1. 你要复习课文。

2. 你参加会议了吗?

3. 他先看新闻, 然后
　上班。

133

1 녹음을 듣고, 일치하는 문장을 고르세요.

(1) ① 我们要复印材料。
② 今天我要加班。
③ 你要复习课文。

(2) ① 你吃饭了吗?
② 你发电子邮件了吗?
③ 你参加会议了吗?

(3) ① 我们先喝咖啡，然后开会。
② 他先看新闻，然后上班。
③ 你先吃晚饭，然后工作吧。

2 밑줄 친 뜻과 일치하는 중국어 문장을 고르세요.

(1)

> A : 王明，你什么时候下班?
> Wáng Míng, nǐ shénme
> shíhou xiàbān?
>
> B : <u>나는 오늘 야근해야 해.</u>

① 我今天加班。
② 我今天加班要。
③ 我今天要加班。

(2)

> A : 我们要复印材料吗?
> Wǒmen yào fùyìn cáiliào ma?
>
> B : <u>너희는 자료를 복사할 필요 없어.</u>

① 你们不用复印材料。
② 你们不要复印材料。
③ 你们不复印材料。

3 빈칸에 알맞은 단어 또는 해석을 써 보세요.

A : 你吃饭了吗?

✏️ ------------------------------

B : 还 _____ 吃。
　　　　méi

✏️ 아직 못 먹었어요.

A : 你什么时候吃饭?

✏️ ------------------------------

B : 我 _____ 发电子邮件，
　　　xiān

_____吃饭。
ránhòu

✏️ 저는 먼저 메일을 보내고,
그다음에 식사할게요.

l 정답 l 283쪽

18

정보 주고받기

我在上网呢。

나는 인터넷을 하고 있어요.

강의 및 예문 듣기

🎧 18-1.mp3

워밍업

기본 문장 듣기

그림을 보며 녹음을 들어 보세요. 본문에서 배울 표현을 귀에 익숙하게 적응하는 단계입니다.

🎧 18-2.mp3

1단계

새로 배울 단어

보충

· 喂는 원래 wèi이지만 전화를 받을 때는 일반적으로 wéi로 발음합니다.

· 这个는 '이', '이것'을 뜻하는데, 본문에서는 周末와 함께 쓰여 '이번 주'를 나타냅니다.

喂 wéi	웹 여보세요	在 zài	뷔 ~하고 있다
呢 ne	조 [문장 끝에 쓰여 동작의 진행을 나타냄]	上网 shàngwǎng	동 인터넷하다
知道 zhīdào	동 알다	号码 hàomǎ	명 번호
这个 zhège	대 이, 이것	周末 zhōumò	명 주말
一起 yìqǐ	뷔 함께, 같이	去 qù	동 가다
好的 hǎode	웹 좋아, 그래[동의를 나타냄]	想 xiǎng	조동 ~하고 싶다 동 생각하다, 그리워하다
喜剧片 xǐjùpiàn	명 코미디 영화		

135

1 들어 보세요.

A : 喂，你好！我是张阳。
你在做什么呢？

B : 我在上网呢。

A : 你知道英爱的手机号码吗？

B : 知道。她的手机号码是
13608116998。

A : 谢谢。这个周末我们三个
人一起去看电影吧。

B : 好的。

A : 你想看什么电影？

B : 我想看喜剧片。

A : 是吗？我也喜欢看喜剧片。

2 병음을 보고 중국어로 말해 보세요.

A : Wéi, nǐ hǎo! Wǒ shì Zhāng Yáng.
Nǐ zài zuò shénme ne?

B : Wǒ zài shàngwǎng ne.

A : Nǐ zhīdào Yīng'ài de shǒujī
hàomǎ ma?

B : Zhīdào. Tā de shǒujī hàomǎ shì
yāo sān liù líng bā yāo yāo liù jiǔ
jiǔ bā.

A : Xièxie. Zhège zhōumò wǒmen
sān ge rén yìqǐ qù kàn diànyǐng
ba.

B : Hǎode.

A : Nǐ xiǎng kàn shénme diànyǐng?

B : Wǒ xiǎng kàn xǐjùpiàn.

A : Shì ma? Wǒ yě xǐhuan kàn
xǐjùpiàn.

❸ 우리말을 보고 중국어로 말해 보세요.

A : 여보세요? 안녕! 나 장양이야.
　　너 뭐 하고 있니?

B : 나는 인터넷하는 중이야.

A : 너 영애의 휴대전화 번호 아니?

B : 알아. 그녀의 휴대전화 번호는 136 0811
　　6998이야.

A : 고마워. 이번 주말에 우리 세 명 함께 영화
　　보러 가자.

B : 좋아.

A : 너는 무슨 영화를 보고 싶니?

B : 나는 코미디 영화를 보고 싶어.

A : 그래? 나도 코미디 영화 좋아해.

빈칸에 알맞은 병음을 쓰고 읽어 보세요.

A : 喂，你好! 我是张阳。你在做什么呢?
　　＿＿＿＿＿, nǐ hǎo! Wǒ shì Zhāng
　　Yáng. Nǐ zài zuò shénme ne?

B : 我在上网呢。
　　Wǒ zài ＿＿＿＿＿＿＿＿ ne.

A : 你知道英爱的手机号码吗?
　　Nǐ zhīdào Yīng'ài de ＿＿＿＿＿
　　＿＿＿＿＿＿＿ ma?

B : 知道。她的手机号码是13608116998。
　　Zhīdào. Tā de shǒujī hàomǎ shì
　　＿＿＿＿＿＿＿＿＿＿＿＿＿.

A : 谢谢。这个周末我们三个人一起去
　　看电影吧。
　　Xièxie. ＿＿＿＿ zhōumò wǒmen
　　sān ge rén yìqǐ qù kàn diànyǐng ba.

B : 好的。Hǎode.

A : 你想看什么电影?
　　Nǐ ＿＿＿＿ kàn shénme diànyǐng?

B : 我想看喜剧片。
　　Wǒ xiǎng kàn ＿＿＿＿＿＿＿.

A : 是吗? 我也喜欢看喜剧片。
　　Shì ma? Wǒ yě xǐhuan kàn
　　＿＿＿＿＿＿＿＿.

| 정답 | 136쪽 ❷를 참고하세요.

137

1 **我在上网呢。** 나는 인터넷을 하고 있다.

단어

等车 děng chē
차를 기다리다

洗衣服 xǐ yīfu
옷을 세탁하다, 빨래하다

A	＋	在	＋	B	＋	呢。		A는 B하고 있다
주어		zài		동사(구)		ne		

我		等车	나는 차를 기다리는 중이다.
他		洗衣服	그는 옷을 세탁하고 있다.

잠깐만요!

在가 '~에 있다'라는 뜻을 나타내는 동사 용법은 5과와 15과에서 배웠습니다. 57p.와 120p.로 돌아가서 복습하세요!

在는 부사로서 동사 앞에 위치하여 '~하고 있다', '~하는 중이다'라는 뜻을 나타냅니다. 在 대신 '正在 zhèngzài', '正 zhèng'을 쓸 수 있고 문장 끝에는 呢를 함께 쓰기도 하지만, 부정문에서는 正在, 正, 呢를 모두 쓸 수 없습니다.

- **평서문:** 주어+在/正在/正+동사+呢

  他在上网呢。Tā zài shàngwǎng ne. 그는 인터넷을 하고 있다.

- **부정문:** 주어+没(有)+(在)+동사

  他没(在)上网。Tā méi (zài) shàngwǎng. 그는 인터넷을 하고 있지 않다.

2 **你知道英爱的手机号码吗?** 너 영애의 휴대전화 번호 아니?

단어

传真 chuánzhēn 몡 팩스
房间 fángjiān 몡 방

你知道	＋	(A的)	＋	B	＋	吗?
Nǐ zhīdào		de				ma

너는 (A의) B를 아니?

	他的	传真号码	너는 그 사람의 팩스 번호를 아니?
	英爱的	房间号码	너는 영애의 방 번호를 아니?

잠깐만요!

전화번호를 묻고 답하는 표현을 알아 봅시다.

A: 你的电话号码是多少?

B: 我的电话号码是 1234-5678。

전화번호나 방 호수 등을 말할 때는 숫자는 한 자리씩, 1은 'yī(一)'와 'qī(七)'의 혼동을 피하기 위해 'yāo(幺)'로 발음합니다.

'你知道~吗?'는 어떤 사물이나 사람, 상황에 대해 알고 있는지 묻는 표현입니다. 알고 있을 경우의 대답은 '我知道~'라고 하고, 모를 경우에는 부정 부사 不를 써서 '我不知道.'라고 표현합니다.

예 A: 你知道他的传真号码吗? 너 그 사람의 팩스 번호를 아니?
    Nǐ zhīdào tā de chuánzhēn hàomǎ ma?

B: 我不知道。난 몰라.
    Wǒ bù zhīdào.

3 我想看喜剧片。 나는 코미디 영화를 보고 싶다.

我 ❶ 想 ❶ A。 　　　　　 나는 A하고 싶다
Wǒ 　　 xiǎng 　　 동사(구)

喝果汁 　　　　　 나는 과일 주스를 마시고 싶다.
买智能手机 　　　　 나는 스마트폰을 사고 싶다.

想은 동사와 조동사 용법이 있습니다.

잠깐만요!

영화의 여러 장르를 중국어
로 익혀 봐요!

· 科幻片 kēhuànpiàn
  SF영화
· 爱情片 àiqíngpiàn
  멜로 영화
· 动作片 dòngzuòpiàn
  액션 영화
· 卡通片 kǎtōngpiàn
  애니메이션
· 恐怖片 kǒngbùpiàn
  공포 영화

❶ 조동사 용법: ~하고 싶다[소망이나 바람을 나타냄]

· 평서문: 주어+想+동사 술어+목적어

  我想看喜剧片。 Wǒ xiǎng kàn xǐjùpiàn. 나는 코미디 영화를 보고 싶다.

· 부정문: 주어+不想+동사 술어+목적어

  我不想看喜剧片。 Wǒ bù xiǎng kàn xǐjùpiàn. 나는 코미디 영화를 보고 싶지 않다.

❷ 동사 용법: ①생각하다 ②그리워하다, 보고 싶어 하다

  我想了三天。 Wǒ xiǎngle sān tiān. 나는 3일 동안 생각했다.

  我想你。 Wǒ xiǎng nǐ. 나는 네가 보고 싶다.

작문 도전! 다음 문장의 뜻에 맞게 단어의 순서를 배열하여 중국어 문장을 완성해 보세요.

1. 그는 옷을 세탁하고 있다. → 在 | 洗衣服 | 呢 | 他

   ✎ _____

2. 너는 그의 팩스 번호를 아니? → 他 | 吗 | 传真号码 | 的 | 你 | 知道

   ✎ _____

3. 나는 과일 주스를 마시고 싶다. → 想 | 我 | 果汁 | 喝

   ✎ _____

| 정답 |

1. 他在洗衣服呢。

2. 你知道他的传真号
   码吗?

3. 我想喝果汁。

139

1 녹음을 듣고, 일치하는 문장을 고르세요.

(1) ① 他在洗衣服呢。
② 我在上网呢。
③ 我在等车呢。

(2) ① 你知道英爱的房间号码吗？
② 你知道他的传真号码吗？
③ 你知道英爱的手机号码吗？

(3) ① 我想看喜剧片。
② 我想喝果汁。
③ 我想买智能手机。

2 밑줄 친 뜻과 일치하는 중국어 문장을 고르세요.

(1)
> A : 你在做什么呢？
> Nǐ zài zuò shénme ne?
>
> B : 나는 인터넷을 하고 있어.

① 我在上网呢。
② 我上网。
③ 我上在网呢。

(2)
> A : 你在洗衣服吗？
> Nǐ zài xǐ yīfu ma?
>
> B : 나는 빨래하고 있지 않아.

① 我没正在洗衣服呢。
② 我没在洗衣服。
③ 我没有洗衣服呢。

3 빈칸에 알맞은 단어 또는 해석을 써 보세요.

A : 你在做什么呢？　　　　　✎ _____

B : 我在 _____ 呢。　✎ 나는 밥 먹고 있어.
　　　　chīfàn

A : 这个周末我们一起去看电影吧。　✎ _____

B : 好的。我想看_____。　✎ 좋아. 나는 코미디 영화 보고 싶어.
　　　　　　xǐjùpiàn

| 정답 | 283쪽

19

몸 상태 설명하기

我头疼，有点儿发烧。

머리가 아프고, 열이 조금 났어요.

강의 및 예문 듣기

🎧 19-1.mp3

워밍업

기본 문장 듣기

그림을 보며 녹음을 들어 보세요. 본문에서 배울 표현을 귀에 익숙하게 적응 하는 단계입니다.

🎧 19-2.mp3

1단계

새로 배울 단어

听说 tīngshuō	동 (남에게서) 듣다	发烧 fāshāo	동 열나다
医生 yīshēng	명 의사	说 shuō	동 말하다
感冒 gǎnmào	명 감기 동 감기에 걸리다	了 le	조 [동작이나 상황의 변화를 나타냄]
一点儿 yìdiǎnr	양 조금, 약간	关心 guānxīn	동 관심을 가지다
脸色 liǎnsè	명 얼굴색, 안색	在 zài	개 ~에서
老师 lǎoshī	명 선생, 교사	保重 bǎozhòng	동 건강에 유의하다, 몸조심하다[주로 남에게 당부하는 말로 씀]

1 들어 보세요.

A : 听小张说，你身体不舒服。
　　怎么样？

B : 我头疼，有点儿发烧。
　　医生说我感冒了。

A : 现在好一点儿了吗？

B : 好多了。
　　谢谢您的关心。

A : 你脸色还不好，你在家
　　休息吧。

B : 谢谢老师。
　　您也保重身体吧。

2 병음을 보고 중국어로 말해 보세요.

A : Tīng Xiǎo Zhāng shuō, nǐ shēntǐ
　　bù shūfu. Zěnmeyàng?

B : Wǒ tóuténg, yǒudiǎnr fāshāo.
　　Yīshēng shuō wǒ gǎnmào le.

A : Xiànzài hǎo yìdiǎnr le ma?

B : Hǎo duō le.
　　Xièxie nín de guānxīn.

A : Nǐ liǎnsè hái bù hǎo, nǐ zài jiā
　　xiūxi ba.

B : Xièxie lǎoshī.
　　Nín yě bǎozhòng shēntǐ ba.

❸ 우리말을 보고 중국어로 말해 보세요.

A : 샤오장에게서 네가 몸이 안 좋다고 들었어. 어떠니?

B : 머리가 아프고, 열이 조금 났어요. 의사 선생님이 제가 감기에 걸렸다고 했어요.

A : 지금은 좀 좋아졌니?

B : 많이 좋아졌어요. 관심 가져 주셔서 감사합니다.

A : 너 얼굴색이 아직도 안 좋구나. 집에서 쉬어라.

B : 감사합니다, 선생님. 선생님도 건강 조심하세요.

빈칸에 알맞은 병음을 쓰고 읽어 보세요.

A : 听小张说，你身体不舒服。怎么样?
Tīng Xiǎo Zhāng shuō, nǐ shēntǐ bù _____. Zěnmeyàng?

B : 我头疼，有点儿发烧。
Wǒ tóuténg, yǒudiǎnr _____.
医生说我感冒了。
Yīshēng shuō wǒ _____ le.

A : 现在好一点儿了吗?
Xiànzài hǎo _____ le ma?

B : 好多了。谢谢您的关心。
Hǎo duō le. Xièxie nín de
_____.

A : 你脸色还不好，你在家休息吧。
Nǐ _____ hái bù hǎo, nǐ zài jiā xiūxi ba.

B : 谢谢老师。您也保重身体吧。
Xièxie lǎoshī. Nín yě _____
shēntǐ ba.

| 정답 | 142쪽 ❷를 참고하세요.

단어

受伤 shòushāng
통 부상당하다

考试 kǎoshì 명 시험

1 听小张说，你身体不舒服。 샤오장에게서 당신이 몸이 안 좋다고 들었다.

听 ⊕ (A) ⊕ 说, ⊕ B。　　(A에게서) B를 듣다
Tīng　　대상　　shuō

妈妈　　　　哥哥受伤了
　　　　　　　　엄마한테 형이 다쳤다고 들었다.

老师　　　　明天有考试
　　　　　　　　선생님께 내일 시험이 있다고 들었다.

'听~说'는 '~에게서 (어떤 사실을) 듣다'라는 뜻을 나타냅니다. 특정 인물을 배제하고 '听说, ……'라고도 쓸 수 있습니다. '听~说' 뒤에는 주로 '주어+술어(+목적어)' 형식의 완전한 문장이 옵니다.

예 听他说，你要去中国。 그 사람한테서 네가 중국에 간다는 걸 들었어.
Tīng tā shuō, nǐ yào qù Zhōngguó.

听说你要去中国。 네가 중국에 간다는 걸 들었어.
Tīngshuō nǐ yào qù Zhōngguó.

단어

凉快 liángkuai
형 시원하다

容易 róngyì 형 쉽다

잠깐만요!

'现在好一点儿了吗?'의
了는 상황이 변화되었음을
나타내는 조사입니다.

我有男朋友了。
나는 남자 친구가 생겼다.

2 现在好一点儿了吗? 지금은 좀 좋아졌나요?

现在 ⊕ A ⊕ 一点儿 ⊕ 了 ⊕ 吗?
Xiànzài　　형용사　　yìdiǎnr　　le　　ma
　　　　　　　　　　　　지금은 좀 A해졌니?

凉快　　　　　　　지금은 좀 시원해졌니?
容易　　　　　　　지금은 좀 쉬워졌니?

一点儿과 有点儿은 뜻은 비슷하지만 용법상 차이가 있습니다.

	一点儿	有点儿
뜻	형 조금, 약간	부 조금, 약간
어순	주어+형용사+一点儿 예 便宜一点儿。좀 싸게 해 주세요. Piányi yìdiǎnr. 주어+동사+一点儿(+명사) 예 吃一点儿吧。좀 먹어 봐. Chī yìdiǎnr ba.	주어+有点儿+형용사 예 有点儿贵。좀 비싸네요. Yǒudiǎnr guì. 주어+有点儿+심리동사 예 有点儿害怕。좀 무서워. Yǒudiǎnr hàipà.
비교	비교문에서 사용할 수 있음	화자의 불만족을 드러냄

3 **你在家休息吧。** 당신은 집에서 쉬세요.

你 ➕ 在 ➕ A ➕ B ➕ 吧。
Nǐ   zài   장소   동사(구)   ba

너는 A에서 B해라

贸易公司 工作   너 무역 회사에서 일해 봐.
补习班 学习   너 학원에서 공부해 봐.

在는 개사로서, '在+장소 명사+동사(+목적어)'의 형태로 쓰고 '(장소)에서 (동사)하다'라는 의미를 나타냅니다. 吧는 '~해라'라는 의미로 권유나 제안을 나타내는 조사이므로, 주어에 따라서 선택하여 써야 합니다.

- **평서문**

  我们在家休息。 우리는 집에서 쉰다.
  Wǒmen zài jiā xiūxi.

- **권유문**

  你在家休息吧。 당신은 집에서 쉬세요.
  Nǐ zài jiā xiūxi ba.

- **의문문**

  你在哪儿休息？ 당신은 어디에서 쉬어요?
  Nǐ zài nǎr xiūxi?

작문 도전! 다음 문장의 뜻에 맞게 단어의 순서를 배열하여 중국어 문장을 완성해 보세요.

1. 엄마한테 형이 다쳤다고 들었다.   → 听 ｜ 受伤 ｜ 说 ｜ 妈妈 ｜ 了 ｜ 哥哥

   ✎ _____

2. 지금은 좀 시원해졌니?   → 了 ｜ 现在 ｜ 一点儿 ｜ 吗 ｜ 凉快

   ✎ _____

3. 너 무역 회사에서 일해 봐라.   → 在 ｜ 吧 ｜ 工作 ｜ 你 ｜ 贸易公司

   ✎ _____

1 녹음을 듣고, 일치하는 문장을 고르세요.

(1) ① 听小张说，你身体不舒服。
② 听老师说，明天有考试。
③ 听妈妈说，哥哥受伤了。

(2) ① 现在容易一点儿了吗?
② 现在好一点儿了吗?
③ 现在凉快一点儿了吗?

(3) ① 你在补习班学习吧。
② 你在贸易公司工作吧。
③ 你在家休息吧。

2 밑줄 친 뜻과 일치하는 중국어 문장을 고르세요.

(1)
A : 听小张说，你身体不舒
服。怎么样?
Tīng Xiǎo Zhāng shuō, nǐ
shēntǐ bù shūfu. Zěnmeyàng?

B : 의사 선생님이 제가 감기에
걸렸대요.

① 医生感冒了。
② 医生说我感冒了。
③ 医生说我了感冒。

(2)
A : 너는 얼굴색이 아직도 안 좋
아. 집에서 쉬어라.

B : 谢谢，您也保重身体吧。
Xièxie, Nín yě bǎozhòng
shēntǐ ba.

① 你脸色还不好，你在家休息吧。
② 你脸色还不好，你休息在家吧。
③ 你脸色不好，你休息在家吧。

3 빈칸에 알맞은 단어 또는 해석을 써 보세요.

A : _____ 你头疼? 现在好一点儿了吗?
　　Tīngshuō

✎ 너 머리 아프다며? 지금은 좀 좋아졌니?

B : 好多了，不过有点儿发烧。

✎ ------------------------------

A : 你在家 _____ 吧。
　　　　　　　xiūxi

✎ 너 집에서 쉬어라.

B : 谢谢您的关心。

✎ ------------------------------

| 정답 | 283쪽

20

쇼핑/환전 표현하기

能不能便宜一点儿?

좀 싸게 해 줄 수 있나요?

강의 및 예문 듣기

🎧 20-1.mp3

워밍업

기본 문장 듣기

그림을 보며 녹음을 들어 보세요. 본문에서 배울 표현을 귀에 익숙하게 적응하는 단계입니다.

FITTING ROOM

🎧 20-2.mp3

1단계

새로 배울 단어

件 jiàn	양 장, 벌[옷을 세는 단위]	大衣 dàyī	명 외투
又~又… yòu~yòu…	~하고 …하다	好看 hǎokàn	형 멋있다, 예쁘다, 보기 좋다
便宜 piányi	형 (가격이) 싸다, 저렴하다	贵 guì	형 (가격이) 비싸다
能 néng	조동 ~할 수 있다[능력·상황·조건상 가능을 나타냄]	好吧 hǎo ba	그래, 좋다[상대방의 말에 동의·긍정을 나타냄]
可以 kěyǐ	조동 ~해도 좋다[허가], ~할 수 있다[가능]	试 shì	동 (시험 삼아) 해 보다
当然 dāngrán	형 당연하다	挺~的 tǐng~de	매우 ~하다

147

1 들어 보세요.

A : 我想买一件大衣。
这件多少钱?

B : 三百五十块钱。
这件大衣又好看又便宜。

A : 有点儿贵，能不能便宜
一点儿?

B : 三百块钱，怎么样?

A : 好吧！我可以试试吗?

B : 当然可以。
挺好看的。

2 병음을 보고 중국어로 말해 보세요.

A : Wǒ xiǎng mǎi yí jiàn dàyī.
Zhè jiàn duōshao qián?

B : Sānbǎi wǔshí kuài qián.
Zhè jiàn dàyī yòu hǎokàn yòu
piányi.

A : Yǒudiǎnr guì, néng bu néng
piányi yìdiǎnr?

B : Sānbǎi kuài qián, zěnmeyàng?

A : Hǎo ba! Wǒ kěyǐ shìshi ma?

B : Dāngrán kěyǐ.
Tǐng hǎokàn de.

3 우리말을 보고 중국어로 말해 보세요.

빈칸에 알맞은 병음을 쓰고 읽어 보세요.

A : 저는 외투 한 벌을 사고 싶어요.

이 옷은 얼마예요?

B : 350위안이에요.

이 외투는 예쁘고 저렴하죠.

A : 좀 비싸요. 조금 싸게 해 주실 수 있나요?

B : 300위안은 어때요?

A : 좋아요! 제가 좀 입어 봐도 될까요?

B : 당연히 되죠.

정말 멋있군요.

A : 我想买一件大衣。

Wǒ xiǎng mǎi yí jiàn _____ .

这件多少钱?

Zhè jiàn _____ ?

B : 三百五十块钱。

Sānbǎi wǔshí _____ .

这件大衣又好看又便宜。

Zhè jiàn dàyī yòu _____ yòu

_____ .

A : 有点儿贵，能不能便宜一点儿?

_____ guì, néng bu néng

piányi _____ ?

B : 三百块钱，怎么样?

Sānbǎi kuài qián, _____ ?

A : 好吧！我可以试试吗?

Hǎo ba! Wǒ _____ shìshi ma?

B : 当然可以。

_____ kěyǐ.

挺好看的。

_____ hǎokàn de.

ㅣ정답ㅣ148쪽 **2**를 참고하세요.

단어

毛衣 máoyī 몡 스웨터

紧 jǐn 혱 (옷 등이) 꽉 끼다

条 tiáo 몡 벌, 장[가늘고 긴 물건을 세는 단위]

裤子 kùzi 몡 바지

肥 féi 혱 (옷 등이) 헐렁하다

长 cháng 혱 길다

잠깐만요!

옷을 세는 양사를 알아 봅시다. 상의는 件, 바지나 치마 등의 하의는 条, 상하 한 벌의 옷은 '套 tào'를 씁니다. 양사는 항상 명사 앞에 위치한다는 것을 기억하세요!

---

1 **这件大衣又好看又便宜。** 이 외투는 예쁘고 저렴하다.

A	＋	又	＋	B	＋	又	＋	C。	A는 B하고 C하다
주어		yòu		형용사1		yòu		형용사2	

这件毛衣	紧	贵	이 스웨터는 꽉 끼고 비싸다.
那条裤子	肥	长	그 바지는 헐렁하고 길다.

'又~又…'는 두 가지 상황이나 상태가 동시에 존재함을 나타내는 표현으로, B와 C에는 주로 형용사가 옵니다. '긍정적 상황+부정적 상황'의 대조되는 두 가지 상황은 올 수 없고, 긍정적 상황 또는 부정적 상황의 한 가지 상황만 올 수 있습니다.

예 这件大衣又好看又贵。(X)
　　　　　└긍정적 상황 ┘　└ 부정적 상황

단어

参加 cānjiā 동 참가하다

聚会 jùhuì 몡 모임

借 jiè 동 빌리다

잠깐만요!

숲의 '~할 수 있다' 용법은 14과 114p로 돌아가서 복습하세요!

---

2 **能不能便宜一点儿?** 조금 싸게 해 주실 수 있나요?

A	＋	能不能	＋	B?	A는 B할 수 있나요?
주어		néng bu néng		동사(구)	

你	参加聚会	당신은 모임에 참가할 수 있나요?
我没有手机	借我	저는 휴대전화가 없는데, 빌려 줄 수 있나요?

조동사 能은 동사 앞에 위치하여 '~할 수 있다'라는 뜻을 나타냅니다. 상황이나 조건상 가능하다는 의미와 자신의 능력상 가능하다는 의미를 모두 나타낼 수 있습니다. 비슷한 의미의 조동사 会, 可以와 구분해야 합니다.

잠깐만요!

不可以는 '~하면 안 된다'라는 금지를 나타내므로 조건·상황상 불가능은 不可以를 쓸 수 없어요!

	能	可以
~할 수 있다 [능력에 의한 가능]	我能[不能]喝十瓶啤酒。 Wǒ néng[bù néng] hē shí píng píjiǔ. 나는 맥주 10병을 마실 수 있다.[없다.]	
~할 수 있다 [조건, 상황에 의한 가능]	我能[不能]参加聚会。 Wǒ néng[bù néng] cānjiā jùhuì. 나는 모임에 참가할 수 있다.[없다.]	我可以[不能]参加聚会。 Wǒ kěyǐ[bù néng] cānjiā jùhuì. 나는 모임에 참가할 수 있다.[없다.]
~해도 된다 [허가에 의한 가능]	你能[不能]参加聚会。 Nǐ néng[bù néng] cānjiā jùhuì. 너는 모임에 참가해도 된다.[참가하면 안 된다.]	你可以[不可以]参加聚会。 Nǐ kěyǐ[bù kěyǐ] cānjiā jùhuì. 너는 모임에 참가해도 된다.[참가하면 안 된다.]

3 我可以试试吗? 제가 좀 입어 봐도 될까요?

| 我可以 ➕ A ➕ 吗? | 제가 좀 A해도 될까요? |
| Wǒ kěyǐ / 동사 / ma | |

尝尝 제가 맛을 좀 봐도 될까요?

休息休息 제가 좀 쉬어도 될까요?

试试는 동사 试를 중첩한 형태입니다. 이렇게 동사를 중첩하면 '좀 ~해 보다'라는 비교적 가벼운 의미를 나타냅니다.

- 1음절 동사(A)의 중첩 → AA / A—A

  听 tīng → 听听 tīngting / 听一听 tīng yi tīng

- 2음절 동사(AB)의 중첩 → ABAB

  介绍 jièshào → 介绍介绍 jièshào jièshào

작문 도전! 다음 문장의 뜻에 맞게 단어의 순서를 배열하여 중국어 문장을 완성해 보세요.

1. 이 스웨터는 꽉 끼고, 비싸다.

   → 又 | 这 | 贵 | 件 | 又 | 毛衣 | 紧

2. 나는 휴대전화가 없는데 내게 빌려 줄 수 있니?

   → 手机 | 没有 | 我 | 能 | 我 | 不能 | 借

3. 제가 맛을 좀 봐도 될까요? → 尝 | 可以 | 我 | 吗 | 尝

151

1 녹음을 듣고, 일치하는 문장을 고르세요.

(1) ① 这件大衣又好看又便宜。
② 这件毛衣又紧又贵。
③ 那条裤子又肥又长。

(2) ① 你能不能参加聚会?
② 能不能便宜一点儿?
③ 我没有手机,能不能借我?

(3) ① 我可以尝尝吗?
② 我可以休息休息吗?
③ 我可以试试吗?

2 밑줄 친 뜻과 일치하는 중국어 문장을 고르세요.

(1)

> A : 我想买一件大衣。
> Wǒ xiǎng mǎi yí jiàn dàyī.
>
> B : 이 외투는 예쁘고, 저렴합니다.

① 这件大衣好看又便宜。

② 这件大衣好看又便宜又。

③ 这件大衣又好看又便宜。

(2)

> A : 조금 비싸네요. 좀 싸게 해 줄 수 있나요?
>
> B : 三百块钱,怎么样?
> Sān bǎi kuài qián, zěnmeyàng?

① 有点儿贵,能不能便宜一点儿?

② 一点儿贵,能不能便宜有点儿?

③ 有点儿贵,便宜一点儿能不能?

3 빈칸에 알맞은 단어 또는 해석을 써 보세요.

A : 今天你能不能参加聚会?

✎ ------------------------------------

B : 我 _____ 参加聚会。
  　　bù néng

✎ 나는 모임에 참가할 수 없어.

A : 今天你工作忙吗?

✎ ------------------------------------

B : 不,我想 _____。
  　　　　xiūxi xiūxi

✎ 아니야. 나는 좀 쉬고 싶어.

| 정답 | 283쪽

핵심 문장 40개로
비즈니스 표현
말하기

초보자들은 '비즈니스 중국어'라고 하면 막연히 어려울 것 같다고 합니다. 비즈니스 중국어를 배우려면 최소한 1~2년을 투자해서 일상 회화를 마스터해야 시작할 수 있다고 오해하고 계셨나요? 이미 알고 있는 핵심 문장 40개로 인사와 안부부터 출장, 미팅까지 해결됩니다!

'사장님'이라는 단어를 알면, 일상생활에서 '이 사람은 내 오빠야.'로 썼던 문장에서 단어만 바꿔 '이 분은 우리 사장님이셔.'라는 문장을 만들 수 있습니다. 비즈니스 중국어가 어렵게 느껴지는 이유는 단어가 일상생활에서 쓰는 것보다 조금 어려워 보이기 때문입니다. 1단계에서 사무실이나 비즈니스 상황에서 자주 쓰는 단어를 꼼꼼히 확인하고 학습을 시작하세요. 셋째마당 학습을 마치면 출장이나 미팅 상황에서 중국어로 자신 있게 말할 수 있습니다.

21

请多多关照。

잘 부탁드립니다.

강의 및 예문 듣기

🎧 21-1.mp3

워밍업

기본 문장 듣기

그림을 보며 녹음을 들어
보세요. 본문에서 배울 표
현을 귀에 익숙하게 적응
하는 단계입니다.

🎧 21-2.mp3

1단계

새로 배울 단어

早上 zǎoshang	몡 아침	大家 dàjiā	때 모두, 다들
注意 zhùyì	동 주의하다	一下 yíxià	양 한번 좀 ~하다
位 wèi	양 분, 명	新 xīn	형 새로운, 새것의
来 lái	동 [동사 앞에서 어떤 동작을 하려는 것을 나타냄]	介绍 jièshào	동 소개하다
见到 jiàndào	만나다	非常 fēicháng	부 매우, 아주
能干 nénggàn	형 유능하다	年轻 niánqīng	형 젊다
哪里哪里 nǎli nǎli	[상대방의 칭찬에 겸양의 뜻을 나타내는 표현]	以后 yǐhòu	몡 이후, 나중
关照 guānzhào	동 보살피다, 돌보다	跟 gēn	개 ~와/과
荣幸 róngxìng	형 영광스럽다		

155

2단계

듣고 말해 보기

1 들어 보세요.

A : 早上好！大家注意一下。
这位是新来的中国职员。

B : 大家好！我来介绍一下。
我叫王明，见到你们很高
兴。

C : 王明，欢迎欢迎！
听说你非常能干。

A : 她很年轻，不过非常能干。

B : 哪里哪里！
以后请多多关照。

C : 我们非常高兴跟你一起工
作。

B : 谢谢！我也很荣幸跟大家一
起工作。

2 병음을 보고 중국어로 말해 보세요.

A : Zǎoshang hǎo! Dàjiā zhùyì yíxià.
Zhè wèi shì xīn lái de Zhōngguó
zhíyuán.

B : Dàjiā hǎo! Wǒ lái jièshào yíxià.
Wǒ jiào Wáng Míng, jiàndào
nǐmen hěn gāoxìng.

C : Wáng Míng, huānyíng huānyíng!
Tīngshuō nǐ fēicháng nénggàn.

A : Tā hěn niánqīng, búguò fēicháng
nénggàn.

B : Nǎli nǎli!
Yǐhòu qǐng duōduō guānzhào.

C : Wǒmen fēicháng gāoxìng gēn nǐ
yìqǐ gōngzuò.

B : Xièxie! Wǒ yě hěn róngxìng gēn
dàjiā yìqǐ gōngzuò.

❸ 우리말을 보고 중국어로 말해 보세요.

빈칸에 알맞은 병음을 쓰고 읽어 보세요.

A : 좋은 아침이에요! 모두들 주목해 주세요.
이분은 새로 오신 중국 직원입니다.

B : 여러분, 안녕하세요! 제 소개를 하겠습니다.
저는 왕밍이라고 합니다. 여러분을 만나게
되어 기뻐요.

C : 왕밍! 환영해요!
매우 유능한 분이라 들었어요.

A : 왕밍 씨는 젊지만 매우 유능합니다.

B : 아니에요!
앞으로 잘 부탁드려요.

C : 우리는 당신과 함께 일하게 돼서 정말
기뻐요.

B : 감사합니다. 저도 여러분과 함께 일하게
돼서 아주 영광이에요.

A : 早上好! 大家注意一下。
Zǎoshang hǎo! Dàjiā _____ yíxià.
这位是新来的中国职员。
Zhè _____ shì xīn lái de Zhōngguó zhíyuán.

B : 大家好! 我来介绍一下。
Dàjiā hǎo! Wǒ lái _____ yíxià.
我叫王明，见到你们很高兴。
Wǒ jiào Wáng Míng, _____ nǐmen hěn gāoxìng.

C : 王明，欢迎欢迎!
Wáng Míng, huānyíng huānyíng!
听说你非常能干。
Tīngshuō nǐ fēicháng _____.

A : 她很年轻，不过非常能干。
Tā hěn _____, búguò fēicháng nénggàn.

B : 哪里哪里! Nǎli nǎli!
以后请多多关照。
Yǐhòu qǐng duōduō _____.

C : 我们非常高兴跟你一起工作。
Wǒmen fēicháng gāoxìng _____ nǐ _____ gōngzuò.

B : 谢谢! 我也很荣幸跟大家一起工作。
Xièxie! Wǒ yě hěn _____ gēn dàjiā yìqǐ gōngzuò.

l 정답 l 156쪽 ❷를 참고하세요.

단어

读 dú 图 읽다

付钱 fù qián
돈을 지불하다

1 **大家注意一下。** 모두들 주목해 주세요.

A	✚	B	✚	一下。		A는 좀 B한다
주어		동사		yíxià		

你们	读		당신들이 좀 읽어 보세요.
我	看		내가 좀 볼게요.

一下는 '동사+一下'의 형식으로 쓰고 다음 두 가지 뜻을 나타냅니다. .

잠깐만요!

'我来介绍一下。'에서 来는 다른 동사의 앞에 쓰여 '기꺼이 ~하다' 혹은 '자발적으로 ~하다'라는 어감을 나타냅니다.

我来付钱。
제가 돈 낼게요.

- **가벼운 동작의 의미: 좀 ~하다**

  我来介绍一下。 Wǒ lái jièshào yíxià. 제가 소개 좀 할게요.

- **시도의 의미: (시험 삼아) 한번 ~해 보다**

  我听一下。 Wǒ tīng yíxià 내가 한번 들어 볼게.

  你尝一下。 Nǐ cháng yíxià 네가 맛 한번 봐.

단어

指教 zhǐjiào 图 가르치다

帮助 bāngzhù 图 돕다

2 **请多多关照。** 많이 돌봐 주세요.

请多多	✚	A。		많이 A해 주세요
Qǐng duōduō		동사		

指教		많이 가르쳐 주세요.
帮助		많이 도와주세요.

请多多는 '많이 ~해 주세요'라는 정중한 표현이고, 关照는 '보살피다', '돌보다', '배려하다'라는 단어입니다. 请多多关照나 请多多指教는 상대방을 처음 만나는 자리에서 자주 쓰는 관용적인 표현으로, 우리말의 '잘 부탁드립니다'에 상응하는 말입니다. 상대방이 이렇게 인사를 해 오면 哪里哪里로 응답하면 됩니다.

잠깐만요!

哪里는 哪儿과 같은 뜻으로 '어디'라는 대명사인데, 상대방의 칭찬이나 정중한 인사에 대한 응답으로 哪里哪里라고 말하기도 합니다. 이때는 '아닙니다', '뭘요'라는 겸손의 표현이 됩니다. 비슷한 표현으로 '哪儿啊!'라고 쓰기도 합니다.

예 A: 请多多指教。 잘 부탁드립니다.
　　Qǐng duōduō zhǐjiào.

　　B: 哪里哪里。/ 哪儿啊。 아니에요.
　　　Nǎli nǎli. / Nǎr a.

단어

家人 jiārén 뗑 가족

过 guò 통 (시간·세월을)
보내다

圣诞节 Shèngdànjié
고유 크리스마스, 성탄절

游乐场 yóulèchǎng
뗑 놀이공원

3 我们非常高兴跟你一起工作。

우리는 당신과 함께 일하게 돼서 매우 기뻐요.

A ✛ **跟** ✛ **B** ✛ **一起** ✛ **C。**

주어　　　gēn　　　대상　　　yìqǐ　　　동사(구)

A는 B와 함께 C한다

我们非常高兴　　家人　　　　　　过圣诞节

우리는 가족과 함께 크리스마스를 보내게 되어 매우 기쁘다.

我　　　　　　　老师　　　　　　去游乐场

나는 선생님과 함께 놀이공원에 간다.

跟은 '~와/과'를 뜻하는 개사로, '跟~一起'의 형태로 자주 사용됩니다. 跟은 和로, 一起는 一块儿로 바꾸어 쓸 수 있습니다.

- **주어+跟+명사(대상)+一起+동사 술어+목적어**

我们非常高兴和家人一起过圣诞节。
Wǒmen fēicháng gāoxìng hé jiārén yìqǐ guò Shèngdànjié.
우리는 가족과 함께 크리스마스를 보내게 되어 매우 기쁘다.

我们非常高兴跟家人一块儿过圣诞节。
Wǒmen fēicháng gāoxìng gēn jiārén yíkuàir guò Shèngdànjié.
우리는 가족과 함께 크리스마스를 보내게 되어 매우 기쁘다.

작문 도전! 다음 문장의 뜻에 맞게 단어의 순서를 배열하여 중국어 문장을 완성해 보세요.

1. 당신들이 좀 읽어 보세요.　　　→ 一下 ｜ 你们 ｜ 读

　✎

2. 많이 도와주세요.　　　　　　　→ 多 ｜ 请 ｜ 帮助 ｜ 多

　✎

3. 우리는 가족과 함께 크리스마스를 보내게 되어 매우 기쁘다.
　　　→ 一起 ｜ 圣诞节 ｜ 我们 ｜ 过 ｜ 跟 ｜ 非常 ｜ 家人 ｜ 高兴

　✎

159

1 녹음을 듣고, 일치하는 문장을 고르세요.

(1) ① 我看一下。
② 大家注意一下。
③ 你们读一下。

(2) ① 请多多指教。
② 请多多关照。
③ 请多多帮助。

(3) ① 我们非常高兴跟你一起工作。
② 我跟老师一起去游乐场。
③ 我们非常高兴跟家人一起过圣诞节。

2 밑줄 친 뜻과 일치하는 중국어 문장을 고르세요.

(1)

> **A :** 좋은 아침입니다! 모두들 주목 좀 해 주세요!
>
> **B :** 大家好! 我来介绍一下。
> Dàjiā hǎo! Wǒ lái jièshào yíxià.

① 早上好！大家一下注意。

② 早上好！大家注意。

③ 早上好！大家注意一下。

(2)

> **A :** 우리는 당신과 함께 일하게 되어 매우 기뻐요.
>
> **B :** 我也很荣幸。
> Wǒ yě hěn róngxìng.

① 我们你跟一起工作非常高兴。

② 我们非常高兴跟你一起工作。

③ 我们非常高兴一起工作跟你。

3 빈칸에 알맞은 단어 또는 해석을 써 보세요.

A : 我来介绍 _____，我叫王明。
　　　　　　yíxià

🖊 제 소개를 해 볼게요, 저는 왕밍이라고 해요.

B : _____你，我很高兴。
　　Jiàndào

🖊 만나서 반갑습니다.

A : 我也很高兴。

🖊 --------------------------------

B : 请多多_____。
　　　　　　zhǐjiào

🖊 많이 가르쳐 주세요.

| 정답 | 283쪽

22

最近你生意怎么样?

요즘 사업은 어때요?

강의 및 예문 듣기

🎧 22-1.mp3

워밍업

기본 문장 듣기

그림을 보며 녹음을 들어
보세요. 본문에서 배울 표
현을 귀에 익숙하게 적응
하는 단계입니다.

🎧 22-2.mp3

1단계

새로 배울 단어

咦 yí	갬 어, 오[놀람을 나타내는 감탄사]	呀 ya	갬 [문장 끝에 쓰여 긍정·감탄·의문을 나타냄] [= 啊 a]
过 guò	동 (시간·세월을) 지내다, 보내다	生意 shēngyi	명 사업, 일, 비즈니스
越来越 yuèláiyuè	부 점점 ~하다	产品 chǎnpǐn	명 제품, 상품
上市 shàngshì	동 (제품이) 출시되다, 시장에 나오다	就要～了 jiùyào~le	곧 ~할 것이다
国内 guónèi	명 국내	生产 shēngchǎn	동 생산하다
还是 háishi	접 또는, 아니면 부 여전히	国外 guówài	명 국외, 외국
常常 chángcháng	부 자주, 종종	出差 chūchāi	동 출장 가다(오다)
那么 nàme	대 그렇게, 저렇게, 그런, 저런, 그러면		

1 들어 보세요.

A : 咦！这是谁呀？张阳！
最近你过得怎么样？

B : 王明！好久不见！
最近我生意越来越忙。

A : 你们公司的新产品上市了
吗？

B : 还没有。我们的产品就要
上市了。

A : 你们的产品在国内生产
还是在国外生产？

B : 我们的产品在中国生产。
最近我常常去中国出差。

A : 你还是那么忙啊！
你应该多保重身体。

2 병음을 보고 중국어로 말해 보세요.

A : Yí! Zhè shì shéi ya? Zhāng Yáng!
Zuìjìn nǐ guò de zěnmeyàng?

B : Wáng Míng! Hǎo jiǔ bú jiàn!
Zuìjìn wǒ shēngyi yuèláiyuè
máng.

A : Nǐmen gōngsī de xīn chǎnpǐn
shàngshì le ma?

B : Hái méiyǒu. Wǒmen de chǎnpǐn
jiùyào shàngshì le.

A : Nǐmen de chǎnpǐn zài guónèi
shēngchǎn háishi zài guówài
shēngchǎn?

B : Wǒmen de chǎnpǐn zài
Zhōngguó shēngchǎn.
Zuìjìn wǒ chángcháng qù
Zhōngguó chūchāi.

A : Nǐ háishi nàme máng a!
Nǐ yīnggāi duō bǎozhòng shēntǐ.

3 우리말을 보고 중국어로 말해 보세요.

빈칸에 알맞은 병음을 쓰고 읽어 보세요.

A : 어! 이게 누구예요! 장양 씨!

요즘 어떻게 지내요?

B : 왕밍 씨! 오랜만이에요!

요즘 사업이 갈수록 바빠요.

A : 당신 회사 신제품은 출시됐어요?

B : 아직이요. 우리 제품은 곧 출시될 거예요.

A : 당신네 제품은 국내에서 생산해요, 아니면

외국에서 생산해요?

B : 우리 제품은 중국에서 생산해요. 요즘 중국

출장을 자주 가죠.

A : 당신은 여전히 이렇게 바쁘군요.

건강 조심해야겠어요.

A : 咦! 这是谁呀？张阳!

Yí! Zhè _____ shéi ya? Zhāng

Yáng!

最近你过得怎么样？

Zuìjìn nǐ _____ de zěnmeyàng?

B : 王明! 好久不见!

Wáng Míng! Hǎo jiǔ bú jiàn!

最近我生意越来越忙。

Zuìjìn wǒ shēngyi _____ máng.

A : 你们公司的新产品上市了吗？

Nǐmen gōngsī de xīn chǎnpǐn

_____ le ma?

B : 还没有。我们的产品就要上市了。

Hái méiyǒu. Wǒmen de chǎnpǐn

jiùyào _____ le.

A : 你们的产品在国内生产还是在国外

生产？

Nǐmen de chǎnpǐn zài guónèi

shēngchǎn _____ zài guówài

shēngchǎn?

B : 我们的产品在中国生产。最近我常

常去中国出差。

Wǒmen de chǎnpǐn zài Zhōngguó

_____. Zuìjìn wǒ _____

qù Zhōngguó chūchāi.

A : 你还是那么忙啊! 你应该多保重身体。

Nǐ háishi nàme _____ a! Nǐ

_____ duō bǎozhòng shēntǐ.

| 정답 | 162쪽 **2**를 참고하세요.

단어
질량 zhìliàng 명 품질
销售 xiāoshòu 명 판매
통 판매하다
收入 shōurù 명 수입, 소득
增加 zēngjiā 통 증가하다
有意思 yǒuyìsi
형 재미있다
流利 liúlì 형 (말 등이)
유창하다, 매끄럽다

1 最近我生意越来越忙。 요즘 사업이 갈수록 바쁘다.

最近 **+** A **+** 越来越 **+** B。
Zuìjìn   주어   yuèláiyuè   형용사

요즘 A가 갈수록 B하다

产品质量   好
요즘 제품 질이 갈수록 좋아진다.

销售收入   增加
최근 판매 수입이 갈수록 증가한다.

越来越는 '점점 ~해지다', '갈수록 ~해지다'라는 의미로, 시간이 지남에 따라 정도가 변화함을 나타내는 표현입니다. 이때 越来越 뒤에는 주로 형용사가 옵니다.

• **주어+越来越+형용사 술어**

工作越来越有意思。 Gōngzuò yuèláiyuè yǒuyìsi. 일이 점점 재미있어진다.

我的汉语越来越流利。 Wǒ de Hànyǔ yuèláiyuè liúlì. 나의 중국어는 점점 유창해진다.

2 我们的产品就要上市了。 우리 제품은 곧 출시될 것이다.

단어
聚会 jùhuì 명 모임
开始 kāishǐ 통 시작하다
电 diàn 명 전기

A **+** 就要 **+** B **+** 了。   A는 곧 B할 것이다
주어   jiùyào   동사   le

聚会   开始   회식이 곧 시작될 것이다.
我的手机   没电   내 휴대전화는 곧 배터리가 떨어질 것이다.

'就要~了'는 '곧 ~할 것이다'라는 뜻으로, 어떤 상황이 발생할 것임을 나타냅니다. 비슷한 표현으로 '要~了 yào~le', '快~了 kuài~le', '快要~了 kuàiyào~le'가 있습니다. 의미는 같지만 '快~了', '快要~了'는 시간사와 함께 쓸 수 없습니다.

• **주어+就要+동사 술어+了**

聚会就要开始了。 Jùhuì jiùyào kāishǐ le. 회식이 곧 시작될 것이다.

＝ 聚会要开始了。ㅣ聚会快开始了。ㅣ聚会快要开始了。

• **주어+시간사+就要+동사 술어+了**

聚会七点就要开始了。 Jùhuì qī diǎn jiùyào kāishǐ le. 회식이 7시에 곧 시작될 것이다.

＝ 聚会七点要开始了。

(X) 聚会七点快要开始了。ㅣ聚会七点快开始了。

단어

准备 zhǔnbèi
동 준비하다

纪念品 jìniànpǐn
명 기념품

纪念册 jìniàncè
명 기념 책자

董事长 dǒngshìzhǎng
명 이사장

总经理 zǒngjīnglǐ
명 사장, 대표

总公司 zǒnggōngsī
본사

分公司 fēngōngsī 지사

③ 你们的产品在国内生产还是在国外生产?

당신들의 제품은 국내에서 생산합니까, 아니면 외국에서 생산합니까?

<u>A</u>   ✚   <u>B</u>   ✚   **还是**   ✚   <u>C</u>?
주어   선택1   háishi   선택2

A는 B이니, 아니면 C이니?

你们公司　准备纪念品　　　　　　　准备纪念册

너희 회사는 기념품을 준비하니, 아니면 기념 책자를 준비하니?

他是　　　　董事长　　　　　　　　总经理

그는 이사장이니, 아니면 사장이니?

'A还是B?' 형태의 의문문은 2개 이상의 사물이나 상황에서 한 가지를 선택하여 대답하게 하는 의문문이라 하여 '선택의문문'이라 부릅니다. 문형 자체가 의문문을 나타내기 때문에 끝에 吗는 붙이지 않습니다.

• **주어+술어+A+还是+B?**

你们公司是总公司还是分公司? 너희 회사는 본사니, 아니면 지사니?
Nǐmen gōngsī shì zǒnggōngsī háishi fēngōngsī?

(X) 你们公司是总公司还是分公司吗?

작문 도전! 다음 문장의 뜻에 맞게 단어의 순서를 배열하여 중국어 문장을 완성해 보세요.

1. 최근 판매 수입이 점점 증가한다. → 增加 ｜ 最近 ｜ 越来越 ｜ 销售收入

   ✎ --

2. 회식이 곧 시작될 것이다. → 了 ｜ 聚会 ｜ 就要 ｜ 开始

   ✎ --

3. 그는 이사장이니, 아니면 사장이니?

   → 董事长 ｜ 是 ｜ 他 ｜ 总经理 ｜ 还是

   ✎ --

| 정답 |

1. 最近销售收入越来越增加。

2. 聚会就要开始了。

3. 他是董事长还是总经理?

165

1 녹음을 듣고, 일치하는 문장을 고르세요.

(1) ① 最近产品质量越来越好。
② 最近销售收入越来越增加。
③ 最近我生意越来越忙。

(2) ① 聚会就要开始了。
② 我们的产品就要上市了。
③ 我的手机就要没电了。

(3) ① 你们的产品在国内生产还是在国外生产？
② 你们公司准备纪念品还是准备纪念册？
③ 他是董事长还是总经理？

2 밑줄 친 뜻과 일치하는 중국어 문장을 고르세요.

(1)

A : 你们的新产品上市了吗？
　　Nǐmen de xīn chǎnpǐn
　　shàngshì le ma?

B : 우리 회사의 신제품은 곧 출시될 거예요.

① 我们公司的新产品就要上市。
② 我们公司的新产品上市了。
③ 我们公司的新产品就要上市了。

(2)

A : 最近你过得怎么样？
　　Zuìjìn nǐ guò de zěnmeyàng?

B : 요즘 저는 사업이 갈수록 바빠요.

① 最近我越来越生意忙。
② 最近我生意越来越忙。
③ 最近我生意忙越来越。

3 빈칸에 알맞은 단어 또는 해석을 써 보세요.

A : 你们公司的销售收入怎么样？

🖊 --------------------------------

B : 销售收入 ＿＿＿＿＿＿＿增加。
　　　　　　 yuèláiyuè

🖊 판매 수입이 점점 증가하고 있어요.

A : 太好了！你们公司的聚会什么时候开始？

🖊 --------------------------------

B : 聚会七点 ＿＿＿＿＿＿＿ 开始了。
　　　　　　　 jiùyào

🖊 모임은 7시에 시작할 거예요.

| 정답 | 283쪽

23

这是这儿的特色菜。

이것은 이곳의 특별 요리예요.

강의 및 예문 듣기

🎧 23-1.mp3

워밍업

기본 문장 듣기

그림을 보며 녹음을 들어 보세요. 본문에서 배울 표현을 귀에 익숙하게 적응하는 단계입니다.

🎧 23-2.mp3

1단계

새로 배울 단어

특
小宴의 宴은 남에게 대접하기 위한 식사나 술자리 등을 뜻함

一路上 yílù shang	도중, 내내	飞机 fēijī	명 비행기
顺利 shùnlì	형 순조롭다	为了 wèile	개 ~을 위하여
表示 biǎoshì	동 표시하다, 나타내다	准备 zhǔnbèi	동 준비하다
小宴 xiǎoyàn	작은 연회	款待 kuǎndài	동 정성껏 대접하다
特色 tèsè	형 특별하다, 독특하다	菜 cài	명 음식
尝 cháng	동 맛보다	海鲜 hǎixiān	명 해산물
过敏 guòmǐn	동 알레르기를 보이다	哦 ò	감 아, 오[놀람·깨달음 등을 나타냄]
那 nà	대 그러면, 그럼	北京烤鸭 Běijīng kǎoyā	명 베이징 카오야
招牌 zhāopái	명 간판[招牌菜는 '대표 음식', '간판 음식'을 뜻함]		

167

1 들어 보세요.

A : 一路上辛苦了，坐飞机很
累吧？

B : 还可以，很顺利。

A : 为了表示欢迎，我们准备
了小宴。

B : 谢谢你们的款待。

A : 哪里哪里！
这是这儿的特色菜，你尝尝。

B : 真对不起，我对海鲜过敏。

A : 哦！那你吃北京烤鸭吧。
这是这儿的招牌菜。

2 병음을 보고 중국어로 말해 보세요.

A : Yílù shang xīnkǔ le, zuò fēijī hěn
lèi ba?

B : Hái kěyǐ, hěn shùnlì.

A : Wèile biǎoshì huānyíng, wǒmen
zhǔnbèile xiǎoyàn.

B : Xièxie nǐmen de kuǎndài.

A : Nǎli nǎli!
Zhè shì zhèr de tèsè cài, nǐ
chángchang.

B : Zhēn duìbuqǐ, wǒ duì hǎixiān
guòmǐn.

A : Ò! Nà nǐ chī Běijīng kǎoyā ba.
Zhè shì zhèr de zhāopái cài.

❸ 우리말을 보고 중국어로 말해 보세요.

A : 오시느라 수고 많으셨습니다. 비행기 타느라 피곤하시죠?

B : 그런대로 괜찮아요, 순조로웠습니다.

A : 환영의 뜻으로, 저희가 조촐한 식사 자리를 준비했습니다.

B : 당신들의 정성스러운 대접에 감사드려요.

A : 별말씀을요.
이것은 이곳의 특별 요리예요. 좀 드셔 보세요.

B : 정말 죄송한데, 저는 해산물에 알레르기가 있어요.

A : 아! 그럼 베이징 카오야를 드세요.
이것은 이곳의 대표 요리예요.

빈칸에 알맞은 병음을 쓰고 읽어 보세요.

A : 一路上辛苦了，坐飞机很累吧?
Yílù shang _____ le, zuò
_____ hěn lèi ba?

B : 还可以，很顺利。
Hái kěyǐ, hěn _____.

A : 为了表示欢迎，我们准备了小宴。
Wèile _____ huānyíng,
wǒmen zhǔnbèile _____.

B : 谢谢你们的款待。
Xièxie nǐmen de _____.

A : 哪里哪里! Nǎli nǎli!
这是这儿的特色菜，你尝尝。
Zhè shì zhèr de _____,
nǐ chángchang.

B : 真对不起，我对海鲜过敏。
Zhēn duìbuqǐ, wǒ duì hǎixiān
_____.

A : 哦! 那你吃北京烤鸭吧。
Ò! Nà nǐ chī _____
ba.
这是这儿的招牌菜。
Zhè shì zhèr de _____.

| 정답 | 168쪽 ❷를 참고하세요.

169

3단계

기본 문형 익히기

단어

董事长 dǒngshìzhǎng
명 이사장

味道 wèidao 명 맛

不错 búcuò 형 훌륭하다,
맞다

公园 gōngyuán 명 공원

快 kuài 형 빨리, 얼른

---

1 **坐飞机很累吧?** 비행기 타느라 피곤하지요?

A	➕	**吧?**	A하지요?
		ba	

他是董事长　　　　　그는 이사장이지요?

味道真不错　　　　　맛이 정말 훌륭하지요?

吧는 문장 끝에 쓰여 추측이나 확인, 제안이나 권유, 재촉이나 완곡한 명령을 나타내는 어기조사입니다.

- 추측, 확인: ~이지요?

  明天是星期四吧? Míngtiān shì xīngqīsì ba? 내일은 목요일이지?

- 제안, 권유: ~합시다

  我们一起去公园吧。 Wǒmen yìqǐ qù gōngyuán ba. 우리 같이 공원에 가자.

- 재촉, 명령: ~해 보세요

  你快说吧。 Nǐ kuài shuō ba. 너 빨리 말해 봐.

---

2 **为了表示欢迎, 我们准备了小宴。**

환영의 뜻으로, 우리는 조촐한 식사 자리를 준비했다.

단어

健康 jiànkāng
형 건강하다

常常 chángcháng
부 자주

游泳 yóuyǒng
동 수영하다

中文报 zhōngwén bào
중국 신문

减肥 jiǎnféi 동 다이어트
하다

运动 yùndòng
동 운동하다

为了	➕	**A,**	➕	**B。**	A를 위해서 B한다
Wèile		목적		동작	

身体健康　我常常去游泳

　　　　　　신체 건강을 위해, 나는 자주 수영을 하러 간다.

学汉语　我常常看中文报

　　　　　　중국어를 공부하기 위해, 나는 자주 중국 신문을 본다.

为了는 목적을 이끌어 내는 개사로, '为了+A, B' 구문은 'A를 위해 B하다'라는 뜻입니다. A에는 주로 '주어+술어' 또는 '술어+목적어' 형태의 구가 오고, B에는 목적을 이루기 위한 구체적인 행동이 옵니다.

- 为了+목적, 구체적인 행동

  为了减肥, 我每天运动。 다이어트를 위해, 나는 매일 운동한다.
  Wèile jiǎnféi, wǒ měitiān yùndòng.

잠깐만요!

'准备了'의 了는 동작의 완료를 나타내는 표현이므로, '준비했다'로 해석해야 합니다. 동작의 완료를 나타내는 了의 용법은 17과 132p.로 돌아가서 복습하세요!

잠깐만요!

'对~感兴趣'라는 표현에
서 개사 对를 학습했습니
다. 14과 115p.로 돌아가서 복습
하세요!

3 我对海鲜过敏。 나는 해산물에 알레르기가 있다.

我	✚	对	✚	A	✚	过敏。	나는 A에 알레르기가 있다
Wǒ		duì		사물		guòmǐn	

香菜   나는 샹차이에 알레르기가 있다.

花生米   나는 땅콩에 알레르기가 있다.

'~에 알레르기가 있다'라는 표현은 '对~过敏'의 구문으로 말합니다. 우리말은 알
레르기가 '있다'라고 쓰지만 중국어에서는 有를 쓰지 않는다는 점에 주의합니다.

예 A: 明天我们去买玫瑰花吧。 우리 내일 장미꽃 사러 가자.
　　 Míngtiān wǒmen qù mǎi méiguihuā ba.

B: 我对花粉过敏。 난 꽃가루에 알레르기가 있어.
　　 Wǒ duì huāfěn guòmǐn.

작문 도전! 다음 문장의 뜻에 맞게 단어의 순서를 배열하여 중국어 문장을 완성해 보세요.

1. 그는 이사장이지요?   → 是 | 吧 | 董事长 | 他

　✎ _____

2. 신체 건강을 위해 나는 자주 수영하러 간다.

　　→ 健康 | 身体 | 为了 | 去 | 我 | 游泳 | 常常

　✎ _____

3. 나는 땅콩에 알레르기가 있다.   → 过敏 | 对 | 我 | 花生米

　✎ _____

171

1 녹음을 듣고, 일치하는 문장을 고르세요.

(1) ① 他是董事长吧?

② 坐飞机很累吧?

③ 味道真不错吧?

(2) ① 为了身体健康, 我常常去游泳。

② 为了学汉语, 我常常看中文报。

③ 为了表示欢迎, 我们准备了小宴。

(3) ① 我对海鲜过敏。

② 我对香菜过敏。

③ 我对花生米过敏。

2 밑줄 친 뜻과 일치하는 중국어 문장을 고르세요.

(1)

A : 오시느라 수고하셨습니다. 비행기 타느라 피곤하셨죠?

B : 还可以, 很顺利。
Hái kěyǐ, hěn shùnlì.

① 一路上辛苦了, 坐飞机很累。

② 一路上辛苦了, 坐飞机累吗?

③ 一路上辛苦了, 坐飞机很累吧?

(2)

A : 환영의 표시로, 저희들이 작은 식사 자리를 준비했습니다.

B : 谢谢你们的款待。
Xièxiè nǐmen de kuǎndài.

① 表示欢迎, 我们准备了小宴。

② 为了表示欢迎, 我们准备了小宴。

③ 为了表示欢迎, 我们小宴准备了。

3 빈칸에 알맞은 단어 또는 해석을 써 보세요.

A : _____ 真不错吧?
　　　Wèidao

✎ 맛이 정말 훌륭하지요?

B : 是, 谢谢你们的款待。

✎ _____

A : 别客气。这是这儿的特色菜, 你尝尝。

✎ _____

B : 真对不起。我对海鲜 _____。
　　　　　　　　　　guòmǐn

✎ 정말 죄송해요. 저 해산물에 알레르기가 있어요.

I 정답 I 283쪽

24

동작 표현하기

我不能打开信箱。

저는 메일함을 열 수가 없어요.

강의 및 예문 듣기

🎧 24-1.mp3

워밍업

기본 문장 듣기

그림을 보며 녹음을 들어 보세요. 본문에서 배울 표 현을 귀에 익숙하게 적응 하는 단계입니다.

🎧 24-2.mp3

1단계

새로 배울 단어

收到 shōudào	동 받다	发 fā	동 발송하다, 보내다
邮件 yóujiàn	명 이메일	不好意思 bùhǎoyìsi	미안합니다, 죄송합니다
才 cái	부 이제야, 비로소, 겨우	等 děng	동 기다리다
着急 zháojí	동 조급해 하다	顺便 shùnbiàn	부 ~하는 김에
帮 bāng	동 돕다	销量 xiāoliàng	명 (상품의) 판매량
分析 fēnxī	동 분석하다	报告 bàogào	명 보고서
打开 dǎkāi	동 열다	信箱 xìnxiāng	명 메시지함, 우편함
一直 yìzhí	부 줄곧, 쭉	密码 mìmǎ	명 비밀번호
错误 cuòwù	명 잘못, 착오	用 yòng	동 사용하다, 쓰다
文件 wénjiàn	명 문서, 파일	麻烦 máfan	동 번거롭게 하다, 폐를 끼치다

173

A : 英爱，你收到了我发的邮件吗?

B : 不好意思，我现在才来。等一等。

A : 别着急。顺便帮我看看销量分析报告吧。

B : 好的。咦! 我不能打开信箱。一直说我的密码有错误。

A : 是吗? 那我用MSN发文件。

B : 谢谢，麻烦你了。

A : 不客气。

A : Yīng'ài, nǐ shōudàole wǒ fā de yóujiàn ma?

B : Bùhǎoyìsi, wǒ xiànzài cái lái. Děng yi děng.

A : Bié zháojí. Shùnbiàn bāng wǒ kànkan xiāoliàng fēnxī bàogào ba.

B : Hǎode. Yí! Wǒ bù néng dǎkāi xìnxiāng. Yìzhí shuō wǒ de mìmǎ yǒu cuòwù.

A : Shì ma? Nà wǒ yòng MSN fā wénjiàn.

B : Xièxie, máfan nǐ le.

A : Búkèqi.

3 우리말을 보고 중국어로 말해 보세요.

빈칸에 알맞은 병음을 쓰고 읽어 보세요.

A : 영애 씨, 제가 보낸 메일 받았나요?

A : 英爱，你收到了我发的邮件吗?

　　Yīng'ài, nǐ ＿＿＿＿＿ le wǒ fā de

　　＿＿＿＿＿ ma?

B : 죄송해요. 저는 지금에야 왔어요.
　　좀 기다려 주세요.

B : 不好意思，我现在才来。等一等。
　　Bùhǎoyìsi, wǒ xiànzài ＿＿＿＿ lái.
　　Děng yi děng.

A : 서두르지 마세요. 하는 김에 판매량 분석
　　보고서 좀 봐 주세요.

A : 别着急。顺便帮我看看销量分析报
　　告吧。
　　Bié ＿＿＿＿＿. ＿＿＿＿＿ bāng
　　wǒ kànkan xiāoliàng fēnxī
　　bàogào ba.

B : 알겠어요. 어! 저는 메일함을 열 수가 없어
　　요. 계속 제 비밀번호가 잘못되었다고 나와
　　요.

B : 好的。咦! 我不能打开信箱。一直说
　　我的密码有错误。
　　Hǎode. Yí! Wǒ bù néng ＿＿＿＿＿
　　xìnxiāng. Yìzhí shuō wǒ de
　　＿＿＿＿＿ yǒu cuòwù.

A : 그래요? 그럼 제가 MSN으로 문서를 보낼
　　게요.

A : 是吗? 那我用MSN发文件。
　　Shì ma? Nà wǒ ＿＿＿＿＿ MSN
　　fā wénjiàn.

B : 감사합니다. 번거롭게 하네요.

B : 谢谢，麻烦你了。
　　Xièxie, ＿＿＿＿＿ nǐ le.

A : 천만에요.

A : 不客气。Búkèqi.

┃정답┃ 174쪽 **2**를 참고하세요.

175

단어

晚上 wǎnshang 명 저녁

下载 xiàzài 통 다운로드
하다

凌晨 língchén 명 새벽

查 chá 통 조사하다, 찾다

资料 zīliào 명 자료

잠깐만요!

才와 반대되는 의미로 일의
발생이 생각보다 빠르게 이
루어지거나 진행이 순조로
움을 나타낼 때는 就를 씁
니다. 어감을 강조하는 단어
이므로 해석은 하지 않아도
좋습니다.

我朋友22岁就结婚了。
내 친구는 22세에 결혼했
다.[생각보다 일찍 결혼했다
는 어감을 나타냄]

단어

拿 ná 통 (손으로) 들다

行李 xíngli 명 짐

安排 ānpái 통 (인원·시
간 등을) 안배하다, 배치하다

会议 huìyì 명 회의

时间 shíjiān 명 시간

参加 cānjiā 통 참가하다

博览会 bólǎnhuì
명 박람회

家 jiā 양 [집·회사·가게
등을 세는 단위]

---

1 我现在才来。 나는 지금에야 왔다.

A	⊕	B	⊕	才	⊕	C。
주어		시각		cái		동사(구)

A는 B가 돼서야 비로소 C한다

我　晚上八点　　　下载

나는 저녁 8시가 되어서야 다운로드를 한다.

他　凌晨　　　　查资料

그는 새벽이 되어서야 비로소 자료를 찾는다.

才는 '~에야 비로소 ~하다'라는 뜻의 부사로, 일의 발생이 생각보다 늦게 이루
어지거나 진행이 순조롭지 못함을 나타냅니다.

* **주어+시각+才+동사 술어(+목적어)**

我哥哥43岁才结婚。 우리 오빠는 43살에 비로소 결혼을 했다.
Wǒ gēge sìshísān suì cái jiéhūn.

我九点就睡觉，我妹妹十二点才睡觉。 나는 9시에 자는데 내 여동생은 12시에야 잠을 잔다.
Wǒ jiǔ diǎn jiù shuìjiào, wǒ mèimei shí'èr diǎn cái shuìjiào.

---

2 顺便帮我看看销量分析报告吧。

하는 김에 판매량 분석 보고서 좀 봐 주세요.

顺便	⊕	(帮我)	⊕	A	⊕	吧。
Shùnbiàn		(bāng wǒ)		동사(구)		ba

하는 김에 (나를 도와) A해 주세요

拿行李　　　하는 김에 나를 도와 짐을 들어 주세요.

安排会议时间　　하는 김에 회의 시간을 짜 주세요.

顺便은 어떤 일을 하면서 그 김에 다른 일도 처리할 때 쓰는 표현입니다. 다른
사람에게 부탁을 할 때는 종종 '顺便帮我~吧'의 형태로 쓰기도 합니다.

* **(완전한 문장)+顺便+동사 술어(+목적어)**

我去北京出差，顺便见我的朋友。 나는 베이징에 출장 가는 김에 내 친구도 만날 것이다.
Wǒ qù Běijīng chūchāi, shùnbiàn jiàn wǒ de péngyou.

我去参加博览会，顺便看看那家公司的新产品。
Wǒ qù cānjiā bólǎnhuì, shùnbiàn kànkan nà jiā gōngsī de xīnchǎnpǐn.
나는 박람회에 참가하러 가는 김에, 그 회사의 신제품을 좀 볼 것이다.

단어

面粉 miànfěn 몡 밀가루

中文 Zhōngwén
고유 중국어

写 xiě 동 쓰다

日记 rìjì 몡 일기

筷子 kuàizi 몡 젓가락

平板电脑
píngbǎn diànnǎo
몡 태블릿PC

会议记录 huìyì jìlù
회의록

잠깐만요!

연동문은 16과 126p로 돌아
가서 복습하세요!

---

3 那我用MSN发文件。 그럼 제가 MSN으로 문서를 보낼게요.

<u>A</u> ➕ <u>用</u> ➕ <u>B</u> ➕ <u>C</u>。　　　　A는 B로 C한다
주어　　yòng　　사물　　동사(구)

我　　　　　　面粉　做面包　　나는 밀가루로 빵을 만든다.
他　　　　　　中文　写日记　　그는 중국어로 일기를 쓴다.

用은 '사용하다', '쓰다'라는 뜻의 동사입니다. 뒤에 또 다른 동사가 함께 쓰여 연
동문을 이룰 수 있는데, 이때 '用+사물'의 구조는 수단이나 방식을 나타냅니다.

• 주어+用+사물 명사+동사 술어(+목적어)

我用筷子吃饭。 나는 젓가락으로 밥을 먹는다.
Wǒ yòng kuàizi chīfàn.

最近我们公司用平板电脑写会议记录。 요즘 우리 회사는 태블릿PC로 회의록을 작성한다.
Zuìjìn wǒmen gōngsī yòng píngbǎn diànnǎo xiě huìyì jìlù.

작문 도전! 다음 문장의 뜻에 맞게 단어의 순서를 배열하여 중국어 문장을 완성해 보세요.

1. 그는 새벽이 되어서야 비로소 자료를 찾는다.
　　　　　→ 资料 ｜ 才 ｜ 他 ｜ 凌晨 ｜ 查

2. 하는 김에 나를 도와 짐을 들어 줘. → 行李 ｜ 帮 ｜ 顺便 ｜ 吧 ｜ 我 ｜ 拿

3. 그는 중국어로 일기를 쓴다. → 中文 ｜ 他 ｜ 日记 ｜ 用 ｜ 写

| 정답 |

1. 他凌晨才查资料。

2. 顺便帮我拿行李
　 吧。

3. 他用中文写日记。

177

1 녹음을 듣고, 일치하는 문장을 고르세요.

(1) ① 我晚上八点才下载。
② 他凌晨才查资料。
③ 我现在才来。

(2) ① 顺便帮我看看销量分析报告吧。
② 顺便帮我拿行李吧。
③ 顺便帮我安排会议时间吧。

(3) ① 我用面粉做面包。
② 我用MSN发文件。
③ 他用中文写日记。

2 밑줄 친 뜻과 일치하는 중국어 문장을 고르세요.

(1)

A : 你收到了我发的邮件吗?
Nǐ shōudàole wǒ fā de
yóujiàn ma?

B : 저는 지금에야 왔어요.

① 我才现在来。
② 我现在才来。
③ 我现在来。

(2)

A : 하는 김에 나를 도와 판매량 분석 보고서 좀 봐주세요.

B : 好的。
Hǎode.

① 帮我看看顺便销量分析报告吧。
② 顺便帮我看看销量分析报告吧。
③ 帮我看看销量分析报告顺便吧。

3 빈칸에 알맞은 단어 또는 해석을 써 보세요.

A : 你在做什么呢? ✎ ----------------------------------

B : 我在 ____ 面粉 ____ 面包呢。 ✎ 나는 밀가루로 빵을 만들고 있어.
      yòng   zuò

A : 你还没吃饭吗? ✎ ----------------------------------

B : 还没吃，我晚上八点 ____ 下班了。 ✎ 아직 못 먹었어. 나는 8시에야 퇴근했어.
           cái

l 정답 l 283쪽

25

장소/방향 표현하기

文件柜旁边有复印机。

캐비닛 옆에 복사기가 있어요.

강의 및 예문 듣기

🎧 25-1.mp3

워밍업

기본 문장 듣기

그림을 보며 녹음을 들어 보세요. 본문에서 배울 표 현을 귀에 익숙하게 적응 하는 단계입니다.

🎧 25-2.mp3

1단계

새로 배울 단어

보충

怎么办의 办은 '~을 하 다', '처리하다'라는 의미의 동사입니다.

上午 shàngwǔ	몡 오전	重要 zhòngyào	혱 중요하다
会议 huìyì	몡 회의	一定 yídìng	틧 반드시
参加 cānjiā	통 참석하다, 참가하다	从~到… cóng~dào…	~부터 …까지
开会 kāihuì	통 회의하다	复印 fùyìn	통 복사하다
份 fèn	양 부, 권[신문, 잡지, 문건 등을 세는 단위]	材料 cáiliào	몡 자료
复印机 fùyìnjī	몡 복사기	文件柜 wénjiànguì	몡 캐비닛, 문서함
旁边 pángbiān	몡 옆, 곁	卡纸 qiǎ zhǐ	종이가 끼다[걸리다]
怎么办 zěnme bàn	어떻게 할까?, 어쩌지?	担心 dānxīn	통 걱정하다

1 들어 보세요.

A : 明天上午有很重要的会议。
　　请大家一定参加。

B : 我们从几点到几点开会?

A : 从八点半到十点。
　　王明，你复印十份会议材料。

B : 复印机在哪儿?

A : 文件柜旁边有复印机。

B : 复印机卡纸了。
　　怎么办?

A : 别担心。我来帮你。

2 병음을 보고 중국어로 말해 보세요.

A : Míngtiān shàngwǔ yǒu hěn
　　zhòngyào de huìyì.
　　Qǐng dàjiā yídìng cānjiā.

B : Wǒmen cóng jǐ diǎn dào jǐ diǎn
　　kāihuì?

A : Cóng bā diǎn bàn dào shí diǎn.
　　Wáng Míng, nǐ fùyìn shí fèn huìyì
　　cáiliào.

B : Fùyìnjī zài nǎr?

A : Wénjiànguì pángbiān yǒu fùyìnjī.

B : Fùyìnjī qiǎ zhǐ le.
　　Zěnme bàn?

A : Bié dānxīn.
　　Wǒ lái bāng nǐ.

❸ 우리말을 보고 중국어로 말해 보세요.

A : 내일 오전에 중요한 회의가 있습니다.

　　모두들 반드시 참석해 주세요.

B : 우리는 몇 시부터 몇 시까지 회의를 하나요?

A : 8시 반부터 10시까지요.

　　왕밍, 회의 자료를 10부 복사하세요.

B : 복사기는 어디에 있나요?

A : 캐비닛 옆에 복사기가 있어요.

B : 복사기에 종이가 걸렸어요.

　　어쩌죠?

A : 걱정하지 마세요.

　　제가 당신을 도와줄게요.

빈칸에 알맞은 병음을 쓰고 읽어 보세요.

A : 明天上午有很重要的会议。

　　Míngtiān shàngwǔ yǒu hěn

　　＿＿＿＿＿＿＿ de huìyì.

　　请大家一定参加。

　　Qǐng dàjiā ＿＿＿＿＿ cānjiā.

B : 我们从几点到几点开会?

　　Wǒmen ＿＿＿＿＿ jǐ diǎn ＿＿＿＿＿

　　jǐ diǎn kāihuì?

A : 从八点半到十点。

　　＿＿＿＿＿ bā diǎn bàn ＿＿＿＿＿

　　shí diǎn.

　　王明，你复印十份会议材料。

　　Wáng Míng, nǐ ＿＿＿＿＿ shí fèn

　　＿＿＿＿＿＿＿＿＿.

B : 复印机在哪儿?

　　＿＿＿＿＿＿ zài nǎr?

A : 文件柜旁边有复印机。

　　Wénjiànguì pángbiān yǒu

　　＿＿＿＿＿.

B : 复印机卡纸了。怎么办?

　　Fùyìnjī ＿＿＿＿＿ le. Zěnme bàn?

A : 别担心。我来帮你。

　　Bié ＿＿＿＿＿. Wǒ lái ＿＿＿＿＿

　　nǐ.

| 정답 | 180쪽 ❷를 참고하세요.

3단계
기본 문형 익히기

단어

欧洲 Ōuzhōu 고유 유럽

旅游 lǚyóu 통 여행하다

1 我们从几点到几点开会? 우리는 몇 시부터 몇 시까지 회의를 하나요?

(我们) ➕ 从 A ➕ 到 B ➕ C。
주어   cóng 시간/장소   dào 시간/장소   동사(구)

(우리는) A부터 B까지 C한다

我们   星期一   星期五   去中国出差
우리는 월요일부터 금요일까지 중국으로 출장 간다.

我   八月二号   九月十号   去欧洲旅游
나는 8월 2일부터 9월 10일까지 유럽으로 여행 간다.

'从 A 到 B'는 'A부터 B까지'라는 표현으로, 시간적 거리와 공간적 거리를 모두 나타낼 수 있습니다.

- (주어)+从+시간/장소+到+시간/장소+동사 술어(+목적어)

  从我家到公司不太远。 우리 집에서 회사까지는 별로 멀지 않다.
  Cóng wǒ jiā dào gōngsī bú tài yuǎn.

단어

打印机 dǎyìnjī 명 프린터

冰箱 bīngxiāng 명 냉장고

遥控器 yáokòngqì
명 리모컨

总经理 zǒngjīnglǐ
명 사장, 대표

2 文件柜旁边有复印机。 캐비닛 옆에 복사기가 있다.

A ➕ 有 ➕ B。
장소   yǒu   사물

A에 B가 있다

电脑右边   打印机   컴퓨터 오른쪽에 프린터가 있다.
冰箱左边   遥控器   냉장고 왼쪽에 리모컨이 있다.

有는 '~을 가지고 있다'라는 소유를 나타내기도 하고, '~이 존재하고 있다'라는 존재를 나타내기도 합니다. 존재를 나타내는 在와 비교하여 학습하세요.

잠깐만요!
소유를 나타내는 有의 용법은 5과 57p.로 돌아가서 복습하세요!

- 장소 명사+有+사람/사물: (장소)에 (사람/사물)이 있다

  文件柜旁边有复印机。 캐비닛 옆에 복사기가 있다.
  Wénjiànguì pángbiān yǒu fùyìnjī.

  文件柜旁边有总经理。 캐비닛 옆에 사장님이 있다.
  Wénjiànguì pángbiān yǒu zǒngjīnglǐ.

- 사람/사물+在+장소 명사: (사람/사물)이 (장소)에 있다

  复印机在文件柜旁边。 복사기는 캐비닛 옆에 있다.
  Fùyìnjī zài wénjiànguì pángbiān.

  总经理在文件柜旁边。 사장님은 캐비닛 옆에 있다.
  Zǒngjīnglǐ zài wénjiànguì pángbiān.

단어

墨 mò 명 먹, 잉크

电脑 diànnǎo 명 컴퓨터

坏 huài 형 고장 나다,
망가지다

冬天 dōngtiān 명 겨울

天气 tiānqì 명 날씨

冷 lěng 형 춥다

잠깐만요!

동작의 완료를 나타내는 了
의 용법은 17과 132p.로 돌아
가서 복습하세요!

3 复印机卡纸了。 복사기에 종이가 걸렸다.

A	+	B	+	了。		A가 B하게 되었다
주어		술어		le		

复印机	没有墨	복사기에 잉크가 떨어졌다.
电脑	坏	컴퓨터가 고장이 났다.

了는 동사 뒤나 문장 끝에 쓰여 동작이나 상황의 완료를 나타낼 수도 있고, 문장
끝에 쓰여 동작이나 상황의 변화를 나타내기도 합니다.

• **주어+술어+(목적어)+了**

现在十点了。 지금은 10시이다.[이제 막 10시가 되었음을 나타냄]
Xiànzài shí diǎn le.

冬天了，天气冷了。 겨울이 되니 날씨가 추워졌다.[날씨가 춥지 않았다가 추워진 변화를 나타냄]
Dōngtiān le, tiānqì lěng le.

작문 도전! 다음 문장의 뜻에 맞게 단어의 순서를 배열하여 중국어 문장을 완성해 보세요.

1. 우리는 월요일부터 금요일까지 중국으로 출장 간다.

→ 到 | 出差 | 从 | 我们 | 星期一 | 中国 | 星期五 | 去

✎ _____

2. 냉장고 왼쪽에 리모컨이 있다. → 左边 | 遥控器 | 冰箱 | 有

✎ _____

3. 복사기에 잉크가 떨어졌다. → 墨 | 了 | 没有 | 复印机

✎ _____

| 정답 |

1. 我们从星期一到星
   期五去中国出差。

2. 冰箱左边有遥控器。

3. 复印机没有墨了。

1 녹음을 듣고, 일치하는 문장을 고르세요.

(1) ① 我们从星期一到星期五去中国出差。
② 我从八月二号到九月十号去欧洲旅游。
③ 我们从几点到几点开会？

(2) ① 文件柜旁边有复印机。
② 电脑右边有打印机。
③ 冰箱左边有遥控器。

(3) ① 复印机没有墨了。
② 复印机卡纸了。
③ 电脑坏了。

2 밑줄 친 뜻과 일치하는 중국어 문장을 고르세요.

(1)
> A : 明天上午有很重要的会议。
> Míngtiān shàngwǔ yǒu hěn zhòngyào de huìyì.
>
> B : 우리는 몇 시부터 몇 시까지 회의하나요?

① 我们几点几点开会？
② 我们到几点从几点开会？
③ 我们从几点到几点开会？

(2)
> A : 复印机在哪儿？
> Fùyìnjī zài nǎr?
>
> B : 캐비닛 옆에 복사기가 있어요.

① 文件柜旁边有复印机。
② 文件柜旁边在复印机。
③ 复印机有文件柜旁边。

3 빈칸에 알맞은 단어 또는 해석을 써 보세요.

A : 打印机 _____ 哪儿？　　✎ 프린터는 어디에 있나요？
　　　　　zài

B : 电脑右边有打印机。　　✎ _____

A : 打印机坏了。　　✎ _____

B : _____ 担心。我来帮你。　✎ 걱정하지 마세요. 제가 도와줄게요.
　　Bié

l 정답 l 284쪽

26

날짜/요일 표현하기

星期五晚上怎么样?

금요일 저녁은 어때요?

강의 및 예문 듣기

🎧 26-1.mp3

워밍업

기본 문장 듣기

그림을 보며 녹음을 들어
보세요. 본문에서 배울 표
현을 귀에 익숙하게 적응
하는 단계입니다.

🎧 26-2.mp3

1단계

새로 배울 단어

보충

· 상대방에게 직접 "축하합
니다."라고 인사를 건넬
때는 "恭喜恭喜!"라고
말합니다.

· 要是와 的话는 주로 '要
是~的话'와 같이 함께
쓰여 '만약 ~이라면'이라
는 가정을 나타냅니다.

升职 shēngzhí	동 승진하다	恭喜 gōngxǐ	동 축하하다
要是 yàoshi	접 만약에	晚上 wǎnshang	명 저녁
时间 shíjiān	명 시간	的话 dehuà	조 ~하다면
就 jiù	부 ~이면, ~한 이상[가정을 나타내는 단어와 호응함]	聚餐 jùcān	동 회식하다
那天 nà tiān	그날[특정한 날을 가리킴]	请 qǐng	동 (남에게) 한턱내다, 대접하다
附近 fùjìn	명 부근, 근처	餐厅 cāntīng	명 음식점, 레스토랑
那儿 nàr	대 그곳, 거기	好吃 hǎochī	형 맛있다
订 dìng	동 예약하다	位子 wèizi	명 자리

1 들어 보세요.

A : 王明，听说你升职了！
恭喜恭喜！

B : 谢谢大家！
要是今天晚上有时间的话，
我们就聚餐吧。

A : 我们要准备明天的会议。
星期五晚上怎么样？

B : 星期五晚上我有时间。那
天我请你们吃中国菜。

A : 我们公司附近有个中餐厅，
那儿的菜非常好吃。

B : 请帮我订一下位子吧。

A : 好的。那我来订吧。

2 병음을 보고 중국어로 말해 보세요.

A : Wáng Míng, tīngshuō nǐ
shēngzhí le! Gōngxǐ gōngxǐ!

B : Xièxie dàjiā!
Yàoshi jīntiān wǎnshang yǒu
shíjiān dehuà, wǒmen jiù jùcān
ba.

A : Wǒmen yào zhǔnbèi míngtiān
de huìyì. Xīngqīwǔ wǎnshang
zěnmeyàng?

B : Xīngqīwǔ wǎnshang wǒ yǒu
shíjiān. Nà tiān wǒ qǐng nǐmen
chī Zhōngguócài.

A : Wǒmen gōngsī fùjìn yǒu ge
zhōngcāntīng, nàr de cài
fēicháng hǎochī.

B : Qǐng bāng wǒ dìng yíxià wèizi
ba.

A : Hǎode. Nà wǒ lái dìng ba.

❸ 우리말을 보고 중국어로 말해 보세요.

빈칸에 알맞은 병음을 쓰고 읽어 보세요.

A : 왕밍, 승진했다면서요? 축하해요!

B : 모두들 감사해요.
만약 오늘 저녁에 시간이 있으면, 우리
회식해요.

A : 우리는 내일 회의를 준비해야 해요. 금요일
저녁은 어때요?

B : 금요일 저녁에 저 시간 있어요. 그날 제가
중국 음식을 한턱낼게요.

A : 우리 회사 근처에 중국 음식점이 있는데,
그곳 음식이 정말 맛있어요.

B : 저 대신 자리 좀 예약해 주세요.

A : 알겠어요. 그럼 제가 예약할게요.

A : 王明，听说你升职了！恭喜恭喜！
Wáng Míng, tīngshuō nǐ _____
le! _____!

B : 谢谢大家！要是今天晚上有时间的
话，我们就聚餐吧。
Xièxie dàjiā! _____ jīntiān
wǎnshang yǒu shíjiān dehuà,
wǒmen jiù _____ ba.

A : 我们要准备明天的会议。星期五晚
上怎么样？
Wǒmen yào _____ míngtiān
de huìyì. Xīngqīwǔ wǎnshang
zěnmeyàng?

B : 星期五晚上我有时间。那天我请你
们吃中国菜。
Xīngqīwǔ wǎnshang wǒ yǒu
shíjiān. _____ wǒ _____
nǐmen chī Zhōngguócài.

A : 我们公司附近有个中餐厅，那儿的
菜非常好吃。
Wǒmen gōngsī _____ yǒu ge
zhōngcāntīng, nàr de cài _____
hǎochī.

B : 请帮我订一下位子吧。
Qǐng bāng wǒ dìng yíxià wèizi ba.

A : 好的。那我来订吧。
Hǎode. Nà wǒ lái _____ ba.

| 정답 | 186쪽 ❷를 참고하세요.

단어

喝醉 hēzuì 취하다

周游世界
zhōuyóu shìjiè
세계 각지를 여행하다

下雨 xià yǔ 비가 오다(내리다)

---

1 要是今天晚上有时间**的话**，我们**就**聚餐吧。

오늘 저녁에 시간이 있으면, 우리 회식합니다.

要是 **+** A **+** 的话, **+** B 就 **+** C。
Yàoshi   가정   dehuà   주어 jiù   결과

만약 A라면, B는 C한다

喝啤酒   我   喝醉

맥주를 마신다면, 나는 취할 것이다.

有很多钱   我   去周游世界

만약 많은 돈이 있다면, 나는 세계를 여행할 것이다.

'要是 A 的话, B 就 C'는 가정을 나타내는 구문입니다. 要是는 '如果 rúguǒ'로 바꾸어 쓸 수 있고, 要是와 的话는 둘 중 하나만 쓸 수도 있습니다.

- 要是+(가정)+的话, 주어+就+(결과)

  要是明天下雨的话, 我就不能去出差。 내일 비가 오면 나는 출장을 갈 수 없을 것이다.
  Yàoshi míngtiān xià yǔ dehuà, wǒ jiù bù néng qù chūchāi.

  ＝要是明天下雨, 我就不能去出差。 | 明天下雨的话, 我就不能去出差。

단어

京剧 jīngjù 몡 경극

组长 zǔzhǎng 몡 팀장

葡萄酒 pútáojiǔ
몡 와인, 포도주

---

2 那天我**请**你们吃中国菜。 그날 제가 당신들에게 중국 음식을 한턱낼게요.

A **+** 请 **+** B **+** C。
주어   qǐng   사람   동사(구)

A가 B에게 C를 대접한다

他   我们 看京剧   그가 우리에게 경극을 보여 준다.
组长   我们 喝葡萄酒 팀장이 우리에게 와인을 산다.

이 문장에서 你们은 请의 목적어이자, 吃의 주어입니다. 이처럼 한 개의 단어가 두 개의 문장성분을 가지는 것을 '겸어문'이라고 합니다.

- 겸어문: 주어1+술어1+ 목적어1=주어2 +술어2+목적어2

  我   请   你们   내가 당신들을 초대할게요.
             你们   吃 中国菜 당신들은 중국 음식을 먹어요.

겸어문을 만드는 대표 동사로 '让 ràng'과 '叫'가 있습니다. '~에게 ~하게 하다'라는 의미의 이 동사를 '사역동사'라고 합니다.

예 组长让[叫]我们参加聚会。 팀장은 우리에게 모임에 참가하게 했다.
　　Zǔzhǎng ràng[jiào] wǒmen cānjiā jùhuì.

잠깐만요!

돈 지불과 관련한 표현을 알아 봅시다.

1) 한턱낼게요, 내가 쏠게요
　我请客!

2) 더치페이 해요, 각자 내요
　各付各的吧。

3) 우리 1/n 합시다
　我们AA制吧。

3 请帮我订一下位子吧。 저 대신 자리 좀 예약해 주세요.

请帮我	➕	**A**	➕	吧。	(저 대신/저를 도와) A해 주세요
Qǐng bāng wǒ		동사(구)		ba	

打开门	(저 대신) 문을 열어 주세요.
拿行李	(저를 도와) 짐을 들어 주세요.

'请帮我 A'는 다른 사람에게 부탁하거나 도움을 요청할 때 자주 사용하는 표현입니다. 이때 帮我의 의미는 굳이 해석하지 않고 '~해 주세요'라고 하는 것이 더 자연스럽습니다.

- 请帮我+술어+목적어

  请帮我交报告。 Qǐng bāng wǒ jiāo bàogào. (저 대신) 보고서를 좀 내 주세요.

작문 도전! 다음 문장의 뜻에 맞게 단어의 순서를 배열하여 중국어 문장을 완성해 보세요.

1. 만약 많은 돈이 있다면, 나는 세계를 여행할 것이다.

   → 的话 | 钱 | 要是 | 有 | 很多 | 去 | 我 | 周游世界 | 就

   ✏️ _____

2. 팀장이 우리에게 와인을 산다.   → 喝 | 我们 | 葡萄酒 | 请 | 组长

   ✏️ _____

3. 저를 도와 문을 열어 주세요.   → 门 | 请 | 帮 | 打开 | 我

   ✏️ _____

189

1 녹음을 듣고, 일치하는 문장을 고르세요.

(1) ① 要是今天晚上有时间的话, 我们就聚餐吧。
　　② 要是喝啤酒的话, 我就喝醉。
　　③ 要是有很多钱的话, 我就去周游世界。

(2) ① 他请我们看京剧。
　　② 那天我请你们吃中国菜。
　　③ 组长请我们喝葡萄酒。

(3) ① 请帮我打开门吧。
　　② 请帮我拿行李吧。
　　③ 请帮我订一下位子吧。

2 밑줄 친 뜻과 일치하는 중국어 문장을 고르세요.

(1)
> A : 听说你升职了! 恭喜恭喜!
> Tīngshuō nǐ shēngzhí le.
> Gōngxǐ gōngxǐ!
>
> B : 고마워요. 만약 오늘 저녁 시간이 있다면, 우리 회식해요.

① 谢谢! 今天晚上有时间, 我们聚餐。

② 谢谢! 今天晚上有时间, 我们就聚餐吧。

③ 谢谢! 要是今天晚上有时间的话, 我们就聚餐吧。

(2)
> A : 星期五晚上怎么样?
> Xīngqīwǔ wǎnshang zěnmeyàng?
>
> B : 좋아요, 그날 내가 당신들에게 중국 음식을 한턱낼게요.

① 好, 那天我请你们吃中国菜。

② 好, 那天请我你们吃中国菜。

③ 好, 那天我请中国菜你们吃。

3 빈칸에 알맞은 단어와 해석을 써 보세요.

A : 今天我 ＿＿＿＿ 你看京剧, 怎么样?
　　　　　qǐng

✎ 오늘 내가 경극 보여 줄게. 어때?

B : 对不起, 今天我要加班。

✎ ＿＿＿＿＿＿＿＿＿＿＿＿＿＿＿

A : ＿＿＿＿＿ 不加班 ＿＿＿＿＿, 一起去吧。
　　Yàoshi　　　　　dehuà

✎ 만약 야근 안 하면 같이 가자.

B : 好的。

✎ ＿＿＿＿＿＿＿＿＿＿＿＿＿＿＿

| 정답 | 284쪽

27

시간/일과 표현하기

打车到北京饭店
要多长时间?

택시로 베이징 호텔까지 얼마나 걸리나요?

강의 및 예문 듣기

🎧 27-1.mp3

워밍업
기본 문장 듣기

그림을 보며 녹음을 들어 보세요. 본문에서 배울 표현을 귀에 익숙하게 적응하는 단계입니다.

🎧 27-2.mp3

1단계
새로 배울 단어

보충

多长은 '多(얼마나)'와 '长(길다)'이 합쳐진 표현으로 '얼마나 긴가'를 나타냅니다. 소요 시간을 물을 때는 '多长时间?'으로 표현하며 '시간이 얼마나 걸립니까?'라는 뜻입니다.

师傅 shīfu	몡 기사님, 선생님[기예·기능을 가진 사람에 대한 존칭]	饭店 fàndiàn	몡 호텔
打车 dǎchē	동 택시를 타다	要 yào	동 (시간이) 걸리다, 필요로 하다
多长 duō cháng	얼마나 긴가	大概 dàgài	뷔 대략, 대충
分钟 fēnzhōng	몡 분[시간 단위인 '분'의 길이를 나타냄]	恐怕 kǒngpà	뷔 아마 ~일 것이다
堵车 dǔchē	동 차가 막히다	没想到 méi xiǎngdào	생각지도 못하다, 의외이다
这么 zhème	때 이렇게	过 guo	조 ~한 적이 있다[경험을 나타냄]
从来 cónglái	뷔 지금까지, 여태	厉害 lìhai	혱 심하다, 대단하다

191

1 들어 보세요.

A: 师傅，您好！
我要去北京饭店。
打车到北京饭店要多长时间？

B: 大概要三十分钟，不过现在
恐怕堵车了。

A: 是吗？
我没想到北京也这么堵车。

B: 你来过北京吗？

A: 我从来没来过北京。

B: 最近北京堵车真厉害。

2 병음을 보고 중국어로 말해 보세요.

A: Shīfu, nín hǎo!
Wǒ yào qù Běijīng fàndiàn.
Dǎchē dào Běijīng fàndiàn yào
duō cháng shíjiān?

B: Dàgài yào sānshí fēnzhōng,
búguò xiànzài kǒngpà dǔchē le.

A: Shì ma?
Wǒ méi xiǎngdào Běijīng yě
zhème dǔchē.

B: Nǐ láiguo Běijīng ma?

A: Wǒ cónglái méi láiguo Běijīng.

B: Zuìjìn Běijīng dǔchē zhēn lìhai.

❸ 우리말을 보고 중국어로 말해 보세요.

빈칸에 알맞은 병음을 쓰고 읽어 보세요.

A : 기사님, 안녕하세요?

저는 베이징 호텔에 가려고 해요.

택시로 베이징 호텔까지 얼마나 걸리나요?

B : 대략 30분 걸려요. 그런데 지금은 아마도

차가 막힐 거예요.

A : 그래요?

저는 베이징도 이렇게 차가 막힐 줄은

생각도 못 했어요.

B : 당신은 베이징에 온 적이 있나요?

A : 저는 지금까지 베이징에 온 적이 없어요.

B : 요즘 베이징이 차가 막히는 것이 정말 심해

요.

A : 师傅，您好！我要去北京饭店。

_____, nín hǎo! Wǒ yào qù

Běijīng fàndiàn.

打车到北京饭店要多长时间？

_____ dào Běijīng fàndiàn

yào _____ shíjiān?

B : 大概要三十分钟，不过现在恐怕堵

车了。

_____ yào sānshí fēnzhōng,

búguò xiànzài _____ dǔchē le.

A : 是吗？我没想到北京也这么堵车。

Shì ma? Wǒ _____

Běijīng yě zhème _____.

B : 你来过北京吗？

Nǐ lái_____ Běijīng ma?

A : 我从来没来过北京。

Wǒ _____ méi láiguo Běijīng.

B : 最近北京堵车真厉害。

Zuìjìn Běijīng dǔchē zhēn _____.

Ⅰ정답Ⅰ192쪽 ❷를 참고하세요.

단어

迟到 chídào 통 지각하다

聚会 jùhuì 명 모임

잠깐만요!

· '大概要三十分钟，不过现在恐怕堵车了。'에서 要는 시간과 함께 쓰이면 '(~을 하는 데) ~한 시간을 필요로 하다'라는 의미로 이해할 수 있습니다.

· 分과 分钟을 구분해 봅시다. 分은 순간을 나타내는 것이고, 分钟은 分이 모인 양을 나타냅니다.

```
    五分    六分
    5분     6분
  ├──┬───┬──┤
       一分钟
```

단어

组长 zǔzhǎng 명 팀장

生气 shēngqì 통 화내다

办公室 bàngōngshì 명 사무실

聪明 cōngming 형 똑똑하다

---

1 **现在恐怕堵车了。** 지금은 아마도 차가 막힐 것이다.

A ⊕	**恐怕** ⊕	**B** ⊕	**了。**	A는 아마도 B할 것이다
주어	kǒngpà	술어	le	

我　　　　　　　迟到　　　　　　나는 아마도 지각할 것 같다.

今天他　　　　不能参加聚会　　오늘 그는 모임에 참석하지 못할 것 같다.

恐怕는 '아마도 ~일 것이다'라는 표현으로, 주로 부정적인 어떤 상황에 대한 추측을 할 때 사용합니다. 恐怕는 주어 앞뒤에 모두 위치할 수 있고 주어는 생략될 수 있으며, 시간사가 올 경우 시간사는 문장 앞에 위치합니다.

· (시간사)+주어+恐怕+술어+了。

今天我恐怕不能卖。 오늘 나는 아마 팔 수 없을 것이다.
Jīntiān wǒ kǒngpà bù néng mài.
＝今天恐怕我不能卖。

2 **我没想到北京也这么堵车。**

나는 베이징도 이렇게 차가 막힐 줄은 생각도 못 했다.

(A) ⊕	**没想到** ⊕	**B。**	(A가) B할 줄은 생각도 못 했다
주어	méi xiǎngdào	주술 술어	

我　　　　　　组长这么生气

　　　　　　　　　나는 팀장님이 이렇게 화낼 줄 생각도 못 했다.

　　　　　　　她不在办公室

　　　　　　　　　뜻밖에 그녀는 사무실에 없었다.

没想到는 예상하지 못한 뜻밖의 상황을 만났을 때 쓰는 표현입니다. 주어 앞뒤에 위치하여 부사어로 쓸 수도 있고, 술어로서 단독으로 쓸 수도 있습니다.

· 부사어: (주어)+没想到+술어

没想到他这么聪明。 그가 이렇게 똑똑할 줄은 생각도 못 했다.
Méi xiǎngdào tā zhème cōngming.

· 술어: 주어+没想到

我真没想到。 나는 정말 생각도 못 했다.
Wǒ zhēn méi xiǎngdào.

194

단어

长城 Chángchéng
교유 만리장성

过는 동사 용법도 있습니다.
22과 본문(162p.)으로 돌아가
서 过의 동사 용법을 복습
하세요!

3 你来过北京吗? 당신은 베이징에 온 적이 있나요?

你 ✚ A ✚ 过 ✚ B ✚ 吗?
Nǐ 　 동사 　 guo 　 목적어 　 ma

너는 B를 A한 적 있니?

吃　　　　北京烤鸭
　　　　　당신은 베이징 카오야를 먹어 본 적이 있나요?

去　　　　　长城　　당신은 만리장성에 간 적이 있나요?

过는 '동사+过'의 형태로 쓰여 '~한 적이 있다'라는 경험을 나타냅니다.

- 평서문: 주어+동사 술어+过+목적어

我吃过北京烤鸭。 나는 베이징 카오야를 먹어 본 적이 있다.
Wǒ chīguo Běijīng kǎoyā.

- 부정문: 주어+(从来/还)+没+동사 술어+过+목적어

我从来[还]没吃过北京烤鸭。 나는 여태껏[아직] 베이징 카오야를 먹어 본 적이 없다.
Wǒ cónglái[hái] méi chīguo Běijīng kǎoyā.

- 의문문: 주어+동사 술어+过+목적어+吗?

你吃过北京烤鸭吗? 너는 베이징 카오야를 먹어 본 적이 있니?
Nǐ chīguo Běijīng kǎoyā ma?

작문 도전! 다음 문장의 뜻에 맞게 단어의 순서를 배열하여 중국어 문장을 완성해 보세요.

1. 나는 아마도 지각할 것 같다. → 迟到 | 我 | 了 | 恐怕

   ✐ --

2. 나는 팀장님이 이렇게 화낼 줄은 생각도 못 했다.

   → 没想到 | 组长 | 我 | 生气 | 这么

   ✐ --

3. 당신은 만리장성에 간 적이 있나요? → 吗 | 你 | 过 | 长城 | 去

   ✐ --

| 정답 |

1. 我现在恐怕迟到了。

2. 我没想到组长这么生气。

3. 你去过长城吗?

1 녹음을 듣고, 일치하는 문장을 고르세요.

(1) ① 我恐怕迟到了。
② 现在恐怕堵车了。
③ 今天他不能参加聚会了。

(2) ① 我没想到北京也这么堵车。
② 没想到她不在办公室。
③ 我没想到组长这么生气。

(3) ① 你吃过北京烤鸭吗?
② 你去过长城吗?
③ 你来过北京吗?

2 밑줄 친 뜻과 일치하는 중국어 문장을 고르세요.

(1)
> **A :** 打车到北京饭店要多长时间?
> Dǎchē dào Běijīng fàndiàn yào duō cháng shíjiān?
>
> **B :** 대략 30분 걸리는데, 지금은 차가 막힐 거예요.

① 大概要三十分钟, 不过现在堵车了。
② 大概要三十分钟, 不过现在恐怕堵车了。
③ 大概要三十分钟, 不过现在堵车恐怕了。

(2)
> **A :** 你来过北京吗?
> Nǐ láiguo Běijīng ma?
>
> **B :** 저는 여태 베이징에 온 적이 없어요.

① 我从来不来过北京。
② 我从来没来北京。
③ 我从来没来过北京。

3 빈칸에 알맞은 단어와 해석을 써 보세요.

A : 你吃 _____ 北京烤鸭吗?
　　　　 guo

🖊 너 베이징 카오야 먹어 봤니?

B : _____ 吃 _____。
　　 Méi　　 guo

🖊 먹어 본 적 없어.

A : 你吃点儿吧, 真好吃。

🖊 _____

B : 我真 _____ 北京烤鸭这么好吃。
　　　　 méi xiǎngdào

🖊 베이징 카오야가 이렇게 맛있는 줄은 생각도 못 했어.

┃ 정답 ┃ 284쪽

28

我是来出差的。

저는 출장 왔습니다.

강의 및 예문 듣기

🎧 28-1.mp3

워밍업

기본 문장 듣기

그림을 보며 녹음을 들어 보세요. 본문에서 배울 표현을 귀에 익숙하게 적응하는 단계입니다.

🎧 28-2.mp3

1단계

새로 배울 단어

让 ràng	图 ~하게 하다, ~하도록 시키다	护照 hùzhào	몡 여권
出示 chūshì	图 제시하다, 내보이다	请问 qǐngwèn	图 말씀 좀 여쭐게요
入境 rùjìng	图 입국하다	目的 mùdì	몡 목적
是~的 shì~de	[동작·시간·방법 등을 강조함]	预计 yùjì	图 예상하다, 예측하다
停留 tíngliú	图 (잠시) 머물다, 체류하다	一个星期 yí ge xīngqī	일주일, 한 주
合作 hézuò	图 협조하다, 협력하다	一切 yíqiè	뗴 전부, 일체

197

1 들어 보세요.

A : 您好！欢迎来中国。
请让我看您的护照。
可以出示一下吗？

B : 好的。

A : 请问，您的入境目的是什么？

B : 我是来出差的。

A : 您预计停留多长时间？

B : 我预计停留一个星期。

A : 谢谢合作。
祝您在中国一切顺利。

2 병음을 보고 중국어로 말해 보세요.

A : Nín hǎo! Huānyíng lái Zhōngguó.
Qǐng ràng wǒ kàn nín de hùzhào.
Kěyǐ chūshì yíxià ma?

B : Hǎode.

A : Qǐngwèn, nín de rùjìng mùdì shì
shénme?

B : Wǒ shì lái chūchāi de.

A : Nín yùjì tíngliú duō cháng
shíjiān?

B : Wǒ yùjì tíngliú yí ge xīngqī.

A : Xièxie hézuò.
Zhù nín zài Zhōngguó yíqiè
shùnlì.

❸ 우리말을 보고 중국어로 말해 보세요.

빈칸에 알맞은 병음을 쓰고 읽어 보세요.

A : 안녕하세요! 중국에 오신 것을 환영합니다.
당신의 여권을 제게 보여 주세요. 제시해
주시겠습니까?

B : 알겠습니다.

A : 말씀 좀 묻겠습니다. 당신의 입국 목적은
무엇입니까?

B : 저는 출장 왔습니다.

A : 당신은 얼마 동안 머무를 예정인가요?

B : 저는 일주일 동안 머무를 예정입니다.

A : 협조해 주셔서 고맙습니다.
중국에서 모든 일이 순조롭기를 바랍니다.

A : 您好! 欢迎来中国。
Nín hǎo! _____ lái Zhōngguó.
请让我看您的护照。可以出示一下
吗?
Qǐng _____ wǒ kàn nín de
hùzhào. Kěyǐ _____ yíxià ma?

B : 好的。_____.

A : 请问,您的入境目的是什么?
Qǐngwèn, nín de _____
shì shénme?

B : 我是来出差的。
Wǒ shì lái _____ de.

A : 您预计停留多长时间?
Nín yùjì _____ duō cháng
_____?

B : 我预计停留一个星期。
Wǒ yùjì _____ yí ge xīngqī.

A : 谢谢合作。祝您在中国一切顺利。
Xièxie _____. Zhù nín zài
Zhōngguó _____.

I 정답 I 198쪽 ❷를 참고하세요.

단어

入境卡 rùjìngkǎ 입국 카드

学 xué 통 공부하다

汉语 Hànyǔ 고유 중국어

考虑 kǎolǜ 통 고려하다

登机牌 dēngjīpái 탑승권

잠깐만요!

겸어문은 26과 188p.로 돌아
가서 복습하세요!

1 **请让我看您的护照。** 당신의 여권을 제게 보여 주세요.

请让我	➕	**A**。	제가 A하게 해 주세요
Qǐng ràng wǒ		동사(구)	

看您的入境卡　　　　　당신의 입국 카드를 보게 해 주세요.

想一想　　　　　　　　생각 좀 해 보겠습니다.

让은 겸어문을 만드는 사역 동사입니다. 'A(주어)+让+B(대상)+C(동작)'의 형태
로 쓰고 'A는 B에게 C하도록 하다[시키다]'라는 의미를 나타냅니다.

- 기본 문장: 주어1+술어1(让)+ 목적어1=주어2 +술어2(+목적어2)

  他让我学汉语。 Tā ràng wǒ xué Hànyǔ. 그는 내게 중국어를 공부하게 한다.

상대방에게 요구나 부탁을 할 때 '(请)+让我+술어(+목적어)'의 형태로 써서 '제
가 ~하게 해 주세요', 즉, '제가 ~하겠습니다'라는 의미를 나타냅니다.

- 권유문: (请)+让我+술어(+목적어)

  让我考虑一下。 Ràng wǒ kǎolǜ yíxià. 고려해 보겠습니다.

  请让我看您的登机牌。 Qǐng ràng wǒ kàn nín de dēngjīpái. 당신의 탑승권을 보여 주세요.

2 **我是来出差的。** 나는 출장을 왔다.

我	➕	是	➕	来	➕	**A**	➕	的。	나는 A하러 왔다
Wǒ		shì		lái		강조		de	

留学　　　　　　　나는 유학을 왔다.

旅游　　　　　　　나는 여행을 왔다.

단어

留学 liúxué 통 유학하다

旅游 lǚyóu 통 여행하다

研讨会 yántǎohuì
명 심포지엄, 연구 토론회

科长 kēzhǎng 명 과장

'是~的' 구문은 이미 발생한 동작의 시간, 장소, 방식, 목적, 대상 등을 강조합
니다. 평서문에서는 是를 생략할 수 있지만, 부정문에서는 생략할 수 없습니다.

- 평서문: 주어+(是)+(강조할 내용)+的。

  我(是)昨天来的。 Wǒ (shì) zuótiān lái de. 나는 어제 왔다.

  我(是)从韩国来的。 Wǒ (shì) cóng Hánguó lái de. 나는 한국에서 왔다.

  我(是)坐飞机来的。 Wǒ (shì) zuò fēijī lái de. 나는 비행기를 타고 왔다.

  我(是)来参加研讨会的。 Wǒ (shì) lái cānjiā yántǎohuì de. 나는 심포지엄에 참가하러 왔다.

  我(是)跟科长一起来的。 Wǒ (shì) gēn kēzhǎng yìqǐ lái de. 나는 과장님과 함께 왔다.

- 부정문: 주어+不是+(강조할 내용)+的。

  我不是坐飞机来的。 Wǒ bú shì zuò fēijī lái de. 나는 비행기를 타고 오지 않았다.

3 我预计停留一个星期。 나는 일주일 동안 머무를 예정이다.

我预计停留 ➕ **A。**   나는 A동안 머무를 예정이다
Wǒ yùjì tíngliú   기간

两个月   나는 2개월 동안 머무를 예정이다.
五天   나는 5일 동안 머무를 예정이다.

停留는 '머무르다'라는 뜻의 동사이고, 一个星期는 '일주일'이라는 기간을 나타냅니다. 따라서 '停留+(기간)'은 '~동안 머무르다'라는 의미를 나타냅니다. 一个星期처럼 술어 뒤에 위치하여 동작이나 상태가 지속되는 시간의 양을 나타내는 것을 '시량보어'라고 합니다.

- **목적어가 없는 경우: 주어+동사 술어+시량보어**

  我等十分钟。 Wǒ děng shí fēnzhōng. 나는 10분 동안 기다린다.

  我学一年。 Wǒ xué yì nián. 나는 1년 동안 배운다.

- **목적어가 있는 경우: 주어+동사 술어+목적어+동사 술어+了(완료)+시량보어**

  我等她等了十分钟。 Wǒ děng tā děngle shí fēnzhōng. 나는 그녀를 10분 동안 기다렸다.

  我学汉语学了一年。 Wǒ xué Hànyǔ xuéle yì nián. 나는 중국어를 1년 동안 배웠다.

작문 도전! 다음 문장의 뜻에 맞게 단어의 순서를 배열하여 중국어 문장을 완성해 보세요.

1. 당신의 입국 카드를 보게 해 주세요.

   → 的 | 我 | 入境卡 | 您 | 看 | 请 | 让

   ✎ _____

2. 나는 유학을 왔다.   → 是 | 来 | 我 | 的 | 留学

   ✎ _____

3. 나는 2개월 동안 머무를 예정이다.   → 预计 | 两个月 | 我 | 停留

   ✎ _____

1 녹음을 듣고, 일치하는 문장을 고르세요.

(1) ① 请让我看您的护照。
② 请让我看您的入境卡。
③ 请让我想一想。

(2) ① 我是来留学的。
② 我是来出差的。
③ 我是来旅游的。

(3) ① 我预计停留两个月。
② 我预计停留五天。
③ 我预计停留一个星期。

2 밑줄 친 뜻과 일치하는 중국어 문장을 고르세요.

(1)

> A : 당신의 여권을 제게 보여 주세요.
>
> B : 好的。
> Hǎode.

① 请我看让您的护照。

② 请让我看您的护照。

③ 请您的护照让我看。

(2)

> A : 您的入境目的是什么？
> Nín de rùjìng mùdì shì shénme?
>
> B : 저는 출장 왔습니다.

① 我是来出差。

② 我是来出差的。

③ 我是出差来的。

3 빈칸에 알맞은 단어 또는 해석을 써 보세요.

A : 您是从 _____ 来的?
　　　　　 nǎr

✎ 당신은 어디에서 왔나요?

B : 我是从韩国来的。

✎ ------------------------------------

A : 您预计停留 _____ ?
　　　　　　　 duō cháng shíjiān

✎ 당신은 얼마 동안 머무를 예정인가요?

B : 我预计停留五天。

✎ ------------------------------------

| 정답 | 284쪽

29

몸 상태 설명하기

我好像感冒了似的。

저는 감기에 걸린 것 같아요.

강의 및 예문 듣기

🎧 29-1.mp3

워밍업

기본 문장 듣기

그림을 보며 녹음을 들어 보세요. 본문에서 배울 표현을 귀에 익숙하게 적응하는 단계입니다.

🎧 29-2.mp3

1단계

새로 배울 단어

보충

回는 '돌아가다'라는 동사로, 원래 있어야 할 곳으로 가는 것을 뜻합니다.

写 xiě	통 (글씨 등을) 쓰다	好 hǎo	형 [동사 뒤에서 보어로 쓰여 동작의 완성이나 목적 실현을 나타냄]
已经 yǐjing	부 이미	组长 zǔzhǎng	명 팀장, 조장
下午 xiàwǔ	명 오후	请假 qǐngjià	통 휴가를 신청하다
咳嗽 késou	통 기침하다	全身 quánshēn	명 온몸, 전신
没劲儿 méijìnr	통 힘이 없다	好像 hǎoxiàng	부 마치 ~인 것 같다
似的 shìde	조 ~과 같다, ~과 비슷하다	还是 háishi	부 아무래도 ~이 낫다
早 zǎo	형 (시간 등이) 이르다	回家 huí jiā	집으로 돌아가다
药 yào	명 약		

1 들어 보세요.

A : 王明！你写好报告了吗？

B : 已经写好了。
组长，不好意思，今天下午
我想请假。

A : 怎么了？你哪儿不舒服？

B : 咳嗽，还有点儿发烧，
全身没劲儿。
我好像感冒了似的。

A : 你不舒服，还是早点儿回家
休息吧。

B : 谢谢。

A : 你一定要吃感冒药啊。

2 병음을 보고 중국어로 말해 보세요.

A : Wáng Míng! Nǐ xiěhǎo bàogào le
ma?

B : Yǐjing xiěhǎo le.
Zǔzhǎng, bùhǎoyìsi, jīntiān xiàwǔ
wǒ xiǎng qǐngjià.

A : Zěnme le? Nǐ nǎr bù shūfu?

B : Késou, hái yǒudiǎnr fāshāo,
quánshēn méijìnr.
Wǒ hǎoxiàng gǎnmào le shìde.

A : Nǐ bù shūfu, háishi zǎo diǎnr huí
jiā xiūxi ba.

B : Xièxie.

A : Nǐ yídìng yào chī gǎnmào yào a.

3 우리말을 보고 중국어로 말해 보세요.

빈칸에 알맞은 병음을 쓰고 읽어 보세요.

A : 왕밍! 보고서 다 썼어요?

B : 이미 다 썼어요.

　　팀장님, 죄송한데 오늘 오후에 휴가를 내고
　　싶어요.

A : 왜 그래요? 어디가 아파요?

B : 기침이 나고, 또 열이 조금 나요.

　　온몸에 힘이 없고요.

　　감기에 걸린 것 같아요.

A : 몸이 안 좋다니, 아무래도 일찍 집에 돌아
　　가서 쉬는 것이 낫겠어요.

B : 감사합니다.

A : 반드시 약을 먹으세요.

A : 王明! 你写好报告了吗?

　　Wáng Míng! Nǐ xiěhǎo _____

　　le ma?

B : 已经写好了。

　　_____ xiěhǎo le.

　　组长，不好意思，今天下午我想请假。

　　Zǔzhǎng, _____,

　　jīntiān xiàwǔ wǒ xiǎng _____.

A : 怎么了? 你哪儿不舒服?

　　_____? Nǐ nǎr bù shūfu?

B : 咳嗽，还有点儿发烧，全身没劲儿。

　　_____, hái yǒudiǎnr fāshāo,

　　_____ méijìnr.

　　我好像感冒了似的。

　　Wǒ _____ gǎnmào le _____.

A : 你不舒服，还是早点儿回家休息吧。

　　Nǐ bù shūfu, _____ zǎo diǎnr

　　huí jiā xiūxi _____.

B : 谢谢。Xièxie.

A : 你一定要吃感冒药啊。

　　Nǐ yídìng yào chī _____ a.

I 정답 I 204쪽 **2**를 참고하세요.

단어

修 xiū 동 수리하다

传真 chuánzhēn 명 팩스

预订 yùdìng 동 예약하다

机票 jīpiào 명 비행기표

잠깐만요!

· 결과보어는 주로 好, 清楚, 干净 등의 형용사나 到, 懂, 完 등의 동사가 자주 쓰입니다. 본 교재에서는 好, 成, 清楚, 到가 결과보어로 쓰이는 구문을 학습합니다.

· 14과에서 정도보어, 28과에서 시량보어를 학습했습니다. 114p., 201p.로 돌아가서 복습하세요!

---

1 你写好报告了吗? 너는 보고서를 다 썼니?

你	➕	A	➕	好	➕	B	➕	了吗?
Nǐ		동사		hǎo		목적어		le ma

너는 B를 다 A했니?

修	传真	너는 팩스를 다 고쳤니?
预订	机票	너는 비행기표를 다 예약했니?

동사 뒤에 형용사나 동사가 와서 동작의 결과를 나타내는 구문을 '결과보어'라고 합니다. 好가 결과보어로 쓰이면 동작이 만족스러운 결과로 완성되었다는 의미를 보충합니다. 일반적으로 평서문과 부정문에서는 문장 끝에 了가 들어가지만, 부정문에서는 了를 쓰지 않습니다.

· **평서문: 주어+동사 술어+결과보어 好+목적어+了**

我写好报告了。 Wǒ xiěhǎo bàogào le. 나는 보고서를 잘 썼다.[쓴 결과가 잘 마무리됨]

· **부정문: 주어+没有+동사 술어+결과보어 好+목적어**

我没有写好报告。 Wǒ méiyǒu xiěhǎo bàogào. 나는 보고서를 잘 못 썼다.

· **의문문: ①주어+동사 술어+결과보어 好+목적어+吗?**
          ②주어+동사 술어+결과보어 好+목적어+没有?

你写好报告了吗? Nǐ xiěhǎo bàogào le ma? 너 보고서를 다 썼니?

你写好报告了没有? Nǐ xiěhǎo bàogào le méiyǒu? 너 보고서를 다 썼니?

단어

紧张 jǐnzhāng 형 긴장하다

熟悉 shúxī 형 익숙하다

画儿 huàr 명 그림

脸 liǎn 명 얼굴

苹果 píngguǒ 명 사과

---

2 我好像感冒了似的。 나는 감기에 걸린 것 같다.

A	➕	好像	➕	B	➕	似的。	A는 마치 B인 것 같다
주어		hǎoxiàng		술어		shìde	

他		有点儿紧张	그는 조금 긴장한 것 같다.
他们		很熟悉	그들은 마치 잘 아는 것 같다.

好像은 동사로 '비슷하다', 似的는 조사로 '~과 같다'라는 뜻입니다. 두 표현은 함께 쓰여 '마치 ~인 것 같다'라는 추측을 나타냅니다. 또한 이 표현은 비유를 나타내기도 하는데, 이때는 '好像~一样'으로 바꾸어 사용할 수 있습니다.

예 那儿好像画儿一样。 Nàr hǎoxiàng huàr yíyàng. 그곳은 마치 그림 같다.

她的脸好像苹果一样。 Tā de liǎn hǎoxiàng píngguǒ yíyàng. 그녀의 얼굴은 마치 사과 같다.

단어

玫瑰花 méiguihuā
圈 장미꽃

送 sòng 圈 선물하다

朵 duǒ 圈 송이, 조각, 점
[꽃·구름 등을 세는 단위]

骑 qí 圈 (자전거·오토바
이 등을) 타다

自行车 zìxíngchē
圈 자전거

慢 màn 圈 느리다

坐车 zuò chē 차를 타다

3 你不舒服，还是早点儿回家休息吧。

너는 몸이 안 좋으니, 아무래도 일찍 집에 돌아가서 쉬는 것이 좋겠다.

A, ⊕ 还是 ⊕ B ⊕ 吧。
사실　　háishi　　의견　　ba

A이니 아무래도 B하는 것이 좋겠다

她喜欢玫瑰花　　送一百朵玫瑰花

그녀는 장미꽃을 좋아하니, 아무래도 장미꽃 백 송이를 선물하는 것이 좋겠다.

骑自行车很慢　　坐车去

자전거를 타면 느리니, 아무래도 차를 타고 가는 것이 낫겠다.

还是는 주로 '还是～吧'의 형태로 쓰고 '아무래도 ～하는 것이 좋겠다[낫겠다]'라
는 뜻을 나타냅니다. 경험이나 비교, 판단 등의 사고를 거쳐서 더욱 좋은 방향으
로 결론을 낼 때 사용합니다.

예 A: 我们骑自行车去吧。 우리 자전거 타고 가자.
　　Wǒmen qí zìxíngchē qù ba.

　　B: 骑自行车很慢，还是坐车去吧。 자전거는 건 느리니까 아무래도 차를 타는 게 좋겠어.
　　Qí zìxíngchē hěn màn, háishi zuò chē qù ba.

작문 도전! 다음 문장의 뜻에 맞게 단어의 순서를 배열하여 중국어 문장을 완성해 보세요.

1. 너는 비행기표를 다 예약했니? → 好 | 吗 | 机票 | 你 | 了 | 预订

　✎ _____

2. 그들은 마치 잘 아는 것 같다. → 好像 | 很 | 似的 | 熟悉 | 他们

　✎ _____

3. 그녀는 장미꽃을 좋아하니, 장미꽃 백 송이를 선물하는 것이 좋겠다.
　→ 她 | 玫瑰花 | 喜欢 | 朵 | 还是 | 玫瑰化 | 吧 | 送 | 一百

　✎ _____

| 정답 |

1. 你预订好机票了吗?

2. 他们好像很熟悉似的。

3. 她喜欢玫瑰花，还是送一百朵玫瑰花吧。

207

1 녹음을 듣고, 일치하는 문장을 고르세요.

(1) ① 你修好传真了吗?
② 你预订好机票了吗?
③ 你写好报告了吗?

(2) ① 他好像有点儿紧张似的。
② 我好像感冒了似的。
③ 他们好像很熟悉似的。

(3) ① 你不舒服，还是早点儿回家休息吧。
② 她喜欢玫瑰花，还是送一百朵玫瑰花吧。
③ 骑自行车很慢，还是坐车去吧。

2 밑줄 친 뜻과 일치하는 중국어 문장을 고르세요.

(1)

A : 너 보고서 다 썼니?

B : 已经写好了。
Yǐjing xiěhǎo le.

① 你写好报告吗?
② 你写了好报告吗?
③ 你写好报告了吗?

(2)

A : 너는 몸이 안 좋으니, 아무래도
일찍 집에 돌아가 쉬는 것이
낫겠다.

B : 谢谢!
Xièxie!

① 你不舒服，早点儿回家休息。
② 你不舒服，还是早点儿回家休息吧。
③ 你不舒服，早点儿还是回家休息吧。

3 빈칸에 알맞은 단어 또는 해석을 써 보세요.

A : 你 _____ 好明天的机票了吗?　✎ 너 내일 비행기표 예약 다 했니?
　　　　yùdìng

B : 还没有。　　　　　　　　　　　　　✎ _____

A : _____ 没票 _____ 。　　✎ 표가 없는 것 같아.
　　Hǎoxiàng　　　　shìde
　　你 _____ 下周去吧。　　　　　　너 아무래도 다음 주에 가는 게 좋겠어.
　　　　háishi

I 정답 I 284쪽

30

我想换成人民币。

저는 런민삐로 환전하고 싶어요.

강의 및 예문 듣기

🎧 30-1.mp3

워밍업

기본 문장 듣기

그림을 보며 녹음을 들어 보세요. 본문에서 배울 표현을 귀에 익숙하게 적응하는 단계입니다.

🎧 30-2.mp3

1단계

새로 배울 단어

预订 yùdìng	동 예약하다	单人间 dānrénjiān	명 1인실
告诉 gàosu	동 알리다	姓名 xìngmíng	명 성명
换 huàn	동 바꾸다	得 děi	조동 ~해야 한다
给 gěi	동 주다	千 qiān	수 천, 1000
美元 měiyuán	명 미국 달러, 미화	成 chéng	동 ~이 되다[동사 뒤에서 보어로 쓰임]
人民币 rénmínbì	명 런민삐[중국 화폐]	汇率 huìlǜ	명 환율
比 bǐ	동 두 개의 수를 비교하다	填 tián	동 (빈칸에) 기입하다, 채워 쓰다
张 zhāng	양 장[종이를 세는 단위]	表 biǎo	명 표
签名 qiānmíng	동 사인하다		

1 들어 보세요.

A: 你好！我已经预订了一个单人间。

B: 请告诉我您的姓名。

A: 我姓李，叫李英爱。
请问，这儿可以换钱吗？

B: 可以。
您得出示您的护照。

A: 给你。我有一千美元，我想换成人民币。

B: 今天的汇率是1比6.35。
请填一下这张表，在这儿签名。

A: 好的。

2 병음을 보고 중국어로 말해 보세요.

A: Nǐ hǎo! Wǒ yǐjing yùdìngle yí ge dānrénjiān.

B: Qǐng gàosu wǒ nín de xìngmíng.

A: Wǒ xìng Lǐ, jiào Lǐ Yīng'ài.
Qǐngwèn, zhèr kěyǐ huànqián ma?

B: Kěyǐ.
Nín děi chūshì nín de hùzhào.

A: Gěi nǐ. Wǒ yǒu yìqiān měiyuán, wǒ xiǎng huànchéng rénmínbì.

B: Jīntiān de huìlǜ shì yī bǐ liù diǎn sān wǔ. Qǐng tián yíxià zhè zhāng biǎo, zài zhèr qiānmíng.

A: Hǎode.

❸ **우리말을 보고 중국어로 말해 보세요.**

A : 안녕하세요! 저는 이미 1인실을 예약했어요.

B : 당신의 성함을 저에게 알려 주세요.

A : 저는 성은 이씨이고, 이영애입니다.

말씀 좀 묻겠는데요, 여기에서 환전할 수

있나요?

B : 할 수 있습니다.

당신의 여권을 보여 주셔야 합니다.

A : 여기요. 저는 미화 천 달러를 가지고 있는

데, 런민삐로 바꾸고 싶어요.

B : 오늘 환율은 1대 6.35예요.

이 표에 기입해 주시고, 여기에 사인을 해

주세요.

A : 알겠습니다.

빈칸에 알맞은 병음을 쓰고 읽어 보세요.

A : 你好！我已经预订了一个单人间。

Nǐ hǎo! Wǒ yǐjing _____ le

yí ge _____.

B : 请告诉我您的姓名。

Qǐng _____ wǒ nín de

xìngmíng.

A : 我姓李，叫李英爱。

Wǒ xìng Lǐ, jiào Lǐ Yīng'ài.

请问，这儿可以换钱吗?

Qǐngwèn, zhèr kěyǐ _____ ma?

B : 可以。您得出示您的护照。

Kěyǐ. Nín _____ chūshì nín de

hùzhào.

A : 给你。Gěi nǐ.

我有一千美元，我想换成人民币。

Wǒ yǒu yìqiān měiyuán, wǒ

xiǎng huàn _____ rénmínbì.

B : 今天的汇率是1比6.35。

Jīntiān de _____ shì yī bǐ liù

diǎn sān wǔ.

请填一下这张表，在这儿签名。

Qǐng _____ yíxià zhè zhāng

biǎo, zài zhèr _____.

A : 好的。Hǎode.

| 정답 | 210쪽 ❷를 참고하세요.

단어

秘密 mìmì 몡 비밀

汉语 Hànyǔ 고유 중국어

汉字 hànzì 몡 한자

本 běn 양 권[책을 세는 단위]

礼物 lǐwù 몡 선물

词典 cídiǎn 몡 사전

잠깐만요!

본문의 대화에 나온 '给你.'는 '我给你我的护照.'를 줄인 문장입니다. '给+你(사람 목적어)+我的护照(사물 목적어)'의 구조임을 알아 두세요.

1 **请告诉**我您的姓名。 당신의 성함을 저에게 알려 주세요.

| **请告诉** | **+** | **A** | **+** | **B**。 | A에게 B를 알려 주세요 |
| Qǐng gàosu | | 사람 | | 사실 | |

他　我的手机号码

그에게 나의 휴대전화 번호를 알려 주세요.

朋友　　秘密

친구에게 비밀을 알려 주세요.

告诉는 '알리다'라는 동사로, 주로 '告诉+목적어1(사람)+목적어2(사실)'의 형태로 써서 '~에게 ~을 알리다'라는 뜻을 나타냅니다. 이와 같이 두 개의 목적어를 가지는 동사는 告诉 외에도 '教 jiāo(가르치다)', '问 wèn(물어보다)', '给 gěi(주다)', '送 sòng(보내다)', '借 jiè(빌리다)', '还 huán(돌려주다)' 등이 있습니다.

예 我教学生汉语。 Wǒ jiāo xuésheng Hànyǔ. 나는 학생에게 중국어를 가르친다.

学生问老师汉字。 Xuésheng wèn lǎoshī hànzì. 학생이 선생님에게 한자를 물어본다.

他给我一本书。 Tā gěi wǒ yì běn shū. 그는 나에게 책 한 권을 준다.

我送她礼物。 Wǒ sòng tā lǐwù. 나는 그녀에게 선물을 보낸다.

我借他词典。 Wǒ jiè tā cídiǎn. 나는 그에게 사전을 빌린다.

他还我词典。 Tā huán wǒ cídiǎn. 그는 나에게 사전을 돌려준다.

단어

水果 shuǐguǒ 몡 과일

打电话 dǎ diànhuà 전화를 하다

2 您**得**出示您的护照。 당신의 여권을 보여 주셔야 합니다.

| **A** | **+** | **得** | **+** | **B**。 | A는 B해야 한다 |
| 주어 | | děi | | 동사(구) | |

你　　　　　注意身体

당신은 건강에 주의해야 한다.

我　　　　　吃水果

나는 과일을 먹어야 한다.

得는 조동사로서 '~을 해야 한다'라는 당위나 의무를 나타냅니다. 得의 부정형은 '~할 필요가 없다'라는 뜻의 不用입니다.

- **평서문: 주어+得+술어+목적어**

您得出示您的护照。 Nín děi chūshì nín de hùzhào. 당신의 여권을 보여 주셔야 합니다.

我得打电话。 Wǒ děi dǎ diànhuà. 나는 전화를 해야 한다.

- **부정문: 주어+不用+술어+목적어**

您不用出示您的护照。 당신은 여권을 보여 줄 필요가 없습니다.
Nín búyòng chūshì nín de hùzhào.

我不用打电话。 Wǒ búyòng dǎ diànhuà. 나는 전화를 할 필요가 없다.

단어

韩币 hánbì 원화

日元 rìyuán 엔화

翻译 fānyì 통 번역하다,
통역하다

中文 Zhōngwén 고유
중국어

头发 tóufa 명 머리카락

变 biàn 통 변하다

白色 báisè 명 흰색

본문의 주인공은 왜 호텔에
서 환전에 대해 이야기할까
요? 중국의 고급 호텔에는
환전소, 매점, 미용실, 우체
국 등 부대 시설이 완벽하게
갖춰져 있답니다. 饭店 외
에 '宾馆 bīnguǎn'과 '酒
店 jiǔdiàn'도 호텔을 뜻하
는 단어입니다.

3 我想换成人民币。 나는 런민삐로 바꾸고 싶다.

A	➕	(조동사)	➕	换成	➕	B。	A는 B로 바꾼다
주어				huànchéng		화폐	
我		想				韩币	

나는 원화로 환전하고 싶다.

我	想		日元

나는 엔화로 환전하고 싶다.

成은 동사 뒤에 위치하여 '~으로 되다'라는 변화를 나타내는 결과보어입니다.
이 문장에서는 '바꾸다'라는 의미의 换과 결합하여 '~으로 바꾸다'라는 뜻을 나
타냅니다.

- **주어+동사 술어+결과보어 成+목적어**

  他翻译成中文。 Tā fānyìchéng Zhōngwén. 그는 중국어로 번역한다.

  头发变成白色了。 Tóufa biànchéng báisè le. 머리카락이 흰색으로 변했다.

작문 도전! 다음 문장의 뜻에 맞게 단어의 순서를 배열하여 중국어 문장을 완성해 보세요.

1. 친구에게 비밀을 알려 주세요. → 朋友 | 请 | 秘密 | 告诉

   ✎ ....

2. 나는 과일을 먹어야 한다. → 得 | 我 | 水果 | 吃

   ✎ ....

3. 나는 원화로 바꾸고 싶다. → 想 | 韩币 | 我 | 成 | 换

   ✎ ....

| 정답 |

1. 请告诉朋友秘密。

2. 我得吃水果。

3. 我想换成韩币。

1 녹음을 듣고, 일치하는 문장을 고르세요.

(1) ① 请告诉他我的手机号码。
② 请告诉我您的姓名。
③ 请告诉朋友秘密。

(2) ① 你得注意身体。
② 我得吃水果。
③ 您得出示您的护照。

(3) ① 我想换成人民币。
② 我想换成韩币。
③ 我想换成日元。

2 밑줄 친 뜻과 일치하는 중국어 문장을 고르세요.

(1)
> A : 我已经预订了一个单人间。
> Wǒ yǐjing yùdìngle yí ge dānrénjiān.
>
> B : 저에게 당신의 성함을 알려 주세요.

① 请告诉我您的姓名。
② 请告诉您的姓名我。
③ 请我您的姓名告诉。

(2)
> A : 저는 런민삐로 바꾸고 싶어요.
>
> B : 今天的汇率是1比6.35。
> Jīntiān de huìlǜ shì yī bǐ liù diǎn sān wǔ.

① 我想换人民币成。
② 我想人民币换成。
③ 我想换成人民币。

3 빈칸에 알맞은 단어 또는 해석을 써 보세요.

A : 请 _____ 我今天的汇率。
　　　　gàosu

✎ 오늘 환율 좀 알려 주세요.

B : 今天的汇率是一比七。

✎ _____

A : 我有五百美元，想 _____ 人民币。
　　　　　　　　　　huànchéng

✎ 저는 미화 오백 달러가 있는데 런민삐로 바꾸고 싶어요.

B : 您 _____ 出示您的护照。
　　　děi

✎ 여권을 제시하셔야 합니다.

| 정답 | 284쪽

핵심 문장 40개로
현지 표현
말하기

중국 여행을 다녀온 사람들이 중국은 영어도 안 통하고, 중국어를 몰라 고생했다고 하는 얘기를 한 번쯤은 들어 보셨죠? 중국인이 하는 말을 알아들을 수 있을지, 배운 중국어를 여행 가서 써먹을 수 있을지 여행을 앞두고 걱정이시라고요? 핵심 문장 40개만 알면 중국 현지에서도 문제없습니다!

기본 인사말 이외에 길을 묻는 표현이나, 물건을 사는 표현은 여행 갔을 때 유용하니 꼭 알아 두세요. 본문 학습을 할 때 그 상황을 상상하며 mp3를 듣고 따라 하세요. 직접 A와 B가 되어 감정을 넣어 소리 내어 연습하는 것도 도움이 됩니다. 넷째마당 학습을 마치면 중국 여행이 만만해집니다!

현지 표현 말하기

31

我要登记入住。

저는 체크인을 하려고 해요.

강의 및 예문 듣기

🎧 31-1.mp3

워밍업

기본 문장 듣기

그림을 보며 녹음을 들어
보세요. 본문에서 배울 표
현을 귀에 익숙하게 적응
하는 단계입니다.

🎧 31-2.mp3

1단계

새로 배울 단어

登记入住 dēngjì rùzhù	체크인하다	打电话 dǎ diànhuà	전화를 하다[걸다]
查 chá	통 찾아보다	给 gěi	개 ~에게
带 dài	통 휴대하다, 지니다	着 zhe	조 [동작이나 상황의 지속을 나타냄]
房间 fángjiān	명 방, 객실	号 hào	명 호, 번째[호수, 사이 즈 등을 나타냄]
交 jiāo	통 내다, 제출하다	押金 yājīn	명 보증금
拿 ná	통 가지다, 손에 들다	房卡 fángkǎ	객실 카드
需要 xūyào	통 필요하다	叫醒 jiàoxǐng	통 (불러서) 깨우다, 모 닝콜 하다
服务 fúwù	통 서비스하다	会 huì	조동 ~할 것이다

---

1 들어 보세요.

A : 你好！我要登记入住。
我叫李英爱，已经打电话
订好了。

B : 我来帮您查一下。请给我
看一下您的护照，可以吗？

A : 可以，我带着护照。给您。

B : 谢谢。您的房间是801号。
请您交五百元押金，拿好
房卡。

A : 好的。我明天早上需要叫
醒服务。六点叫醒，可以
吗？

B : 可以，我们会叫醒您。

A : 谢谢。

---

2 병음을 보고 중국어로 말해 보세요.

A : Nǐ hǎo! Wǒ yào dēngjì rùzhù.
Wǒ jiào Lǐ Yīng'ài, yǐjing dǎ
diànhuà dìnghǎo le.

B : Wǒ lái bāng nín chá yíxià.
Qǐng gěi wǒ kàn yíxià nín de
hùzhào, kěyǐ ma?

A : Kěyǐ, wǒ dàizhe hùzhào. Gěi nín.

B : Xièxie. Nín de fángjiān shì bā
líng yāo hào. Qǐng nín jiāo wǔbǎi
yuán yājīn, náhǎo fángkǎ.

A : Hǎode. Wǒ míngtiān zǎoshang
xūyào jiàoxǐng fúwù. Liù diǎn
jiàoxǐng, kěyǐ ma?

B : Kěyǐ, wǒmen huì jiàoxǐng nín.

A : Xièxie.

3 우리말을 보고 중국어로 말해 보세요.

빈칸에 알맞은 병음을 쓰고 읽어 보세요.

A : 안녕하세요! 체크인하려고 해요.

저는 이영애라고 하고요, 이미 전화로 예약을 했습니다.

B : 제가 좀 찾아보겠습니다. 당신의 여권을 좀 보여 주시겠어요?

A : 네, 여권을 가지고 있어요. 여기요.

B : 감사합니다. 당신의 방은 801호입니다.

보증금 500위안을 내 주시고, 객실 카드 가져가세요.

A : 알겠어요. 저는 내일 아침 모닝콜 서비스가 필요해요. 6시에 깨워 주실 수 있나요?

B : 네, 모닝콜을 해 드리겠습니다.

A : 감사합니다.

A : 你好！我要登记入住。

Nǐ hǎo! Wǒ yào _____.

我叫李英爱，已经打电话订好了。

Wǒ jiào Lǐ Yīng'ài, yǐjing dǎ

diànhuà dìnghǎo le.

B : 我来帮您查一下。

Wǒ lái _____ nín chá yíxià.

请给我看一下您的护照，可以吗？

Qǐng _____ wǒ kàn yíxià nín

de hùzhào, kěyǐ ma?

A : 可以，我带着护照。给您。

Kěyǐ, wǒ _____ hùzhào. Gěi

nín.

B : 谢谢。您的房间是801号。请您交

五百元押金，拿好房卡。

Xièxie. Nín de fángjiān shì bā

líng yāo hào. Qǐng nín jiāo wǔbǎi

yuán _____, náhǎo _____.

A : 好的。我明天早上需要叫醒服务。

六点叫醒，可以吗？

Hǎode. Wǒ míngtiān zǎoshang

_____ jiàoxǐng fúwù. Liù diǎn

jiàoxǐng, kěyǐ ma?

B : 可以，我们会叫醒您。

Kěyǐ, wǒmen _____ jiàoxǐng nín.

A : 谢谢。Xièxie.

| 정답 | 218쪽 **2**를 참고하세요.

단어

短信 duǎnxin
명 문자 메시지, 짧은 서신

잠깐만요!

给의 동사 용법은 30과 212p.
로 돌아가서 복습하세요!

단어

靴子 xuēzi 명 부츠, 장화

小说 xiǎoshuō 명 소설

잠깐만요!

진행을 나타내는 구문인
'在/正/正在∼呢'는 18과
138p.로 돌아가서 복습하세
요!

---

1 **请给我看一下您的护照。** 당신의 여권을 좀 보여 주세요.

A ✚ **给** ✚ **B** ✚ **C。**　　　　A는 B에게 C한다
주어　　gěi　　대상　　동사(구)

他　　　　　我们　做蛋糕
　　　　　　　　　　그는 우리에게 케이크를 만들어 주었다.

你　　　　　他　发短信吧
　　　　　　　　　　너 그 사람에게 문자 메시지를 보내라.

给는 동사 용법과 개사 용법이 있습니다. 개사 给는 '∼에게'라는 뜻으로, '给+
명사(대상)+동사 술어+목적어'의 구문으로 써서 '∼에게 ∼을 하다'라는 의미를
나타냅니다.

• **주어+给+명사(대상)+동사 술어(+목적어)**

她给我介绍。Tā gěi wǒ jièshào. 그녀가 나에게 소개했다.

她给我买手机。Tā gěi wǒ mǎi shǒujī. 그녀가 나에게 휴대전화를 사 준다.

---

2 **我带着护照。** 나는 여권을 가지고 있다.

A ✚ **B** ✚ **着** ✚ **C。**　　　　A는 C를 B하고 있다
주어　　동사　　zhe　　목적어

我　　穿　　　　着　　靴子　　나는 부츠를 신고 있다.
他　　看　　　　着　　小说　　그는 소설을 보고 있다.

着는 '동사+着'의 형식으로 써서 동작이 지속되거나 상태가 지속됨을 나타냅니
다. 그러므로 '∼하고 있다', '∼한 채로 있다'라는 뜻이 됩니다. 진행형을 나타내
는 '在/正/正在∼呢' 구문과 함께 쓸 수 있습니다.

• **평서문: 주어+(在/正/正在)+동사 술어+着+목적어**

他(在)看着小说。Tā (zài) kànzhe xiǎoshuō. 그는 소설을 보고 있다.

• **부정문: 주어+没有+동사 술어+着+목적어**

他没有看着小说。Tā méiyǒu kànzhe xiǎoshuō. 그는 소설을 보고 있지 않다.

단어

生气 shēngqì 통 화내다

학습에 의해 '~을 할 수 있다'
라는 의미의 会는 14과 114p.
로 돌아가서 복습하세요!

3 我们**会**叫醒您。 저희가 모닝콜을 해 드리겠습니다.

A	⊕	**会**	⊕	**B**。	A는 B할 것이다
주어		hui		동사(구)	

| 她 | | | | 欢迎你 | 그녀는 당신을 환영할 것이다. |
| 他 | | | | 生气 | 그는 화를 낼 것이다. |

会는 '~할 것이다'라는 뜻으로 가능성을 나타내는 표현입니다. 조동사이므로 동사
앞에 위치하고, 문장 끝에 的가 호응하면 그 가능성이 더욱 확실하다는 어감을 표
현합니다.

- 평서문: 주어+会+동사 술어(+목적어)(+的)

  他会生气的。 Tā huì shēngqì de. 그는 화를 낼 것이다.

- 부정문: 주어+不会+동사 술어(+목적어)(+的)

  他不会生气的。 Tā bú huì shēngqì de. 그는 화를 내지 않을 것이다.

작문 도전! 다음 문장의 뜻에 맞게 단어의 순서를 배열하여 중국어 문장을 완성해 보세요.

1. 그는 우리에게 케이크를 만들어 주었다.

   → 我们 | 给 | 蛋糕 | 做 | 他

   ✏ ....

2. 나는 부츠를 신고 있다.

   → 着 | 靴子 | 穿 | 我

   ✏ ....

3. 그는 화를 낼 것이다.

   → 生气 | 会 | 他

   ✏ ....

| 정답 |

1. 他给我们做蛋糕。

2. 我穿着靴子。

3. 他会生气。

1 녹음을 듣고, 일치하는 문장을 고르세요.

(1) ① 他给我们做蛋糕。
     ② 请给我看一下您的护照。
     ③ 你给他发短信吧。

(2) ① 我带着护照。
     ② 我穿着靴子。
     ③ 我看着小说。

(3) ① 她会欢迎你。
     ② 他会生气。
     ③ 我们会叫醒您。

2 밑줄 친 뜻과 일치하는 중국어 문장을 고르세요.

(1)
> A : 你好! 我要登记入住。
>   Nǐ hǎo! Wǒ yào dēngjì rùzhù.
>
> B : 저에게 당신의 여권을 좀 보여 주시겠어요?

① 请我给您的护照看一下, 可以吗?

② 请给我看您的护照一下, 可以吗?

③ 请给我看一下您的护照, 可以吗?

(2)
> A : 저는 여권을 갖고 있어요.
>
> B : 谢谢, 您的房间是801号。
>   Xièxiè, nín de fángjiān shì bā líng yāo hào.

① 我带护照。

② 我带着护照。

③ 我带护照着。

3 빈칸에 알맞은 단어 또는 해석을 써 보세요.

A : 你在做什么?

B : 我在看 _____ 小说。
         zhe

✎ ----------------------------------

✎ 나는 소설을 보고 있어.

A : 你 _____ 我看一下那本小说, 可以吗?
        gěi

✎ 너 나에게 그 소설을 보여 줄 수 있니?

B : 好, 我 _____ 你看的。
         huì gěi

✎ 좋아. 내가 너에게 보여 줄게.

| 정답 | 284쪽

32

안부 묻기

你们睡好了吗?

편하게 주무셨나요?

강의 및 예문 듣기

🎧 32-1.mp3

워밍업

기본 문장 듣기

그림을 보며 녹음을 들어 보세요. 본문에서 배울 표현을 귀에 익숙하게 적응하는 단계입니다.

798艺术区

🎧 32-2.mp3

1단계

새로 배울 단어

早 zǎo	안녕하세요?[아침 인사말]	睡 shuì	동 잠자다
打算 dǎsuan	동 (~할) 계획이다, 예정이다 명 계획, 예정	798艺术区 Qī jiǔ bā yìshùqū	고유 798예술구
多远 duō yuǎn	얼마나 먼가	路 lù	명 (교통수단의) 노선
公共汽车 gōnggòng qìchē	명 버스	或者 huòzhě	접 또는, 혹은
线 xiàn	명 (교통수단의) 노선	地铁 dìtiě	명 지하철
都 dōu	부 모두	行 xíng	형 좋다, 괜찮다
劳驾 láojià	동 죄송합니다, 실례합니다[부탁이나 양보를 청할 때 쓰는 말]	站 zhàn	명 역, 정거장
米 mǐ	양 미터	左右 zuǒyòu	명 정도, 쯤
十字路口 shízilùkǒu	명 사거리	问题 wèntí	명 문제

1 들어 보세요.

A : 早！你们睡好了吗?

B : 睡好了，谢谢。今天我们打算去798艺术区。

A : 是吗? 你们知道怎么走吗?

B : 我们不知道。那儿离这儿多远?

A : 不太远。坐12路公共汽车或者坐15号线地铁都行。

B : 劳驾，地铁站怎么走?

A : 一直往前走五十米左右，到十字路口往左拐。要是有问题的话，你就给饭店打电话吧。

2 병음을 보고 중국어로 말해 보세요.

A : Zǎo! Nǐmen shuìhǎo le ma?

B : Shuìhǎo le, xièxie. Jīntiān wǒmen dǎsuan qù Qī jiǔ bā yìshùqū.

A : Shì ma? Nǐmen zhīdào zěnme zǒu ma?

B : Wǒmen bù zhīdào. Nàr lí zhèr duō yuǎn?

A : Bú tài yuǎn. Zuò shí'èr lù gōnggòng qìchē huòzhě zuò shíwǔ hào xiàn dìtiě dōu xíng.

B : Láojià, dìtiězhàn zěnme zǒu?

A : Yìzhí wǎng qián zǒu wǔshí mǐ zuǒyòu, dào shízìlùkǒu wǎng zuǒ guǎi. Yàoshi yǒu wèntí dehuà, nǐ jiù gěi fàndiàn dǎ diànhuà ba.

■ 우리말을 보고 중국어로 말해 보세요.

A : 좋은 아침입니다! 편하게 주무셨나요?

B : 잘 잤어요. 감사합니다. 오늘 저희는 798예술구에 갈 예정이에요.

A : 그래요? 어떻게 가는지 알아요?

B : 저희는 몰라요. 그곳은 여기에서 얼마나 먼가요?

A : 그다지 멀지 않아요. 12번 버스를 타든 15호선 지하철을 타든 모두 됩니다.

B : 실례지만 지하철역은 어떻게 가요?

A : 오십 미터 정도 쭉 앞으로 가다가, 사거리에서 좌회전하면 됩니다. 만약 문제가 있으면 호텔로 전화하세요.

빈칸에 알맞은 병음을 쓰고 읽어 보세요.

A : 早! 你们睡好了吗?

　　Zǎo! Nǐmen _____ hǎo le ma?

B : 睡好了，谢谢。今天我们打算去798艺术区。

　　Shuìhǎo le, xièxie. Jīntiān wǒmen _____ qù Qī jiǔ bā yìshùqū.

A : 是吗? 你们知道怎么走吗?

　　Shì ma? Nǐmen _____ zěnme zǒu ma?

B : 我们不知道。那儿离这儿多远?

　　Wǒmen bù zhīdào. Nàr _____ zhèr duō yuǎn?

A : 不太远。坐12路公共汽车或者坐15号线地铁都行。

　　Bú tài yuǎn. Zuò shí'èr _____ gōnggòng qìchē _____ zuò shíwǔ hào xiàn dìtiě dōu xíng.

B : 劳驾，地铁站怎么走?

　　_____, dìtiězhàn zěnme zǒu?

A : 一直往前走五十米左右，到十字路口往左拐。要是有问题的话，你就给饭店打电话吧。

　　Yìzhí wǎng qián zǒu wǔshí mǐ _____, dào shízìlùkǒu wǎng zuǒ _____. Yàoshi yǒu wèntí dehuà, nǐ _____ gěi fàndiàn dǎ diànhuà ba.

| 정답 | 224쪽 ■를 참고하세요.

단어

暑假 shǔjià 명 여름방학

香港 Xiānggǎng
고유 홍콩

旅游 lǚyóu 통 여행하다

寒假 hánjià 명 겨울방학

火车 huǒchē 명 기차

哈尔滨 Hāʼěrbīn
고유 하얼빈

照相 zhàoxiàng
통 사진 찍다

留 liú 남기다

纪念 jìniàn 명 기념

1 今天我们打算去798艺术区。 오늘 우리는 798예술구에 갈 계획이다.

A	✚	**打算**	✚	**B**。	A는 B할 계획이다
주어		dǎsuan		계획	

暑假我　　　去香港旅游　　여름방학에 나는 홍콩에 여행 갈 것이다.

寒假他们　　坐火车去哈尔滨

　　　　　　　　　겨울방학에 그들은 기차를 타고 하얼빈에 갈 것이다.

打算은 동사와 명사의 의미를 가집니다. 동사 打算은 '(~할) 계획이다〔예정이다〕', '~을 할 것이다'라는 뜻이고 打算 뒤에는 계획을 나타내는 동사구가 옵니다. 명사 打算은 어떤 동작을 하려는 '생각', 또는 '계획'의 의미를 나타냅니다.

❶ 동사 용법: 주어+打算+동사 술어+목적어(~할 계획이다)

我们打算照相留个纪念。 우리는 사진을 찍어 기념을 남길 계획이다.
Wǒmen dǎsuan zhàoxiàng liú ge jìniàn.

❷ 명사 용법: 주어+有[没有]+打算(계획[생각]이 있다[없다])

周末你有没有打算? 주말에 너는 계획이 있어, 없어?
Zhōumò nǐ yǒu méiyǒu dǎsuan?

단어

火车站 huǒchēzhàn
명 기차역

机场 jīchǎng 명 공항

高 gāo 형 (키가) 크다,
(높이가) 높다

书包 shūbāo 명 책가방

重 zhòng 형 (무게가)
무겁다

长城 Chángchéng
고유 만리장성

2 那儿离这儿多远? 그곳은 여기에서 얼마나 먼가요?

A	✚	**离**	✚	**B**	✚	**多远?**	A는 B에서 얼마나 먼가요?
목적지		lí		기준점		duō yuǎn	

火车站　　　饭店　　　기차역은 호텔에서 얼마나 먼가요?

机场　　　　这儿　　　공항은 여기에서 얼마나 먼가요?

多는 '얼마나', 远은 '멀다'라는 의미입니다. 따라서 '多远?'은 얼마나 먼지 거리를 묻는 표현이 됩니다. 거리를 물을 때는 기준점이 필요하므로, 多远은 주로 '목적지+离+기준점+多远?'의 형태로 씁니다. '多+단음절 형용사' 형태의 의문문을 알아 둡시다.

• **多+단음절 형용사**

他多高? Tā duō gāo? 그는 키가 몇이에요?

这个书包多重? Zhège shūbāo duō zhòng? 이 책가방은 무게가 얼마예요?

长城多长? Chángchéng duō cháng? 만리장성은 길이가 얼마예요?

잠깐만요!

75p.의 나이를 묻는 표현, 109p.의 수량을 묻는 표현, 191p.의 소요 시간을 묻는 표현으로 돌아가서 '多+형'의 의문문을 복습하세요!

3 坐12路公共汽车或者坐15号线地铁都行。

12번 버스를 타든 15호선 지하철을 타든 모두 가능하다.

A ⊕ **或者** ⊕ **B** ⊕ **都行。** A나 B 모두 가능하다
대상1   huòzhě   대상2   dōu xíng

坐出租车   骑自行车   택시를 타든 자전거를 타든 모두 괜찮다.
送化妆品   送围巾   화장품을 선물하든 스카프를 선물하든 괜찮다.

或者는 'A 或者 B'의 형태로 써서 'A 또는 B', 'A이든 B이든'의 뜻을 나타냅니다. 行은 可以와 같은 의미로 허락이나 동의와 같은 긍정을 나타냅니다. A와 B자리에는 명사, 동사, 동사구 모두 올 수 있습니다.

- (대상1)+或者+(대상2)+都行

我喝咖啡或者喝可乐都行。 나는 커피를 마시든 콜라를 마시든 모두 괜찮다.
Wǒ hē kāfēi huòzhě hē kělè dōu xíng.

你去或者我去都可以。 네가 가도 되고 내가 가도 된다.
Nǐ qù huòzhě wǒ qù dōu kěyǐ.

작문 도전! 다음 문장의 뜻에 맞게 단어의 순서를 배열하여 중국어 문장을 완성해 보세요.

1. 여름방학에 나는 홍콩에 여행 갈 것이다.

→ 去 | 旅游 | 我 | 香港 | 打算 | 暑假

✏ _____

2. 기차역은 호텔에서 얼마나 먼가요? → 远 | 火车站 | 多 | 饭店 | 离

✏ _____

3. 택시를 타든 아니면 자전거를 타든 모두 괜찮다.

→ 行 | 或者 | 自行车 | 都 | 骑 | 出租车 | 坐

✏ _____

227

1 녹음을 듣고, 일치하는 문장을 고르세요.

(1) ① 暑假我打算去香港旅游。
　　② 今天我们打算去798艺术区。
　　③ 寒假他们打算坐火车去哈尔滨。

(2) ① 火车站离饭店多远?
　　② 那儿离这儿多远?
　　③ 机场离这儿多远?

(3) ① 坐出租车或者骑自行车都行。
　　② 送化妆品或者送围巾都行。
　　③ 坐12路公共汽车或者坐15号线地铁都行。

2 밑줄 친 뜻과 일치하는 중국어 문장을 고르세요.

(1)

> **A :** 거긴 여기서 얼마나 먼가요?
>
> **B :** 不太远，五十米左右。
> 　　Bú tài yuǎn, wǔshí mǐ
> 　　zuǒyòu.

① 那儿离这儿多远?
② 那儿这儿离多远?
③ 那儿这儿多远?

(2)

> **A :** 오늘 우리는 798예술구에 갈
> 　　예정이에요.
>
> **B :** 是吗? 你们知道怎么走吗?
> 　　Shì ma? Nǐmen zhīdào
> 　　zěnme zǒu ma?

① 今天打算我们去798艺术区。
② 今天798艺术区 我们打算去。
③ 今天我们打算去798艺术区。

3 빈칸에 알맞은 단어 또는 해석을 써 보세요.

A : 王明，你家 _____ 车站多 _____ ?
　　　　　　　　 lí　　　　　yuǎn
🖊 왕밍, 너희 집은 버스 정류장에서 얼마나 머니?

B : 很远。你坐公共汽车来吧。
🖊 _____

A : 要坐几 _____ 公共汽车?
　　　　　 lù
🖊 몇 번 버스를 타야 하니?

B : 坐500路或者350路都行。
🖊 _____

33

소개하기

我给你们推荐几个菜吧。

강의 및 예문 듣기

제가 여러분께 몇 가지 음식을 추천할게요.

🎧 33-1.mp3

워밍업

기본 문장 듣기

그림을 보며 녹음을 들어 보세요. 본문에서 배울 표현을 귀에 익숙하게 적응하는 단계입니다.

🎧 33-2.mp3

1단계

새로 배울 단어

除了~以外 chúle~ yǐwài	~이외에,~을 제외하고	辣 là	형 (맛이) 맵다
的 de	조 ~의 것	推荐 tuījiàn	동 추천하다
京酱肉丝 jīngjiàngròusī	명 징장러우쓰	拿手菜 náshǒu cài	가장 자신 있는 요리
味道 wèidao	명 맛	极了 jí le	[형용사 뒤에서 극한의 상황을 강조함]
猪肉 zhūròu	명 돼지고기	鱼香茄子 yúxiāngqiézi	명 위샹치에즈
小笼包 xiǎolóngbāo	명 샤오롱빠오[만두의 일종]	火锅 huǒguō	명 훠궈[중국식 샤브샤 브]
什么的 shénmede	대 등등[나열하는 단어 뒤에 위치함]	种类 zhǒnglèi	명 종류
点 diǎn	동 (요리 등을) 주문하다	盘 pán	양 접시
碗 wǎn	양 그릇	米饭 mǐfàn	명 쌀밥
放 fàng	동 넣다, 놓다	香菜 xiāngcài	명 샹차이[향신료의 일 종]

1 들어 보세요.

A : 你们想吃什么菜？

B : 除了辣的以外，我们都喜欢吃中国菜。

A : 那我给你们推荐几个菜吧。京酱肉丝是我们餐厅的拿手菜。味道好吃极了。

B : 京酱肉丝是用猪肉做的吗？

A : 对。还有鱼香茄子、小笼包、火锅什么的。种类挺多的。

B : 那我们点一盘京酱肉丝、一盘鱼香茄子和两碗米饭，还要一瓶啤酒吧。请别放香菜。

2 병음을 보고 중국어로 말해 보세요.

A : Nǐmen xiǎng chī shénme cài?

B : Chúle là de yǐwài, wǒmen dōu xǐhuan chī Zhōngguócài.

A : Nà wǒ gěi nǐmen tuījiàn jǐ ge cài ba. Jīngjiàngròusī shì wǒmen cāntīng de náshǒu cài. Wèidao hǎochī jí le.

B : Jīngjiàngròusī shì yòng zhūròu zuò de ma?

A : Duì. Hái yǒu yúxiāngqiézi、 xiǎolóngbāo、huǒguō shénmede. Zhǒnglèi tǐng duō de.

B : Nà wǒmen diǎn yì pán jīngjiàng-ròusī、yì pán yúxiāngqiézi hé liǎng wǎn mǐfàn, hái yào yì píng píjiǔ ba. Qǐng bié fàng xiāngcài.

❸ 우리말을 보고 중국어로 말해 보세요.

A : 어떤 요리를 드시겠습니까?

B : 매운 것을 제외하고, 우리는 중국 음식을 다 좋아해요.

A : 그럼 제가 당신들께 몇 가지 요리를 추천할 게요. 징장러우쓰는 저희 레스토랑이 가장 잘하는 요리입니다. 정말 맛있어요.

B : 징장러우쓰는 돼지고기로 만든 건가요?

A : 네. 그리고 위샹치에즈, 샤오롱빠오, 휘궈 등등이 있어요. 종류가 매우 많답니다.

B : 그럼 우리는 징장러우쓰 하나, 위샹치에즈 하나와 밥 두 그릇 주문할게요. 그리고 맥주 한 병도요.
상차이는 넣지 마세요.

빈칸에 알맞은 병음을 쓰고 읽어 보세요.

A : 你们想吃什么菜?
Nǐmen xiǎng chī shénme cài?

B : 除了辣的以外, 我们都喜欢吃中国菜。
_____ là de _____, wǒmen dōu xǐhuan chī Zhōngguócài.

A : 那我给你们推荐几个菜吧。
京酱肉丝是我们餐厅的拿手菜。味道好吃极了。
Nà wǒ gěi nǐmen _____ jǐ ge cài ba. Jīngjiàngròusī shì wǒmen cāntīng de _____. Wèidao hǎochī _____.

B : 京酱肉丝是用猪肉做的吗?
Jīngjiàngròusī shì yòng _____ zuò de ma?

A : 对。还有鱼香茄子、小笼包、火锅什么的。种类挺多的。
Duì. Hái yǒu yúxiāngqiézi、xiǎo-lóngbāo、huǒguō _____. Zhǒnglèi tǐng duō de.

B : 那我们点一盘京酱肉丝、一盘鱼香茄子和两碗米饭, 还要一瓶啤酒吧。
Nà wǒmen diǎn yì _____ jīngjiàng-ròusī、yì _____ yúxiāngqiézi hé liǎng _____ mǐfàn, hái hào yì píng píjiǔ ba.
请别放香菜。
Qǐng bié fàng xiāngcài.

| 정답 | 230쪽 ❷를 참고하세요.

단어

上海 Shànghǎi
고유 상하이

都市 dūshì 명 도시

乒乓球 pīngpāngqiú
명 탁구

别 bié 대 이외에, 다른

运动 yùndòng
통 운동하다

汉语 Hànyǔ 고유 중국어

学 xué 통 배우다, 학습하다

外语 wàiyǔ 명 외국어

英语 yīngyǔ 명 영어

---

1 除了辣的以外，我们都喜欢吃中国菜。

매운 것을 제외하고, 우리는 중국 음식을 다 좋아한다.

除了 ➕ **A** ➕ **以外,** ➕ **我都** ➕ **B。**
Chúle   yǐwài,   wǒ dōu

A를 제외하고, 나는 모두 B한다

上海   去过中国的大都市

상하이를 제외하고 나는 중국의 대도시에 모두 가 봤다.

打乒乓球   不会做别的运动

탁구 치는 것을 제외하고 나는 다른 운동은 할 줄 모른다.

'除了~以外'는 '~을 제외하고', '~이외에'라는 의미입니다. 뒷구문에서 都 또는 也나 还가 호응할 수 있는데, 호응되는 단어에 따라 전체 문장의 의미가 달라집니다.

- 除了~以外, 都~ : 제외(~을 제외하고, 모두 ~하다)

  除了汉语以外，我都没学过别的外语。
  Chúle Hànyǔ yǐwài, wǒ dōu méi xuéguo bié de wàiyǔ.
  중국어를 제외하고, 나는 다른 외국어를 배운 적이 없다.

- 除了~以外, 也/还~: 추가(~이외에도, 또한 ~하다)

  除了汉语以外，我也学过英语。 중국어 이외에도, 나는 또한 영어를 배운 적이 있다.
  Chúle Hànyǔ yǐwài, wǒ yě xuéguo yīngyǔ.

단어

油腻 yóunì 형 느끼하다

开心 kāixīn 형 즐겁다, 신
나다

天气 tiānqì 명 날씨

热 rè 형 (날씨가) 덥다

---

2 味道好吃极了。 매우 맛있다.

A ➕ **B** ➕ **极了。**   A는 매우 B하다
주어   형용사   jí le

这个菜   油腻   이 음식은 진짜 느끼하다.
最近   开心   요즘은 정말 즐겁다.

极了는 형용사 혹은 심리 상태나 감정을 나타내는 일부 동사의 뒤에 쓰여서 '매우 ~하다'라는 의미를 나타냅니다. 정도가 심함을 나타내는 표현입니다.

잠깐만요!

맛의 다양한 표현을 살펴봅시다!

甜 tián 달다
苦 kǔ 쓰다
咸 xián 짜다
酸 suān 시다
清淡 qīngdàn 담백하다

예 今天天气热极了。 Jīntiān tiānqì rè jí le. 오늘 날씨는 매우 덥다.

我害怕极了。 Wǒ hàipà jí le. 나는 너무 두렵다.

3 还有鱼香茄子、小笼包、火锅**什么的**。

그리고 위샹치에즈, 샤오롱빠오, 훠궈 등등이 있다.

<table>
<tr><td>단어</td></tr>
</table>

단어

钱包 qiánbāo 명 지갑

钥匙 yàoshi 명 열쇠

演唱会 yǎnchànghuì
명 콘서트

游戏 yóuxì 명 게임

<u>A</u>、<u>B</u>、<u>C</u>、 ➕ **什么的**。	A, B, C 등등
	shénmede	

那里有钱包、书、钥匙   그곳에는 지갑, 책, 열쇠 등이 있다.

我喜欢看演唱会、玩儿游戏   나는 콘서트를 보고,
게임하는 것 등을 좋아한다.

什么的는 몇 가지 항목을 나열한 후 제일 마지막에 놓여 '~등등', '~따위', '기타 등등'의 의미를 나타냅니다. 什么的 대신 等이나 等等으로 바꾸어 쓸 수 있습니다.

예 那里有钱包、书、钥匙等。 그곳에는 지갑, 책, 열쇠 등이 있다.
Nàli yǒu qiánbāo、shū、yàoshi děng.

我喜欢看演唱会、玩儿游戏等等。 나는 콘서트를 보고 게임하는 것 따위를 좋아한다.
Wǒ xǐhuan kàn yǎnchànghuì、wánr yóuxì děngděng.

작문 도전! 다음 문장의 뜻에 맞게 단어의 순서를 배열하여 중국어 문장을 완성해 보세요.

1. 상하이를 제외하고는 나는 중국의 대도시에 모두 가 봤다.

→ 以外 | 上海 | 除了 | 去我 | 大都市 | 过 | 中国的 | 都

2. 이 음식은 진짜 느끼하다. → 极了 | 个 | 这 | 油腻 | 菜

| 정답 |

1. 除了上海以外，我都去过中国的大都市。

2. 这个菜油腻极了。

3. 那里有钱包、书、钥匙什么的。

3. 그곳에는 지갑, 책, 열쇠 등이 있다.

→ 书 | 有 | 什么的 | 钱包 | 那里 | 钥匙

1 녹음을 듣고, 일치하는 문장을 고르세요.

(1) ① 除了打乒乓球以外，我都不会做别的运动。
② 除了辣的以外，我们都喜欢吃中国菜。
③ 除了上海以外，我都去过中国的大都市。

(2) ① 最近开心极了。
② 这个菜油腻极了。
③ 味道好吃极了。

(3) ① 还有鱼香茄子、小笼包、火锅什么的。
② 那里有钱包、书、钥匙什么的。
③ 我喜欢看演唱会、玩儿游戏什么的。

2 밑줄 친 뜻과 일치하는 중국어 문장을 고르세요.

(1)
> A : 你想吃什么菜?
> Nǐ xiǎng chī shénme cài?
>
> B : 매운 것을 제외하고 나는 중국 음식 먹는 것을 다 좋아해.

① 除了辣的以外, 我都喜欢吃中国菜。

② 除了辣的, 我喜欢吃中国菜。

③ 除了辣的以外, 我也喜欢吃中国菜。

(2)
> A : 味道怎么样?
> Wèidao zěnmeyàng?
>
> B : 정말 맛있어요.

① 味道好吃。

② 味道极了好吃。

③ 味道好吃极了。

3 빈칸에 알맞은 단어 또는 해석을 써 보세요.

A : 周末你喜欢做什么?

B : 我喜欢看演唱会、玩儿游戏 _____。
　　　　　　　　　　　　　　　shénmede

A : 你会做什么运动?

B : _____ 打乒乓球 _____,
　　Chúle　　　　　　　　yǐwài
我都不会做别的运动。

✎ --

✎ 나는 콘서트 보는 것, 게임하는 것 등을 좋아해.

✎ --

✎ 탁구를 치는 것을 제외하고는 나는 다른 운동은 할 줄 몰라.

| 정답 | 284쪽

34

동작 표현하기

我们连午饭也没吃。

우리는 점심도 못 먹었어요.

강의 및 예문 듣기

🎧 34-1.mp3

워밍업

기본 문장 듣기

그림을 보며 녹음을 들어 보세요. 본문에서 배울 표현을 귀에 익숙하게 적응하는 단계입니다.

🎧 34-2.mp3

1단계

새로 배울 단어

上次 shàng cì	지난번	见(面) jiàn(miàn)	동	만나다
打工 dǎgōng	동 아르바이트하다	哪个 nǎge		어느 것
最 zuì	부 가장, 제일	连~也… lián~yě…		~조차도 …하다
午饭 wǔfàn	명 점심 식사	饿 è	형	배고프다
鸡肉汉堡(包) jīròu hànbǎo(bāo)	치킨버거	次 cì	양 차례, 번, 회[동작의 횟수를 나타냄]
打包 dǎbāo	동 포장하다	套餐 tàocān	명	세트 음식
续杯 xù bēi	(음료를) 리필하다			

235

1 들어 보세요.

A : 我们是不是上次在地铁站
见过？

B : 对呀！没想到你在麦当劳打
工。再见面很高兴。

A : 我也很高兴。你们点什么？

B : 哪个最好吃？我们连午饭
也没吃，太饿了。

A : 是吗？这儿的鸡肉汉堡包
真好吃。我吃过两次。你
们打包还是在这儿吃？

B : 在这儿吃。那我们点两个
鸡肉汉堡套餐吧。可乐可
以续杯吗？

A : 可以。

2 병음을 보고 중국어로 말해 보세요.

A : Wǒmen shì bu shì shàng cì zài
dìtiězhàn jiànguo?

B : Duì ya! Méi xiǎngdào nǐ zài
Màidāngláo dǎgōng. Zài jiànmiàn
hěn gāoxìng.

A : Wǒ yě hěn gāoxìng. Nǐmen diǎn
shénme?

B : Nǎge zuì hǎochī? Wǒmen lián
wǔfàn yě méi chī, tài è le.

A : Shì ma? Zhèr de jīròu hànbǎobāo
zhēn hǎochī. Wǒ chīguo liǎng cì.
Nǐmen dǎbāo háishi zài zhèr
chī?

B : Zài zhèr chī. Nà wǒmen diǎn
liǎng ge jīròu hànbǎo tàocān ba.
Kělè kěyǐ xù bēi ma?

A : Kěyǐ.

❸ 우리말을 보고 중국어로 말해 보세요.

빈칸에 알맞은 병음을 쓰고 읽어 보세요.

A : 우리 지난번에 지하철역에서 만났었지?

B : 맞아! 네가 맥도날드에서 아르바이트하는 줄은 생각도 못 했어. 다시 만나니 정말 반 갑구나.

A : 나도 반가워. 너희 뭐 주문할래?

B : 뭐가 제일 맛있어? 우리는 점심 식사도 못 해서 너무 배고파.

A : 그래? 여기 치킨버거가 정말 맛있어. 나는 두 번 먹어 봤어. 너희 포장할 거니, 아니면 여기서 먹을 거니?

B : 여기서 먹을 거야. 그럼 우리 치킨버거 세트 두 개 주문할게. 콜라는 리필 되니?

A : 응, 리필 돼.

A : 我们是不是上次在地铁站见过?
Wǒmen shì bu shì _____ zài dìtiězhàn jiànguo?

B : 对呀! 没想到你在麦当劳打工。再见面很高兴。
Duì ya! Méi xiǎngdào nǐ zài _____ dǎgōng. Zài jiànmiàn hěn gāoxìng.

A : 我也很高兴。你们点什么?
Wǒ yě hěn gāoxìng. Nǐmen _____ shénme?

B : 哪个最好吃? 我们连午饭也没吃, 太饿了。
Nǎge _____ hǎochī? Wǒmen _____ wǔfàn yě méi chī, tài è le.

A : 是吗? 这儿的鸡肉汉堡包真好吃。我吃过两次。你们打包还是在这儿吃?
Shì ma? Zhèr de jīròu hànbǎobāo zhēn hǎochī. Wǒ _____ liǎng cì. Nǐmen dǎbāo _____ zài zhèr chī?

B : 在这儿吃。那我们点两个鸡肉汉堡套餐吧。可乐可以续杯吗?
Zài zhèr chī. Nà wǒmen diǎn liǎng ge jīròu hànbǎo _____ ba. Kělè kěyǐ _____ ma?

A : 可以。Kěyǐ.

┃정답┃ 236쪽 ❷를 참고하세요.

237

단어

塞车 sāichē 图 차가
막히다

毕业 bìyè 图 졸업하다

结婚 jiéhūn 图 결혼하다

1 我们是不是上次在地铁站见过?
우리 지난번에 지하철역에서 만났었지?

A	➕	是不是	➕	B?	A는 B이지?
주어		shì bu shì		술어	

现在		塞车了	지금 차가 막히지?
你		毕业了	너 졸업했지?

是不是는 동사 是의 정반의문문 형태입니다.

- 정반의문문: 주어+是不是+목적어?

  你们是不是韩国人? Nǐmen shì bu shì Hánguórén? 너희는 한국인이니?

또한 是不是는 확신 있는 질문, 확인 질문을 할 때도 쓸 수 있습니다.

- 확신 있는 질문: 주어+是不是+술어?

  你们是不是结婚了? Nǐmen shì bu shì jiéhūn le? 너희 결혼했지?

- 확인 질문: 완전한 문장, 是不是?

  大家都来了，是不是? Dàjiā dōu lái le, shì bu shì? 모두 다 왔지, 그렇지?

단어

小孩子 xiǎoháizi
图 어린아이

回答 huídá 图 대답하다

秘密 mìmì 图 비밀

相信 xiāngxìn 图 믿다

2 我们连午饭也没吃。 우리는 점심 식사조차도 못 했다.

A	➕	连	➕	B	➕	也	➕	C。
주어		lián		강조		yě		술어

A는 B조차도 C한다

这个问题	小孩子	能回答
		이 문제는 어린아이조차도 대답할 수 있다.

这个秘密	我	知道
		이 비밀은 나조차도 안다.

连은 '~조차도', '심지어'라는 의미로, 也나 都와 호응하여 특정한 단어나 문장 등을 강조합니다.

- (주어/구문)+连+(강조할 내용)+也/都+술어

  他非常忙，连打电话的时间也没有。 그는 매우 바빠서 전화를 걸 시간조차도 없다.
  Tā fēicháng máng, lián dǎ diànhuà de shíjiān yě méiyǒu.

  连她也不相信我。 심지어 그녀조차도 나를 믿지 않는다.
  Lián tā yě bù xiāngxìn wǒ.

3 **我吃过两次。** 나는 두 번 먹은 적이 있다.

我 ➕ **A** ➕ 过 ➕ **B** ➕ 次。
Wǒ　　동사　　guo　　수량　　cì

나는 B번 A한 적 있다

见	一
参观	三

나는 한 번 만난 적이 있다.
나는 세 번 참관한 적이 있다.

次는 '차례', '번', '회' 등 동작의 횟수를 나타내는 단위입니다. 동작의 횟수를 보충하는 보어이므로 이를 '동량보어'라고 하고, 기본적인 위치는 술어 뒤입니다.

동량보어는 목적어의 품사에 따라 위치가 달라지니 어순에 주의해야 해요!

- 주어+동사 술어+동량보어+목적어(일반 명사)

  我找了一次钱包。 나는 지갑을 한 번 찾아보았다.
  Wǒ zhǎole yí cì qiánbāo.

  我吃过两次中国菜。 나는 중국 음식을 두 번 먹어 본 적이 있다.
  Wǒ chīguo liǎng cì Zhōngguócài.

- 주어+동사 술어+목적어(대명사)+동량보어

  我找了你一次。 나는 너를 한 번 찾아보았다.
  Wǒ zhǎole nǐ yí cì.

  我见过他两次。 나는 그를 두 번 만난 적이 있다.
  Wǒ jiànguo tā liǎng cì.

작문 도전! 다음 문장의 뜻에 맞게 단어의 순서를 배열하여 중국어 문장을 완성해 보세요.

1. 지금 차가 막히지?　　→ 塞车 | 现在 | 了 | 是不是

   ✎ _____

2. 이 문제는 어린아이조차도 대답한다.

   → 也 | 这个 | 能 | 连 | 回答 | 小孩子 | 问题

   ✎ _____

3. 나는 한 번 만난 적이 있다.　　→ 一 | 次 | 见 | 我 | 过

   ✎ _____

239

1　녹음을 듣고, 일치하는 문장을 고르세요.

(1)　① 现在是不是塞车了?
　　　② 我们是不是上次在地铁站见过?
　　　③ 你是不是毕业了?

(2)　① 这个问题连小孩子也能回答。
　　　② 这个秘密连我也知道。
　　　③ 我们连午饭也没吃。

(3)　① 我吃过两次。
　　　② 我见过一次。
　　　③ 我参观过三次。

2　밑줄 친 뜻과 일치하는 중국어 문장을 고르세요.

(1)

> **A :** 우리 지난번에 지하철역에서 만났었지?
>
> **B :** 对呀! 没想到你在麦当劳 打工。
> Duì ya! Méi xiǎngdào nǐ zài Màidāngláo dǎgōng.

① 我们是不是上次在地铁站见过?

② 我们上次在地铁站见是不是过?

③ 我们上次在地铁站见过?

(2)

> **A :** 우리는 점심 식사조차도 못 했어.
>
> **B :** 是吗? 这儿的鸡肉汉堡包 真好吃。
> Shì ma? Zhèr de jīròu hànbǎobāo zhēn hǎochī.

① 我们午饭连也没吃。

② 我们连午饭也没吃。

③ 我们连午饭不吃。

3　빈칸에 알맞은 단어 또는 해석을 써 보세요.

A : 你 _____ 结婚了?
　　　 shì bu shì

🖊 당신 결혼했지요?

B : 没有。我连女朋友都没有。

🖊 _____

A : 我办公室的她 _____?
　　　　　　　 zěnmeyàng

🖊 내 사무실의 그녀는 어때요?

B : 我见过她两次。给我介绍一下吧。

🖊 _____

| 정답 | 285쪽

35 장소/방향 표현하기

请问，行李在哪儿取?

말씀 좀 물을게요. 짐은 어디서 찾나요?

강의 및 예문 듣기

🎧 35-1.mp3

워밍업

기본 문장 듣기

그림을 보며 녹음을 들어
보세요. 본문에서 배울 표
현을 귀에 익숙하게 적응
하는 단계입니다.

🎧 35-2.mp3

1단계

새로 배울 단어

行李 xíngli	몡 짐	取 qǔ	동 찾다, 가지다, 취하다
再 zài	부 ~한 뒤에[동작의 순서를 나타냄] 부 다시, 재차	下去 xiàqù	동 내려가다
听 tīng	동 듣다	懂 dǒng	동 이해하다
汉语 Hànyǔ	고유 중국어	但是 dànshì	접 그러나
找 zhǎo	동 찾다	感谢 gǎnxiè	동 감사하다

241

1 들어 보세요.

A : 请问，行李在哪儿取？

B : 先往前走，然后到那儿再下去吧。

A : 不好意思，我听不懂。请再说一下。

B : 好的。你会说汉语吗？

A : 会说是会说，但是说得不太好。

B : 那我帮你找你的行李。

A : 非常感谢您。

2 병음을 보고 중국어로 말해 보세요.

A : Qǐngwèn, xíngli zài nǎr qǔ?

B : Xiān wǎng qián zǒu, ránhòu dào nàr zài xiàqù ba.

A : Bùhǎoyìsi, wǒ tīng bu dǒng. Qǐng zài shuō yíxià.

B : Hǎode. Nǐ huì shuō Hànyǔ ma?

A : Huì shuō shì huì shuō, dànshì shuō de bú tài hǎo.

B : Nà wǒ bāng nǐ zhǎo nǐ de xíngli.

A : Fēicháng gǎnxiè nín.

❸ 우리말을 보고 중국어로 말해 보세요.

A : 말씀 좀 물을게요. 짐은 어디서 찾나요?

B : 우선 앞으로 가다가 저곳에서 내려가세요.

A : 죄송해요, 제가 못 알아들었어요.
　　다시 말씀 좀 해 주세요.

B : 알겠어요. 당신은 중국어를 말할 줄 아나요?

A : 말할 줄 알긴 아는데, 잘하지는 못해요.

B : 그럼 제가 당신을 도와 짐을 찾아 줄게요.

A : 정말 감사합니다.

빈칸에 알맞은 병음을 쓰고 읽어 보세요.

A : 请问，行李在哪儿取?
　　Qǐngwèn, _____ zài nǎr qǔ?

B : 先往前走，然后到那儿再下去吧。
　　Xiān wǎng qián zǒu, ránhòu dào
　　nàr zài _____ ba.

A : 不好意思，我听不懂。请再说一下。
　　Bùhǎoyìsi, wǒ _____.
　　Qǐng zài shuō yíxià.

B : 好的。你会说汉语吗?
　　Hǎode. Nǐ _____ shuō Hànyǔ
　　ma?

A : 会说是会说，但是说得不太好。
　　Huì shuō shì huì shuō, _____
　　shuō de bú tài hǎo.

B : 那我帮你找你的行李。
　　Nà wǒ bāng nǐ _____ nǐ de
　　xíngli.

A : 非常感谢您。
　　Fēicháng _____ nín.

| 정답 | 242쪽 ❷를 참고하세요.

243

3단계
기본 문형 익히기

단어

售票处 shòupiàochù
명 매표소

旅游咨询处
lǚyóu zīxúnchù
관광 안내소

跑 pǎo 통 뛰다

茶 chá 명 차

跑来 pǎolái 뛰어오다

跑上来 pǎo shànglái
뛰어 올라오다

拿起 náqǐ 들어 올리다

단어

完 wán 통 끝나다, 마치다

잠깐만요!

자주 쓰이는 가능보어를 알
아 봅시다!

**동사+得/不+了: 다 해낼
수 있다(없다)**
买得了 mǎi de liǎo
다 살 수 있다
买不了 mǎi bu liǎo
다 살 수 없다

---

1 先往前走，然后到那儿再**下去**吧。
우선 앞으로 가다가 저기서 내려가세요.

先往前走，然后 ➕ 到 **A** ➕ 再 ➕ **B** ➕ 吧。
Xiān wǎng qián zǒu, ránhòu   dào 장소   zài   방향보어   ba

먼저 앞으로 간 후, A에서 B하세요

售票处   上去
앞으로 간 후, 매표소에서 올라가세요.

旅游咨询处   过去
앞으로 간 후, 관광 안내소에서 건너가세요.

동사 뒤에 来나 去 등 방향을 나타내는 동사가 붙어서 동작의 방향을 보충하는
것을 '방향보어'라고 합니다.

방향보어	上 sháng	下 xià	进 jìn	出 chū	回 huí	过 guò	起 qǐ
来 lái	上来	下来	进来	出来	回来	过来	起来
去 qù	上去	下去	进去	出去	回去	过去	

- **목적어의 위치**

  ① 일반 목적어: 일반적으로 방향보어 뒤에 오고, 来나 去 방향보어 앞, 뒤에 모
  두 올 수 있다.

  拿来茶 ná lái chá 차를 가져오다[＝拿茶来]

  拿回来茶 ná huílái chá 차를 가지고 돌아오다[＝拿回茶来]

  ② 장소 목적어: 来나 去 방향보어 앞에 온다.

  跑办公室来 pǎo bàngōngshì lái 사무실로 뛰어오다

  跑进办公室来 pǎo jìn lái bàngōngshì 사무실로 뛰어들어오다

2 我听**不懂**。나는 못 알아들었다.

A ➕ **B** ➕ **得/不** ➕ **가능보어**。
주어   동사   de / bù   결과보어/방향보어

A는 B할 수 있다(없다)

我   做   得   完   나는 다 할 수 있다.
他   带   不   去   그는 가지고 갈 수 없다.

'동사+得/不+결과보어/방향보어'의 형태를 써서 동작의 가능 여부를 보충하는 표
현을 '가능보어'라고 합니다.

- **가능: 주어+동사+得+가능보어+목적어**

  我吃得完这个菜。Wǒ chī de wán zhège cài. 나는 이 음식을 다 먹을 수 있다.

- **불가능: 주어+동사+不+가능보어+목적어**

  我吃不完这个菜。Wǒ chī bu wán zhège cài. 나는 이 음식을 다 먹을 수 없다.

3 会说是会说，但是说得不太好。 말할 줄 아는데, 잘하지 못한다.

A ➕ **是** ➕ **A,** ➕ **但是** ➕ **B。**

shì   dànshì

A하긴 A하는데, B한다

想吃   想吃   有点儿辣

먹고 싶기는 한데, 조금 맵다.

难   难   很有意思

어렵긴 어려운데, 재미있다.

'A是A，但是B'는 어떤 사실을 인정하거나 긍정하지만 전환되는 중심 내용을 표현
할 때 사용합니다. 但是 대신 '不过 búguò', '可是 kěshì'로 바꾸어 쓸 수 있습니다.

예 会说是会说，可是说得不太好。 말할 줄 아는데 잘하지 못한다.
　　Huì shuō shì huì shuō, kěshì shuō de bú tài hǎo.

작문 도전! 다음 문장의 뜻에 맞게 단어의 순서를 배열하여 중국어 문장을 완성해 보세요.

1. 먼저 앞으로 간 후, 매표소에서 올라가세요.

→ 往 | 走 | 先 | 前 | 到 | 再 | 去 | 然后 | 上 | 售票处 | 吧

✎ --

2. 그는 가지고 갈 수 없다.　　　　　　　　　　→ 去 | 他 | 不 | 带

✎ --

3. 먹고 싶기는 한데, 조금 맵다.

→ 吃 | 是 | 想 | 吃 | 想 | 辣 | 但是 | 有点儿

✎ --

1 녹음을 듣고, 일치하는 문장을 고르세요.

(1) ① 先往前走, 然后到售票处再上去吧。
② 先往前走, 然后到旅游咨询处再过去吧。
③ 先往前走, 然后到那儿再下去吧。

(2) ① 我做得完。
② 我听不懂。
③ 他带不去。

(3) ① 会说是会说, 但是说得不太好。
② 想吃是想吃, 但是有点儿辣。
③ 难是难, 但是很有意思。

2 밑줄 친 뜻과 일치하는 중국어 문장을 고르세요.

(1)

A : 请问, 行李在哪儿取?
　　Qǐngwèn, xíngli zài nǎr qǔ?

B : 먼저 앞으로 간 후, 저기에서
　　내려가세요.

① 先往前走, 到那儿然后再下去吧。
② 先往前走, 然后到那儿再下去吧。
③ 先前往走, 然后到那儿再下去吧。

(2)

A : 미안합니다. 제가 못 알아들
　　었어요.

B : 你会说汉语吗?
　　Nǐ huì shuō Hànyǔ ma?

① 不好意思, 我不听懂。
② 不好意思, 我听不懂。
③ 不好意思, 我听懂不。

3 빈칸에 알맞은 단어 또는 해석을 써 보세요.

A : 味道 ＿＿＿＿＿＿＿＿?
　　　　　zěnmeyàng

✎ 맛이 어때요?

B : 好吃是好吃, 但是很辣。

✎ ＿＿＿＿＿＿＿＿＿＿＿＿＿＿＿＿

A : 你吃 ＿＿＿＿ 完吗?
　　　　　de

✎ 당신 다 먹을 수 있겠어요?

B : 我吃不完。

✎ ＿＿＿＿＿＿＿＿＿＿＿＿＿＿＿＿

| 정답 | 285쪽

36

날짜/요일 표현하기

后天北京天气怎么样?

모레 베이징 날씨는 어때요?

강의 및 예문 듣기

🎧 36-1.mp3

워밍업

기본 문장 듣기

그림을 보며 녹음을 들어
보세요. 본문에서 배울 표
현을 귀에 익숙하게 적응
하는 단계입니다.

🎧 36-2.mp3

1단계

새로 배울 단어

上海 Shànghǎi	고유 상하이		热 rè	형 덥다
旅行 lǚxíng	동 여행하다		秋天 qiūtiān	명 가을
冷 lěng	형 춥다		后天 hòutiān	명 모레
天气 tiānqì	명 날씨		天气预报 tiānqì yùbào	명 일기예보
比 bǐ	개 ~보다		还 hái	부 더욱, 더
凉快 liángkuai	형 시원하다		电视 diànshì	명 텔레비전
拉萨 Lāsà	고유 라싸		风景 fēngjǐng	명 풍경
美丽 měilì	형 아름답다		主意 zhǔyi	명 생각, 아이디어
不管~都… bùguǎn~dōu…	~에 관계없이 …하다			

247

1 들어 보세요.

2 병음을 보고 중국어로 말해 보세요.

A : 九月的上海还是很热，
上海旅行很累。

B : 听说北京秋天不冷也不热。

A : 后天北京天气怎么样?

B : 听天气预报说，北京比上
海还凉快。

A : 我在电视上看过拉萨的风
景。秋天拉萨的风景很美
丽，天气也很凉快。

B : 那我们这次就去拉萨，
十一月再去北京。

A : 好主意! 不管后天拉萨的天
气好不好，我们都去拉萨
吧。

A : Jiǔ yuè de Shànghǎi háishi hěn
rè, Shànghǎi lǚxíng hěn lèi.

B : Tīngshuō Běijīng qiūtiān bù lěng
yě bú rè.

A : Hòutiān Běijīng tiānqì
zěnmeyàng?

B : Tīng tiānqì yùbào shuō, Běijīng
bǐ Shànghǎi hái liángkuai.

A : Wǒ zài diànshì shang kànguo
Lāsà de fēngjǐng. Qiūtiān Lāsà
de fēngjǐng hěn měilì, tiānqì yě
hěn liángkuai.

B : Nà wǒmen zhè cì jiù qù Lāsà,
shíyī yuè zài qù Běijīng.

A : Hǎo zhǔyi! Bùguǎn hòutiān Lāsà
de tiānqì hǎo bu hǎo, wǒmen
dōu qù Lāsà ba.

❸ 우리말을 보고 중국어로 말해 보세요.

빈칸에 알맞은 병음을 쓰고 읽어 보세요.

A : 9월의 상하이는 여전히 더워서 상하이 여행하기가 너무 힘들어.

B : 베이징은 가을에 춥지도 않고 덥지도 않대.

A : 모레 베이징 날씨는 어때?

B : 일기예보에서 베이징은 상하이보다 시원하대.

A : 나 텔레비전에서 라싸의 풍경을 본 적이 있어. 가을에 라싸의 풍경은 정말 아름답고 날씨도 시원해.

B : 그럼 우리 이번에 라싸에 가고, 11월에 다시 베이징에 가자.

A : 좋은 생각이야! 모레 라싸의 날씨가 좋든 안 좋든 우리 꼭 라싸에 가자.

A : 九月的上海还是很热，上海旅行很累。
Jiǔ yuè de Shànghǎi háishi hěn
_____, Shànghǎi lǚxíng hěn lèi.

B : 听说北京秋天不冷也不热。
Tīngshuō Běijīng qiūtiān bù _____
yě bú _____.

A : 后天北京天气怎么样?
Hòutiān Běijīng _____
zěnmeyàng?

B : 听天气预报说，北京比上海还凉快。
Tīng tiānqì yùbào shuō, Běijīng
_____ Shànghǎi hái liángkuai.

A : 我在电视上看过拉萨的风景。秋天拉萨的风景很美丽，天气也很凉快。
Wǒ zài diànshì shang kànguo
Lāsà de _____. Qiūtiān Lāsà
de fēngjǐng hěn _____, tiānqì
yě hěn liángkuai.

B : 那我们这次就去拉萨，十一月再去北京。
Nà wǒmen zhè cì jiù qù Lāsà,
shíyī yuè _____ qù Běijīng.

A : 好主意! 不管后天拉萨的天气好不好，我们都去拉萨吧。
Hǎo zhǔyi! _____ hòutiān
Lāsà de tiānqì hǎo bu hǎo,
wǒmen _____ qù Lāsà ba.

| 정답 | 248쪽 ❷를 참고하세요.

3단계
기본 문형 익히기

단어

个子 gèzi 명 키
高 gāo 형 (키가) 크다
矮 ǎi 형 (키가) 작다
少 shǎo 형 (수가) 적다

계절과 날씨를 함께 알아 보
겠습니다.

春天刮风。
봄에는 바람이 분다.

夏天下雨。
여름에 비가 내린다.

冬天下雪。
겨울에 눈이 내린다.

단어

暖和 nuǎnhuo
형 따뜻하다

小 xiǎo 형 작다. (나이가)
어리다

大 dà 형 크다. (나이가)
많다

更 gèng 부 더욱

1 听说北京秋天不冷也不热。

베이징은 가을에 춥지도 않고 덥지도 않다고 한다.

A	+	不	+	B	+	也不	+	C。
주어		bù		형용사1		yě bù		형용사2

A는 B하지도 않고 C하지도 않다

他个子 高 矮
그는 키가 크지도 않고 작지도 않다.

学生 多 少
학생이 많지도 않고 적지도 않다.

'不A也不B' 구문은 반대 의미를 가지는 형용사를 A와 B에 대입하여 'A하지도 않고 B하지도 않다'라는 뜻을 나타냅니다. 상황에 따라 '딱 좋다', '적당하다'라고 해석할 수도 있습니다.

예 A: 他个子怎么样? Tā gèzi zěnmeyàng? 그는 키가 어떠니?

B: 他个子不高也不矮。 Tā gèzi bù gāo yě bù ǎi. 그는 키가 딱 적당해.

2 北京比上海还凉快。 베이징은 상하이보다 시원하다.

A	+	比	+	B	+	还	+	C。
주어		bǐ		비교 대상		hái		형용사

A는 B보다 더 C하다

今天 昨天 暖和 오늘은 어제보다 더 따뜻하다.
她 他 小 그녀는 그보다 나이가 더 어리다.

'~보다'라는 뜻의 개사 比를 이용하여 두 가지 사물이나 상황을 비교할 수 있는데, 이러한 문장을 '비교문'이라고 합니다. 비교문은 술어 뒤에 구체적인 차이를 서술할 수 있고, 정도부사 很, 非常, 太 등은 쓸 수 없습니다. 반드시 비교를 강조하는 부사 还나 更을 써야 합니다.

• 주어+比+(비교 대상)+还/更+형용사 술어(비교 결과)+수량(구체적 차이)

我比他还大。 Wǒ bǐ tā hái dà. 나는 그 사람보다 나이가 많다.

我比他还大三岁。 Wǒ bǐ tā hái dà sān suì. 나는 그 사람보다 세 살이 많다.

단어

周游世界
zhōuyóu shìjiè
세계 각지를 여행하다

认真 rènzhēn
혱 성실하다, 열심히 하다

3 不管后天拉萨的天气好不好，我们都去拉萨吧。

모레 라싸의 날씨가 좋든 안 좋든 우리 꼭 라싸에 가자.

不管 ➕ **A,** ➕ **B** ➕ **都** ➕ **C。**
Bùguǎn 조건 주어 dōu 결과

A에 관계없이 B는 C한다

你去不去　我　　　要周游世界
└─정반의문문
네가 가든 안 가든 나는 세계를 여행할 것이다.

做什么事　她　　　很认真
└─의문사
무슨 일을 하든 그녀는 항상 성실하다.

'不管A, 都B'는 'A에 관계없이 B하다'라는 의미로, 조건에 관계없이 결과는 변함없음을 나타내는 구문입니다. 이때 不管 뒤에는 주로 정반의문문, 의문사, 선택의문문이 사용되며, 都 대신 也를 쓸 수 있습니다.

- 不管+조건, (주어)+都/也+술어(+목적어)

  不管是中国菜还是韩国菜，我都喜欢吃。[선택의문문]
  Bùguǎn shì Zhōngguócài háishi Hánguócài, wǒ dōu xǐhuan chī.
  중국 요리든 한국 요리든, 나는 다 좋아한다.

작문 도전! 다음 문장의 뜻에 맞게 단어의 순서를 배열하여 중국어 문장을 완성해 보세요.

1. 학생이 많지도 않고 적지도 않다. ➜ 多 | 也 | 少 | 不 | 学生 | 不

   ✎ _____

2. 오늘은 어제보다 더 따뜻하다. ➜ 今天 | 比 | 暖和 | 还 | 昨天

   ✎ _____

3. 네가 가든 안 가든 나는 세계를 여행할 것이다.
   ➜ 去 | 不管 | 你 | 不去 | 我 | 周游世界 | 要 | 都

   ✎ _____

| 정답 |

1. 学生不多也不少。

2. 今天比昨天还暖和。

3. 不管你去不去，我都要周游世界。

1 녹음을 듣고, 일치하는 문장을 고르세요.

(1) ① 他个子不高也不矮。
② 听说北京秋天不冷也不热。
③ 学生不多也不少。

(2) ① 今天比昨天还暖和。
② 她比他还小。
③ 北京比上海还凉快。

(3) ① 不管你去不去，我都要周游世界。
② 不管后天拉萨的天气好不好，我们都去拉萨吧。
③ 不管做什么事，她都很认真。

2 밑줄 친 뜻과 일치하는 중국어 문장을 고르세요.

(1)

> A : 九月的上海还是很热。
> Jiǔ yuè de Shànghǎi háishi hěn rè.
>
> B : 베이징은 가을에 춥지도 않고 덥지도 않대.

① 听说北京不冷秋天也不热。

② 听说北京秋天冷也热。

③ 听说北京秋天不冷也不热。

(2)

> A : 后天北京天气怎么样?
> Hòutiān Běijīng tiānqì zěnmeyàng?
>
> B : 일기예보에서 베이징은 상하이보다 시원하대.

① 听天气预报说，北京上海比还凉快。

② 听天气预报说，北京比上海还凉快。

③ 听天气预报说，北京比上海很凉快。

3 빈칸에 알맞은 단어 또는 해석을 써 보세요.

A : 他个子 _____ 吗?
　　　　　　gāo

✎ 그 사람은 키가 크니?

B : 他个子不 _____ 也不 _____。
　　　　　　　gāo　　　　　　ǎi

✎ 그는 키가 크지도 작지도 않아.

A : 他今年多大了?

✎ ------------------------------------

B : 听说他 _____ 我小几岁。
　　　　　bǐ

✎ 듣자하니 그는 나보다 몇 살 어리대.

| 정답 | 285쪽

37

시간/일과 표현하기

明天我要退房。

내일 저는 체크아웃을 하려고 해요.

강의 및 예문 듣기

🎧 37-1.mp3

워밍업

기본 문장 듣기

그림을 보며 녹음을 들어 보세요. 본문에서 배울 표현을 귀에 익숙하게 적응하는 단계입니다.

🎧 37-2.mp3

1단계

새로 배울 단어

退房 tuìfáng	동 체크아웃하다	把 bǎ	개 ~을/를[목적어를 술어 앞으로 전치시키는 역할을 함]
搬 bān	동 옮기다	大厅 dàtīng	명 로비
每天 měitiān	명 매일	之前 zhīqián	명 ~의 이전(앞)
不但~而且… búdàn~érqiě…	~뿐만 아니라 …하다	免费 miǎnfèi	동 무료로 하다, 돈을 받지 않다
提供 tígōng	동 제공하다	早餐 zǎocān	명 아침 식사
不错 búcuò	형 좋다, 훌륭하다, 잘 하다		

1 들어 보세요.

A : 明天我要退房。能不能把
行李搬到大厅？

B : 可以。中国旅行怎么样？

A : 有点儿累，但是每天都高
高兴兴的。明天几点要退？

B : 12点之前退就行了。我们
不但免费提供上网服务，
而且免费提供早餐。您退
房之前吃早餐吧。

A : 从几点到几点可以吃早餐？

B : 从早上九点到十二点。

A : 是吗？真不错，谢谢！

2 병음을 보고 중국어로 말해 보세요.

A : Míngtiān wǒ yào tuìfáng. Néng
bu néng bǎ xíngli bān dào dàtīng?

B : Kěyǐ. Zhōngguó lǚxíng
zěnmeyàng?

A : Yǒudiǎnr lèi, dànshì měitiān dōu
gāogāo xìngxìng de. Míngtiān jǐ
diǎn yào tuì?

B : Shí'èr diǎn zhīqián tuì jiù xíng
le. Wǒmen búdàn miǎnfèi tígōng
shàngwǎng fúwù, érqiě miǎnfèi
tígōng zǎocān. Nín tuìfáng
zhīqián chī zǎocān ba.

A : Cóng jǐ diǎn dào jǐ diǎn kěyǐ chī
zǎocān?

B : Cóng zǎoshang jiǔ diǎn dào
shí'èr diǎn.

A : Shì ma? Zhēn búcuò, xièxie!

3 우리말을 보고 중국어로 말해 보세요.

A : 내일 저는 체크아웃하려고 해요. 짐을 로비까지 옮겨 주실 수 있나요?

B : 네, 옮겨 드리겠습니다. 중국 여행은 어떠셨나요?

A : 조금 피곤했지만, 매일매일 즐거웠어요. 내일 몇 시에 체크아웃해야 하나요?

B : 12시 이전에 체크아웃하시면 됩니다. 저희는 무료로 인터넷 서비스를 제공할 뿐만 아니라, 무료로 조식도 제공하고 있습니다. 체크아웃 전에 아침 식사 하세요.

A : 몇 시부터 몇 시까지 아침 식사를 할 수 있나요?

B : 아침 9시부터 12시까지입니다.

A : 그래요? 정말 좋군요. 감사합니다.

빈칸에 알맞은 병음을 쓰고 읽어 보세요.

A : 明天我要退房。能不能把行李搬到大厅?
Míngtiān wǒ yào _____. Néng bu néng bǎ xíngli _____ dào dàtīng?

B : 可以。中国旅行怎么样?
Kěyǐ. Zhōngguó _____ zěnmeyàng?

A : 有点儿累，但是每天都高高兴兴的。明天几点要退?
Yǒudiǎnr _____, dànshì měitiān dōu gāogāo xìngxìng de. Míngtiān jǐ diǎn yào tuì?

B : 12点之前退就行了。
Shí'èr diǎn _____ tuì jiù xíng le.
我们不但免费提供上网服务，而且免费提供早餐。您退房之前吃早餐吧。
Wǒmen _____ miǎnfèi tígōng shàngwǎng fúwù, érqiě miǎnfèi tígōng zǎocān. Nín tuìfáng _____ chī zǎocān ba.

A : 从几点到几点可以吃早餐?
Cóng jǐ diǎn dào jǐ diǎn kěyǐ chī _____?

B : 从早上九点到十二点。
_____ zǎoshang jiǔ _____ dào shí'èr diǎn.

A : 是吗? 真不错，谢谢!
Shì ma? Zhēn _____, xièxie!

┃ 정답 ┃ 254쪽 **2**를 참고하세요.

1 **能不能把行李搬到大厅?** 짐을 로비까지 옮겨 주실 수 있나요?

A	+	把	+	B	+	C。	A는 B를 C한다
주어		bǎ		목적어		술어	

你			客户	送一下	당신이 바이어를 배웅 좀 하세요.
他			箱子	拿到家	그가 캐리어를 집까지 들어 주었다.

把는 목적어를 술어 앞으로 끌어내는 개사로, '~을/를'로 해석됩니다.

잠깐만요!

把자문에서 자주 쓰이는 결과보어를 알아봅시다!

在: 어떤 위치를 강조
把那件衣服放在床上
그 옷을 침대 위에 두다

到: 장소에 도달함을 강조
把他孩子送到幼儿园
그의 아이를 유치원에 보내다

给: 누구에게 건넴을 강조
把这封信交给金老师
이 편지를 김 선생님께 건네다

成: 변화를 강조
把美元换成人民币
미화를 런민삐로 바꾸다

- **일반 문장: 주어+술어+목적어**

  我喝了那杯可乐。Wǒ hēle nà bēi kělè. 나는 그 콜라를 마셨다.

- **把자문: 주어+把+목적어+술어+기타 성분(了, 着, 동사 중첩, 방향보어, 결과보어)**

  我把那杯可乐喝了。Wǒ bǎ nà bēi kělè hē le. 나는 그 콜라를 마셨다.

- **把자문의 특징**

  ① 목적어는 특정 사물이어야 한다.

  　我把可乐喝了。(X) → 我把那杯可乐喝了。

  ② 동작의 결과를 강조하는 구문이므로 술어 뒤에 기타 성분이 있어야 한다.

  　我把那杯可乐喝。(X) → 我把那杯可乐喝了。

2 **每天都高高兴兴的。** 매일매일 즐거웠다.

A	+	B	+	的。	A는 매우 B하다
주어		술어		de	

家里	干干净净	집이 매우 깨끗하다.
这个水果	甜甜	이 과일은 아주 달다.

형용사를 중첩하면 생동감이 느껴지는 표현이 되는 동시에, 정도가 더욱 심함을 나타냅니다. 중첩된 형용사는 정도를 나타내는 부사의 수식을 받을 수 없고, 술어로 쓰일 때는 습관적으로 뒤에 的를 붙여 말합니다.

잠깐만요!

20과 151p.로 돌아가서 동사 중첩에 대한 내용을 복습하세요!

- **1음절 형용사(A)의 중첩 → AA**　　　好 hǎo → 好好(的) hǎohāo(de)

- **2음절 형용사(AB)의 중첩 → AABB**　　认真 rènzhēn → 认认真真(的)
  　　　　　　　　　　　　　　　　　　　　rènren zhēnzhēn(de)

- **정도를 나타내는 표현**　　　　　　　很好好(X) → 很好, 好好(的)

단어

漂亮 piàoliang 형 예쁘다

善良 shànliáng
형 착하다

有意思 yǒuyìsi
형 재미있다

有用 yǒuyòng
형 유용하다, 쓸모가 있다

聪明 cōngming
형 똑똑하다

杭州 Hángzhōu
고유 항저우

名胜古迹
míngshènggǔjì
명 명승고적

3 我们**不但**免费提供上网服务，**而且**免费提供早餐。

우리는 무료로 인터넷 서비스를 제공할 뿐만 아니라 무료로 조식도 제공한다.

<u>A</u> ➕ **不但** ➕ <u>B</u>, ➕ **而且** ➕ <u>C</u>。
주어   búdàn   술어   érqiě   술어

A는 B할 뿐만 아니라, C한다

她   漂亮   很善良

그녀는 예쁠 뿐만 아니라 착하다.

汉语   有意思   很有用

중국어는 재미있을 뿐만 아니라 유용하다.

'不但~, 而且…'는 '~뿐만 아니라, (게다가) …하다'라는 의미입니다. 상황이 한 단계 더 나아가거나, 의미가 한층 더 분명해짐을 표현할 때 사용합니다. 이 표현은 점층구조를 나타내는 것으로, 뒷문장에 의미의 중점이 있고 좀 더 강조가 됩니다. 또한 而且 뒤에 也나 还를 함께 사용하기도 합니다.

- 주어+不但+술어(+목적어), 而且(+주어+也)+술어(+목적어)

他不但帅，而且也聪明。 그는 멋있을 뿐만 아니라 똑똑하다.
Tā búdàn shuài, érqiě yě cōngming.

杭州不但美丽，而且名胜古迹也很多。 항저우는 아름다울 뿐만 아니라 명승고적도 많다.
Hángzhōu búdàn měilì, érqiě míngshènggǔjì yě hěn duō.

작문 도전! 다음 문장의 뜻에 맞게 단어의 순서를 배열하여 중국어 문장을 완성해 보세요.

1. 당신이 바이어를 배웅 좀 하세요.   → 把 ｜ 送 ｜ 一下 ｜ 客户 ｜ 你

✎ --

2. 집이 매우 깨끗하다.[형용사를 중첩하세요.] → 家 ｜ 干净 ｜ 里 ｜ 的

✎ --

3. 중국어는 재미있을 뿐만 아니라 유용하다.
→ 有意思 ｜ 不但 ｜ 汉语 ｜ 有用 ｜ 而且 ｜ 很

✎ --

1 녹음을 듣고, 일치하는 문장을 고르세요.

(1) ① 你把客户送一下。
② 他把箱子拿到家。
③ 能不能把行李搬到大厅?

(2) ① 每天都高高兴兴的。
② 这个水果甜甜的。
③ 家里干干净净的。

(3) ① 她不但漂亮，而且很善良。
② 我们不但免费提供上网服务，而且免费提供早餐。
③ 汉语不但有意思，而且很有用。

2 밑줄 친 뜻과 일치하는 중국어 문장을 고르세요.

(1)

> **A :** 짐을 로비까지 옮겨 주실 수 있나요?
>
> **B :** 可以。
> Kěyǐ.

① 能不能到大厅把行李搬?
② 把行李能不能搬到大厅?
③ 能不能把行李搬到大厅?

(2)

> **A :** 中国旅行怎么样?
> Zhōngguó lǚxíng zěnmeyàng?
>
> **B :** 조금 피곤했지만, 매일매일 즐거웠어요.

① 有点儿累，但是高高兴兴的每天。
② 有点儿累，但是每天都高高兴兴的。
③ 有点儿累，但是每天非常高高兴兴的。

3 빈칸에 알맞은 단어 또는 해석을 써 보세요.

A : 你 ＿＿＿＿＿＿＿ 把我的行李拿到家?
néng bu néng

B : 可以。

A : 你 ＿＿＿＿＿ 很帅，＿＿＿＿＿ 很善良。
búdàn   érqiě

B : 哪里哪里！

✎ 너 내 짐을 집까지 들어 줄 수 있니?

✎ ＿＿＿＿＿＿＿＿＿＿＿＿＿＿＿＿＿

✎ 넌 잘생겼을 뿐만 아니라 착하구나.

✎ ＿＿＿＿＿＿＿＿＿＿＿＿＿＿＿＿＿

| 정답 | 285쪽

38

喂，不是张阳家吗?

여보세요? 장양 집 아닌가요?

강의 및 예문 듣기

🎧 38-1.mp3

워밍업

기본 문장 듣기

그림을 보며 녹음을 들어
보세요. 본문에서 배울 표
현을 귀에 익숙하게 적응
하는 단계입니다.

🎧 38-2.mp3

1단계

새로 배울 단어

爱人 àiren	명 배우자[아내 혹은 남편]	哪 nǎ	대 어느
因为~, 所以… yīnwèi~, suǒyǐ…	~때문에, …하다	外边 wàibian	명 밖, 바깥
清楚 qīngchu	형 분명하다, 명확하다	遍 biàn	양 번, 차례, 회 [동작의 횟수를 세는 단위]
回来 huílái	동 돌아오다	留言 liúyán	동 메모를 남기다

1 들어 보세요.

A : 喂，不是张阳家吗？

B : 是。我是他的爱人。
您是哪位？

A : 你好！我是他的朋友李英
南。他在吗？

B : 因为他去出差了，所以不
在家。

A : 对不起，我在外边打电话，
我没听清楚。
请再说一遍。

B : 好的。他去出差了，明天
晚上回来。

A : 知道了。
我的手机号码是010-1234-
5678。请留言。

2 병음을 보고 중국어로 말해 보세요.

A : Wéi, bú shì Zhāng Yáng jiā ma?

B : Shì. Wǒ shì tā de àiren.
Nín shì nǎ wèi?

A : Nǐ hǎo! Wǒ shì tā de péngyou
Lǐ Yīngnán. Tā zài ma?

B : Yīnwèi tā qù chūchāi le, suǒyǐ
bú zài jiā.

A : Duìbuqǐ, wǒ zài wàibian dǎ
diànhuà, wǒ méi tīng qīngchu.
Qǐng zài shuō yí biàn.

B : Hǎode. Tā qù chūchāi le,
míngtiān wǎnshang huílái.

A : Zhīdào le.
Wǒ de shǒujī hàomǎ shì líng yāo
líng yāo èr sān sì wǔ liù qī bā.
Qǐng liúyán.

3 우리말을 보고 중국어로 말해 보세요.

빈칸에 알맞은 병음을 쓰고 읽어 보세요.

A : 여보세요? 장양 집 아닌가요?

A : 喂，不是张阳家吗?

_____, bú shì Zhāng Yáng jiā ma?

B : 맞아요. 저는 그의 아내예요.
누구십니까?

B : 是。我是他的爱人。您是哪位?

Shì. Wǒ shì tā de _____.

Nín shì _____?

A : 안녕하세요! 저는 그의 친구 이영남이라고
해요. 그는 있나요?

A : 你好! 我是他的朋友李英南。他在吗?

Nǐ hǎo! Wǒ shì tā de péngyou Lǐ

Yīngnán. Tā _____ ma?

B : 그는 출장을 가서 집에 없어요.

B : 因为他去出差了，所以不在家。

_____ tā qù chūchāi le,

_____ bú zài jiā.

A : 죄송해요, 제가 밖에서 전화를 하는 거라
정확히 듣지 못했어요.
다시 한 번 말씀해 주세요.

A : 对不起，我在外边打电话，我没听
清楚。请再说一遍。

Duìbuqǐ, wǒ zài _____ dǎ

diànhuà, wǒ méi tīng _____.

Qǐng zài shuō yí _____.

B : 네. 그는 출장을 갔는데, 내일 저녁에 돌아
와요.

B : 好的。他去出差了，明天晚上回来。

Hǎode. Tā qù _____ le,

míngtiān wǎnshang _____.

A : 알겠습니다.
제 휴대전화 번호는 010-1234-5678이에
요. 메모 남겨 주세요.

A : 知道了。我的手机号码是010-1234-
5678。请留言。

Zhīdào le. Wǒ de _____

shì líng yāo líng yāo èr sān sì wǔ

liù qī bā. Qǐng _____.

┃정답┃260쪽 **2**를 참고하세요.

261

단어

大使馆 dàshǐguǎn
몡 대사관

博物馆 bówùguǎn
몡 박물관

词典 cídiǎn 몡 사전

1 喂，不是张阳家吗? 여보세요? 장양 집 아닌가요?

喂， **不是** ➕ **A** ➕ **吗?** 여보세요? A 아닌가요?
Wéi　　bú shì　　　　　　　ma

韩国大使馆　　　　여보세요? 한국 대사관 아닌가요?
博物馆　　　　　여보세요? 박물관 아닌가요?

不是는 '~이 아니다'라는 표현입니다. '不是~吗?' 형태의 의문문으로 쓰면 '~이 아닌가요?' 즉 '~이잖아요'라는 반대 의미의 속뜻을 나타내며, 자신이 알고 있는 명확한 사실에 대해 되묻는 어투로 강조하는 표현이 됩니다.

• 주어+不是+명사+吗?

　这不是你的词典吗? Zhè bú shì nǐ de cídiǎn ma? 이건 네 사전 아니니?

• 주어+不是+술어+吗?

　你不是去过吗? Nǐ bú shì qùguo ma? 너는 가 본 적 있지 않니?

• 주어+不是+술어+목적어+吗?

　你不是告诉他了吗? Nǐ bú shì gàosu tā le ma? 너는 그에게 알리지 않았니?

단어

情人节 Qíngrénjié
고유 밸런타인데이

顾客 gùkè 몡 고객

特别 tèbié 띰 특히, 아주

努力 nǔlì 동 노력하다, 열
심히 하다

成绩 chéngjì 몡 성적

2 因为他去出差了，所以不在家。 그는 출장을 가서 집에 없다.

因为 ➕ **A，** **所以** ➕ **B。** A이기 때문에, (그래서) B하다
Yīnwèi　　원인　　suǒyǐ　　결과

今天是情人节　　顾客特别多
　　　　　　　　　오늘은 밸런타인데이이기 때문에 고객이 특히 많다.

他很努力　　　成绩非常好
　　　　　　　　　그는 열심히 하기 때문에 성적이 매우 좋다.

因为는 '~때문에'라는 뜻의 개사이고, 所以는 '그래서', '그리하여', '그런 까닭에' 등의 순접을 나타내는 접속사입니다. 이 두 단어는 자주 호응하여 '因为~所以…'의 형태로 쓰고 '~해서 …하다'라는 인과관계를 나타냅니다. 두 단어 중 어느 한 단어를 생략하여 표현하기도 합니다.

• 因为+원인, 所以+결과

　他去出差了，所以不在家。 그는 출장을 가서 집에 없다.
　Tā qù chūchāi le, suǒyǐ bú zài jiā.

　因为他去出差了，不在家。 그는 출장을 가서 집에 없다.
　Yīnwèi tā qù chūchāi le, bú zài jiā.

동사 听에 여러 가지 결과보어를 결합해 볼까요?

我听了。 나는 들었다.
我听懂了。 나는 알아들었다.[듣고 나서 이해했다]
我听好了。 나는 잘 들었다.
我听清楚了。 나는 명확하게 들었다.

---

3 我在外边打电话，我没听清楚。

나는 밖에서 전화를 하는 거라, 정확히 듣지 못했다.

A ✚ 没 ✚ B ✚ 清楚。
주어 　 méi 　 동사 　 qīngchu

A는 명확하게 B하지 못했다

我　　　　　讲　　　　　나는 분명하게 이야기하지 못했다.

他　　　　　问　　　　　그는 명확하게 묻지 못했다.

清楚는 '분명하다', '명확하다', '정확하다'라는 뜻으로, 동사 뒤에 써서 '동작의 결과가 명확하다'라는 뜻을 나타내는 결과보어입니다.

- 평서문: 주어+동사 술어+결과보어 清楚

  那个声音我听清楚了。 Nàge shēngyīn wǒ tīng qīngchu le. 그 소리를 나는 정확하게 들었다.

- 부정문: 주어+没有+동사 술어+결과보어 清楚

  那个声音我没听清楚。 그 소리를 나는 정확하게 듣지 못했다.
  Nàge shēngyīn wǒ méi tīng qīngchu.

- 의문문: ①주어+동사 술어+결과보어 清楚+了+吗?
  　　　　②주어+동사 술어+결과보어 清楚+了+没有?

  那个声音你听清楚了吗? 저 소리 너 제대로 들었니?
  Nàge shēngyīn nǐ tīng qīngchu le ma?

  那个声音你听清楚了没有? 저 소리 너 제대로 들었니?
  Nàge shēngyīn nǐ tīng qīngchu le méiyǒu?

작문 도전! 다음 문장의 뜻에 맞게 단어의 순서를 배열하여 중국어 문장을 완성해 보세요.

1. 여보세요? 한국 대사관 아닌가요? ➜ 喂 ┃ 不 ┃ 韩国 ┃ 吗 ┃ 大使馆 ┃ 是

   ✎ _____

2. 오늘은 밸런타인데이이기 때문에 고객이 특히 많다.
   ➜ 是 ┃ 因为 ┃ 情人节 ┃ 今天 ┃ 多 ┃ 所以 ┃ 特别 ┃ 顾客

   ✎ _____

3. 나는 분명하게 이야기하지 못했다. ➜ 清楚 ┃ 我 ┃ 讲 ┃ 没

   ✎ _____

|정답|

1. 喂, 不是韩国大使馆吗?
2. 因为今天是情人节, 所以顾客特别多。
3. 我没讲清楚。

263

1 녹음을 듣고, 일치하는 문장을 고르세요.

(1) ① 喂，不是韩国大使馆吗？
② 喂，不是张阳家吗？
③ 喂，不是博物馆吗？

(2) ① 因为他去出差了，所以不在家。
② 因为今天是情人节，所以顾客特别多。
③ 因为他很努力，所以成绩非常好。

(3) ① 我没讲清楚。
② 他没问清楚。
③ 我没听清楚。

2 밑줄 친 뜻과 일치하는 중국어 문장을 고르세요.

(1)

> A : 여보세요? 장양 집 아닌가
> 요?
>
> B : 是。我是他的爱人。
> Shì. Wǒ shì tā de àiren.

① 喂，张阳家不是吗？
② 喂，不张阳家吗？
③ 喂，不是张阳家吗？

(2)

> A : 我是他的朋友。他在吗？
> Wǒ shì tā de péngyou. Tā
> zài ma?
>
> B : 그는 출장을 가서, 집에 없어
> 요.

① 因为他去出差了，所以不在家。
② 因为他去出差了，家不在。
③ 因为他出差去了，所以不在家。

3 빈칸에 알맞은 단어 또는 해석을 써 보세요.

A : 他成绩 _____ 很好 _____？
　　　　　bú shì　　　　　ma

✎ 그는 성적이 매우 좋지 않니?

B : 不知道，他没讲 _____。
　　　　　　　　　　qīngchu

✎ 모르겠어. 쟤가 정확하게 말하지 않았어.

A : 因为他很努力，所以他成绩
一定非常好。

✎ ----------------------------------

39

脚被扭伤了。

발을 삐었어요.

강의 및 예문 듣기

🎧 39-1.mp3

기본 문장 듣기

그림을 보며 녹음을 들어
보세요. 본문에서 배울 표
현을 귀에 익숙하게 적응
하는 단계입니다.

🎧 39-2.mp3

1단계

새로 배울 단어

春节 Chūnjié	고유 춘지에[음력 1월 1일]	脚 jiǎo	명 발
一边~一边… yìbiān~yìbiān…	~하면서 …하다	地图 dìtú	명 지도
走路 zǒulù	동 길을 걷다	摔倒 shuāidǎo	동 넘어지다
哎呀 āiyā	감 아이고! 저런! 와! [유감·놀람을 나타냄]	伤 shāng	동 다치다
严重 yánzhòng	형 (정도가) 심하다	被 bèi	동 ~에게 당하다[피동을 나타냄]
扭伤 niǔshāng	동 삐다, 접질리다	不过 búguò	접 그러나
第一次 dì yī cì	처음	方式 fāngshì	명 방식
一样 yíyàng	형 같다	热闹 rènao	형 시끌벅적하다, 떠들썩하다
体验 tǐyàn	동 체험하다		

1 들어 보세요.

A : 春节快乐! 咦! 你的脚怎么
了?

B : 昨天一边看地图一边走路,
摔倒了。

A : 哎呀! 你伤得严重吗?

B : 脚被扭伤了, 不过现在好
多了。

A : 脚不舒服, 那就在我家一
起过春节吧。
啊! 你第一次在中国过春
节, 对吧? 怎么样?

B : 对。方式不一样, 但是中
国的春节跟韩国一样热闹。

A : 我让你体验一下中国的春
节。

2 병음을 보고 중국어로 말해 보세요.

A : Chūnjié kuàilè! Yí! Nǐ de jiǎo
zěnme le?

B : Zuótiān yìbiān kàn dìtú yìbiān
zǒulù, shuāidǎo le.

A : Āiyā! Nǐ shāng de yánzhòng ma?

B : Jiǎo bèi niǔshāng le, búguò
xiànzài hǎo duō le.

A : Jiǎo bù shūfu, nà jiù zài wǒ jiā
yìqǐ guò Chūnjié ba.
À! Nǐ dì yī cì zài Zhōngguó guò
Chūnjié, duì ba? Zěnmeyàng?

B : Duì. Fāngshì bù yíyàng, dànshì
Zhōngguó de Chūnjié gēn
Hánguó yíyàng rènao.

A : Wǒ ràng nǐ tǐyàn yíxià Zhōngguó
de Chūnjié.

❸ 우리말을 보고 중국어로 말해 보세요.

빈칸에 알맞은 병음을 쓰고 읽어 보세요.

A : 춘지에 잘 보내! 어? 너 발 왜 그래?

A : 春节快乐! 咦! 你的脚怎么了?
　　Chūnjié kuàilè! Yí! Nǐ de _____
　　zěnme le?

B : 어제 지도를 보면서 걷다가 넘어졌어.

B : 昨天一边看地图一边走路，摔倒了。
　　Zuótiān _____ kàn dìtú _____
　　zǒulù, shuāidǎo le.

A : 어이쿠! 심하게 다쳤니?

A : 哎呀! 你伤得严重吗?
　　Āiyā! Nǐ shāng de yánzhòng ma?

B : 발을 삐었는데 지금은 많이 좋아졌어.

B : 脚被扭伤了，不过现在好多了。
　　Jiǎo _____ niǔshāng le, búguò
　　xiànzài hǎo duō le.

A : 발도 불편하니까 우리 집에서 같이 춘지에
　　를 보내자.
　　아! 너 처음으로 중국에서 춘지에를 보내는
　　거지, 그렇지? 어때?

A : 脚不舒服，那就在我家一起过春节
　　吧。
　　Jiǎo bù shūfu, nà jiù zài wǒ jiā
　　yìqǐ guò Chūnjié ba.
　　啊! 你第一次在中国过春节，对吧?
　　怎么样?
　　À! Nǐ _____ zài Zhōngguó guò
　　Chūnjié, duì ba? Zěnmeyàng?

B : 응. 방식은 다르지만 중국의 춘지에는 한국
　　과 똑같이 떠들썩해.

B : 对。方式不一样，但是中国的春节
　　跟韩国一样热闹。
　　Duì. Fāngshì bù yíyàng, dànshì
　　Zhōngguó de Chūnjié gēn
　　Hánguó yíyàng _____.

A : 내가 너에게 중국의 춘지에를 경험하게 해
　　줄게.

A : 我让你体验一下中国的春节。
　　Wǒ _____ nǐ tǐyàn yíxià
　　Zhōngguó de Chūnjié.

| 정답 | 266쪽 ❷를 참고하세요.

267

1 昨天一边看地图一边走路，摔倒了。

어제 지도를 보면서 걷다가 넘어졌다.

A ➕ **一边** ➕ **B** ➕ **一边** ➕ **C**。
주어   yìbiān   동사1   yìbiān   동사2

A는 B하면서 (동시에) C한다

我   听音乐   笔记

나는 음악을 들으면서 필기를 한다.

我们   喝咖啡   聊天儿

우리는 커피를 마시면서 이야기한다.

一边은 '한쪽', '한편'이라는 의미이므로, '一边~一边…'은 '한편으로는 ~하면서 한편으로는 …하다'라는 뜻을 나타냅니다. 즉, 두 동작이 동시에 진행됨을 나타낼 때 사용하며, 이때 一는 생략할 수 있습니다.

- (주어)+(一)边+동사1+(一)边+동사2

  我(一)边唱歌(一)边跳舞。 나는 노래를 부르면서 춤을 춘다.
  Wǒ yìbiān chànggē yìbiān tiàowǔ.

단어

音乐 yīnyuè 명 음악

笔记 bǐjì 통 필기하다

咖啡 kāfēi 명 커피

聊天儿 liáotiānr 통 수다 떨다, 한담하다

唱歌 chànggē 통 노래하다

跳舞 tiàowǔ 통 춤추다

2 脚被扭伤了，不过现在好多了。

발을 삐었는데 지금은 많이 좋아졌다.

A ➕ **被** ➕ **B** ➕ 기타 성분。   A는 B해졌다.
주어   bèi   동사

我的钱包   偷了   내 지갑은 훔쳐졌다(도둑맞았다).
我的朋友   批评了   내 친구는 혼났다.

被는 '~이 (~에 의해) ~해졌다'라는 피동의 의미를 나타내는 개사입니다. 이때 주어는 동작의 주체가 아닌, 피동의 대상이 됩니다. 동작의 주체는 被 뒤에 오는데 생략할 수 있습니다.

- 주어(피동의 대상)+被+목적어(행위자)+술어+기타 성분(了, 过, 방향보어, 결과보어)

  我的钱包被他偷了。 내 지갑은 그에게 도둑맞았다.
  Wǒ de qiánbāo bèi tā tōu le.

  我的朋友被老师批评了。 내 친구는 선생님께 혼났다.
  Wǒ de péngyou bèi lǎoshī pīpíng le.

中国的春节跟韩国一样热闹。

중국의 춘지에는 한국과 똑같이 떠들썩하다.

단어

亲切 qīnqiè 톙 친절하다

条 tiáo 톙 줄기, 가닥, 갈래
[가늘고 긴 것을 세는 단위]

路 lù 톙 길

近 jìn 톙 가깝다

裤子 kùzi 톙 바지

A	+	跟	+	B	+	一样	+	C。
주어		gēn		비교 대상		yíyàng		술어

A는 B와 같이 C하다

她妈妈	她	亲切

그녀의 엄마는 그녀와 같이 친절하다.

这条路	那条路	近

이 길은 저 길과 똑같이 가깝다.

一样은 '같다', '동일하다'라는 의미입니다. 'A跟B一样'은 'A는 B와 같다'라는 뜻으로, 두 사물을 비교한 결과가 같음을 나타냅니다.

- 평서문: 주어+跟+비교 대상+一样(+비교 결과)

  他的裤子跟我的一样。Tā de kùzi gēn wǒ de yíyàng. 그의 바지는 내 것과 같다.

  他的裤子跟我的一样大。Tā de kùzi gēn wǒ de yíyàng dà. 그의 바지는 내 것과 크기가 같다.

- 부정문: 주어+跟+비교 대상+不一样(+비교 결과)

  他的裤子跟我的不一样。Tā de kùzi gēn wǒ de bù yíyàng. 그의 바지는 내 것과 다르다.

  他的裤子跟我的不一样大。그의 바지는 내 것과 크기가 다르다.
  Tā de kùzi gēn wǒ de bù yíyàng dà.

작문 도전! 다음 문장의 뜻에 맞게 단어의 순서를 배열하여 중국어 문장을 완성해 보세요.

1. 나는 음악을 들으면서 필기를 한다.

   → 音乐 | 笔记 | 听 | 一边 | 我 | 一边

2. 내 친구는 혼났다.　　　　→ 被 | 我的 | 了 | 批评 | 朋友

3. 그녀의 엄마는 그녀와 똑같이 친절하다.

   → 她 | 亲切 | 她妈妈 | 一样 | 跟

| 정답 |

1. 我一边听音乐一边笔记。

2. 我的朋友被批评了。

3. 她妈妈跟她一样亲切。

1 녹음을 듣고, 일치하는 문장을 고르세요.

(1) ① 我一边听音乐一边笔记。
② 昨天一边看地图一边走路，摔倒了。
③ 我们一边喝咖啡一边聊天儿。

(2) ① 我的钱包被偷了。
② 我的朋友被批评了。
③ 脚被扭伤了，不过现在好多了。

(3) ① 中国的春节跟韩国一样热闹。
② 她妈妈跟她一样亲切。
③ 这条路跟那条路一样近。

2 밑줄 친 뜻과 일치하는 중국어 문장을 고르세요.

(1)

> A : 咦! 你的脚怎么了?
> Yí! Nǐ de jiǎo zěnme le?
>
> B : 어제 지도를 보면서 길을 걷다가 넘어졌어.

① 昨天看地图一边走路，摔倒了。

② 昨天看地图一边走路一边，摔倒了。

③ 昨天一边看地图一边走路，摔倒了。

(2)

> A : 哎呀! 你伤得严重吗?
> Āiyā! Nǐ shāng de yánzhòng ma?
>
> B : 발을 삐었는데, 지금은 많이 좋아졌어.

① 被脚了扭伤，不过现在好。

② 脚扭伤被了，不过现在好多了。

③ 脚被扭伤了，不过现在好多了。

3 빈칸에 알맞은 단어 또는 해석을 써 보세요.

A : 我们做什么?

B : 我们 _____ 喝咖啡 _____ 聊天儿吧。
     yībiān   yībiān

✎ 우리 커피 마시면서 이야기하자.

A : 好的，但是我没有钱。
我的钱包被偷了。

✎ ----------------------------------

40

쇼핑/환전 표현하기

现在打七折。

지금 30% 할인 중이에요.

강의 및 예문 듣기

🎧 40-1.mp3

워밍업

기본 문장 듣기

그림을 보며 녹음을 들어
보세요. 본문에서 배울 표
현을 귀에 익숙하게 적응
하는 단계입니다.

🎧 40-2.mp3

1단계

새로 배울 단어

终于 zhōngyú	뷔 마침내, 드디어	购物中心 gòuwù zhōngxīn	쇼핑 센터
欢迎光临 huānyíng guānglín	어서오세요[주로 상점에서 씀]	正在 zhèngzài	뷔 마침 ~하고 있다
打折 dǎzhé	동 할인하다	条 tiáo	양 장, 벌[가늘고 긴 물건을 세는 단위]
旗袍 qípáo	명 치파오	眼光 yǎnguāng	명 안목
原价 yuánjià	명 원래 가격, 정가	紧 jǐn	형 (옷이) 끼다, 조이다
合适 héshì	형 알맞다	刷卡 shuākǎ	동 카드를 긁다
开发票 kāi fāpiào	영수증을 발급하다	行 xíng	형 뛰어나다, 훌륭하다

271

1 들어 보세요.

A : 哦，我终于找到购物中心了！

B : 欢迎光临！正在打折呢。您看看。

A : 请给我那条旗袍吧。

B : 你真有眼光。原价五百块，现在打七折，三百五十块钱。

A : 我先试试。
一点儿也不紧，正合适。
我就买这条吧，这儿可以刷卡吗？

B : 当然可以。给您开发票吧。以后要换的话，带来发票。你汉语说得真行。

A : 哪儿啊！

2 병음을 보고 중국어로 말해 보세요.

A : Ò, wǒ zhōngyú zhǎodào gòuwù zhōngxīn le!

B : Huānyíng guānglín! Zhèngzài dǎzhé ne. Nín kànkan.

A : Qǐng gěi wǒ nà tiáo qípáo ba.

B : Nǐ zhēn yǒu yǎnguāng. Yuánjià wǔbǎi kuài, xiànzài dǎ qī zhé, sānbǎi wǔshí kuài qián.

A : Wǒ xiān shìshi.
Yìdiǎnr yě bù jǐn, zhèng héshì.
Wǒ jiù mǎi zhè tiáo ba, zhèr kěyǐ shuākǎ ma?

B : Dāngrán kěyǐ. Gěi nín kāi fāpiào ba. Yǐhòu yào huàn dehuà, dàilái fāpiào.
Nǐ Hànyǔ shuō de zhēn xíng.

A : Nǎr a!

3 우리말을 보고 중국어로 말해 보세요.

빈칸에 알맞은 병음을 쓰고 읽어 보세요.

A : 오! 내가 드디어 쇼핑 센터를 찾았어!

B : 어서 오세요! 마침 세일 중입니다. 좀 보세요.

A : 저 치파오를 보여 주세요.

B : 정말 안목이 있으시군요. 원래 가격은 500위안인데, 지금 30퍼센트 세일이라 350위안이에요.

A : 우선 입어 볼게요.
조금도 끼지 않고 딱 맞아요. 저는 이걸로 살게요. 여기 카드 되나요?

B : 당연히 됩니다. 영수증을 발급해 드릴게요. 이후에 바꾸려면 영수증을 가져오세요. 당신은 중국어를 정말 잘하네요.

A : 아니에요.

A : 哦，我终于找到购物中心了!
Ò, wǒ _____ zhǎodào gòuwù zhōngxīn le!

B : 欢迎光临! 正在打折呢。您看看。
Huānyíng guānglín! Zhèngzài _____ ne. Nín kànkan.

A : 请给我那条旗袍吧。
Qǐng gěi wǒ nà tiáo _____ ba.

B : 你真有眼光。原价五百块，现在打七折，三百五十块钱。
Nǐ zhēn yǒu _____. Yuánjià wǔbǎi kuài, xiànzài dǎ qī zhé, sānbǎi wǔshí kuài qián.

A : 我先试试。一点儿也不紧，正合适。我就买这条吧，这儿可以刷卡吗?
Wǒ xiān shìshi. Yìdiǎnr yě bù _____, zhèng héshì. Wǒ jiù mǎi zhè tiáo ba, zhèr kěyǐ _____ ma?

B : 当然可以。给您开发票吧。以后要换的话，带来发票。你汉语说得真行。
Dāngrán kěyǐ. Gěi nín _____ fāpiào ba. Yǐhòu yào huàn dehuà, _____ fāpiào. Nǐ Hànyǔ shuō de zhēn xíng.

A : 哪儿啊! Nǎr a!

| 정답 | 272쪽 **2**를 참고하세요.

273

🎧 40-4.mp3

3단계
기본 문형 익히기

단어

收 shōu 图 받다

잠깐만요!

到는 '(시간·장소에) 도달하다'라는 뜻의 동사입니다. 到가 결과보어로 쓰일 때도 동작이 어느 시간까지 지속되거나 어느 장소에 도달함을 보충합니다.

주어+동사+到+목적어
我学习到晚上11点了。
나는 저녁 11시까지 공부했다.
他们走到地铁站了。
그들은 지하철역까지 걸었다.

단어

毛衣 máoyī 명 스웨터

잠깐만요!

동사 打折는 왜 '打+숫자+折'처럼 글자를 떨어뜨려서 쓸까요? 중국어에는 '동사+목적어' 구조의 '동사'가 있습니다. 이것을 '이합(离合) 동사'라고 해요. 이름처럼 떨어질(离) 수도, 붙을(合) 수도 있는 동사이죠! 동사 자체에 목적어가 포함되어 있기 때문에 이합 동사 뒤에는 목적어가 올 수 없습니다.

我见面朋友。(X)
→ 我见朋友。
我帮忙他。(X)
→ 我帮他。

---

1 **我终于找到购物中心了！** 내가 드디어 쇼핑 센터를 찾았어!

我 ◆ 终于 ◆ **A** ◆ 到 ◆ **B** ◆ 了。
Wǒ   zhōngyú   동사   dào   목적어   le

내가 드디어 B를 A했다

买   电影票
나는 드디어 영화 티켓을 샀어!

收   邮件
내가 드디어 메일을 받아 냈어!

到는 동사 뒤에 결과보어로 쓰여 '(~을) 이루어 내다(해내다)'라는 뜻을 나타냅니다.

- 평서문: 주어+동사 술어+결과보어 到+목적어+了

  我买到电影票了。 Wǒ mǎidào diànyǐngpiào le. 나는 영화 티켓을 샀다.

- 부정문: 주어+没+동사 술어+결과보어 到+목적어

  我没买到电影票。 Wǒ méi mǎidào diànyǐngpiào. 나는 영화 티켓을 못 샀다.

- 의문문: 주어+동사 술어+결과보어 到+목적어+了+吗?

  你买到电影票了吗？ Nǐ mǎidào diànyǐngpiào le ma? 너는 영화 티켓을 샀니?

2 **现在打七折，三百五十块钱。** 지금 30% 세일해서 350위안이다.

现在 打 ◆ **A** ◆ 折, ◆ **B**。
Xiànzài dà   숫자   zhé   가격

지금 A% 세일해서 B이다

九   四百五十块钱
지금 10퍼센트 세일해서 450위안이다.

三   一百五十块钱
지금 70퍼센트 세일해서 150위안이다.

打折는 '할인하다', '세일하다'라는 의미로 구체적인 할인 퍼센트를 말할 때는 '打+숫자+折'라고 표현합니다. 한국에서 '몇 퍼센트 할인하다'라는 표현은 소비자 가격에서 몇 퍼센트 깎이는 것을 뜻하는데, 중국어에서는 주인이 받는 가격에서 몇 퍼센트를 깎아서 받는 것을 뜻합니다. 즉, 打七折는 소비자의 입장에서 보면 '70퍼센트 할인'이 아니라 '30퍼센트 할인'이 됩니다.

🔊 A: 这件毛衣打几折? Zhè jiàn máoyī dǎ jǐ zhé? 이 스웨터는 몇 퍼센트 세일인가요?

B: 打七五折。 Dǎ qī wǔ zhé. 25퍼센트 세일이이에요.

3 一点儿也不紧，正合适。 조금도 끼지 않고 딱 맞다.

一点儿 ➕ **也不** ➕ **A。**   조금도 A하지 않다
Yìdiǎnr   yě bù   형용사

   贵   조금도 비싸지 않다.
   肥   조금도 헐렁하지 않다.

'一点儿也不~'는 '조금도 ~하지 않다'라는 표현입니다. 강한 부정을 나타내며, 不 대신 都를 넣어서 '一点儿都不~'라고 표현할 수도 있습니다. 이와 비슷한 표현으로 '一+양사+명사+也+不/没~'가 있습니다. '一点儿也不~'가 불특정한 양으로 부정한다면 '一+양사+명사+也+不/没~'는 특정 수량으로 부정하는 표현입니다.

· 주어+一点儿+也/都+不+술어

   我一点儿都不饿。 Wǒ yìdiǎnr dōu bú è. 나는 조금도 배고프지 않다.

· 주어+一+양사+명사+也+不/没+술어

   我一口水也不喝。 Wǒ yì kǒu shuǐ yě bù hē. 나는 물을 한 모금도 마시지 않았다.

작문 도전! 다음 문장의 뜻에 맞게 단어의 순서를 배열하여 중국어 문장을 완성해 보세요.

1. 내가 드디어 메일을 받아 냈어!   → 终于 | 了 | 收 | 我 | 邮件 | 到

   ✎ _____

2. 지금 10% 세일해서 450위안이다.
                        → 折 | 现在 | 九 | 打 | 块钱 | 四百 | 五十

   ✎ _____

3. 조금도 헐렁하지 않다.   → 不 | 一点儿 | 肥 | 也

   ✎ _____

275

1 녹음을 듣고, 일치하는 문장을 고르세요.

(1) ① 我终于买到电影票了。
② 我终于找到购物中心了。
③ 我终于收到邮件了。

(2) ① 现在打七折，三百五十块钱。
② 现在打九折，四百五十块钱。
③ 现在打三折，一百五十块钱。

(3) ① 一点儿也不紧。
② 一点儿也不肥。
③ 一点儿也不贵。

2 밑줄 친 뜻과 일치하는 중국어 문장을 고르세요.

(1)

> A : 내가 드디어 쇼핑센터를 찾아
> 냈어!
>
> B : 欢迎光临！正在打折呢。
> Huānyíng guānglín!
> Zhèngzài dǎzhé ne.

① 我找到终于购物中心了!
② 我购物中心终于找到了!
③ 我终于找到购物中心了!

(2)

> A : 정가는 500위안이고, 지금
> 은 30% 세일합니다.
>
> B : 我先试试。
> Wǒ xiān shìshi

① 原价五百块，现在打三折。
② 原价五百块，现在打七折。
③ 原价五百块，现在打折三十。

3 빈칸에 알맞은 단어 또는 해석을 써 보세요.

A : 这件毛衣打几折?　　　　✎ ------------------------------

B : 现在打 _____ 折。你先 _____ 吧。　✎ 지금 20%세일해요. 우선 입어 보세요.
　　　　　　bā　　　　　　shìshi

A : 这件一点儿也不 _____ , 真好看。　✎ 조금도 헐렁하지 않고 정말 예쁘네요.
　　　　　　　　　　　féi

B : 打八折，三百二十块钱。　　✎ ------------------------------

중국어
무작정 따라하기

01

A: 你好！

A: 谢谢！

A: 对不起！

A: 再见！

02

A: 你们好吗?

B: 我们很好。您呢?

A: 我也很好。

03

A: 你是美爱吗?

B: 对，我是美爱。他是谁?

A: 他是我朋友，英俊。

04

A: 你做什么?

B: 我看电影。

A: 你看什么电影?

B: 我看中国电影。

05

A: 他在家吗?

B: 他不在家。

A: 他有手机吗?

B: 他没有手机。

06

A: 今天几月几号?

B: 今天六月九号。

A: 明天星期几?

B: 明天星期一。

07

A: 现在几点?

B: 现在六点十分。

A: 你几点下班?

B: 我六点半下班。

08

A: 他今年多大?

B: 他今年三十岁。

A: 他属什么?

B: 他属马。

09

A: 你身体好吗?

B: 我身体不舒服。

A: 你那儿不舒服?

B: 我头有点儿疼。

10

A: 您要几杯可乐?

B: 我要两杯。多少钱?

A: 二十五块。

11

A: 你好！你叫什么名字?

B: 我姓金，叫金英俊。

A: 认识你很高兴！

B: 认识你我也很高兴。

12

A: 好久不见！

B: 好久不见！

A: 你最近怎么样?

B: 我最近工作太忙了。

13

A: 这是我们家的全家福。

B: 这是谁?

A: 这是我哥哥,他是公司职员。

B: 真帅。

14

A: 我喜欢打篮球。你会打篮球吗?

B: 我不会打。你打篮球打得怎么样?

A: 我打得不太好。你喜欢做什么?

B: 我对中国歌很感兴趣。

15

A: AA书吧在哪儿?

B: AA书吧在麦当劳东边。

A: 麦当劳怎么走?

B: 往前走,到BB补习班往右拐。

16

A: 欢迎你来我家玩儿!

B: 哇!蛋糕!今天是什么纪念日吗?

A: 今天六月二十四号,是你的生日。祝你生日快乐!

B: 谢谢!

17

A: 你什么时候下班?

B: 我六点下班,不过今天我要加班。

A: 是吗?你吃饭了吗?

B: 还没吃。工作太多了。

18

A: 你在做什么呢?

B: 我在上网呢。

A: 你知道英爱的手机号码吗?

B: 知道。她的手机号码是13608116998.

19

A: 听小张说,你身体不舒服。怎么样?

B: 我头疼,有点儿发烧。

A: 现在好一点儿了吗?

B: 好多了。谢谢老师。

20

A: 这件能不能便宜一点儿?

B: 三百块钱,怎么样?这件大衣又好看又便宜。

A: 我可以试试吗?

B: 当然可以。

21

A: 这位是新来的中国职员。

B: 大家好,我来介绍一下!我叫王明,见到你们很高兴,以后请多多关照。

A: 我们也非常高兴跟你一起工作。

22

A: 张阳!最近你过得怎么样?

B: 好久不见!最近我生意越来越忙。

A: 你们公司的新产品上市了吗?

B: 我们的产品就要上市了。

23

A: 坐飞机很累吧?为了表示欢迎,我们准备了小宴。

B: 谢谢你们的款待。

A: 这是这儿的特色菜,你尝尝。

B: 真对不起,我对海鲜过敏。

24

A: 你收到了我的邮件吗?

B: 我现在才来,等一等。咦!我不能打开信箱。

A: 是吗？那我用MSN发文件。

B: 谢谢，麻烦你了。

25

A: 明天上午从八点半到十点有很重要的会议。你复印十份会议材料。

B: 复印机在哪儿？

A: 文件柜旁边有复印机。

26

A: 听说你升职了！恭喜恭喜！

B: 谢谢大家！要是今天晚上有时间的话，我们就聚餐吧。

A: 我们要准备明天的会议。星期五晚上怎么样？

B: 好，那天我请你们吃中国菜。

27

A: 我要去北京饭店。打车到北京饭店要多长时间？

B: 大概要三十分钟，不过现在恐怕堵车了。

A: 我没想到北京也这么堵车。

B: 最近北京堵车真厉害。

28

A: 请让我看您的护照。请问，您的入境目的是什么？

B: 我是来出差的。

A: 您预计停留多长时间？

B: 我预计停留一个星期。

29

A: 组长，今天下午我要请假。

B: 怎么了？你哪儿不舒服？

A: 我好像感冒了似的。

B: 你不舒服，还是早点儿回家休息吧。

30

A: 请问，这儿可以换钱吗？

B: 可以。您得出示您的护照。

A: 给你。我有一千美元，我想换成人民币。

B: 今天的汇率是1比6.35。

31

A: 你好！我要登记入住，我叫李英爱。

B: 请给我看一下您的护照，可以吗？

A: 可以，我带着护照。明天早上六点叫醒，可以吗？

B: 可以，我们会叫醒您。

32

A: 早！你们睡好了吗？

B: 睡好了，谢谢。今天我们打算去798艺术区。那儿离这儿多远？

A: 不太远。坐12路公共汽车或者坐15号线地铁都行。

33

A: 我给你们推荐几个菜吧。京酱肉丝是我们餐厅的拿手菜。

B: 京酱肉丝是用猪肉做的吗？

A: 对，味道好吃极了。还有鱼香茄子、小笼包什么的。

B: 那我们点一盘京酱肉丝和一盘鱼香茄子。

34

A: 哪个最好吃？我们连午饭也没吃，太饿了。

B: 是吗？这儿的鸡肉汉堡包真好吃。我吃过两次。你们打包还是在这儿吃？

A: 在这儿吃。那我们点两个鸡肉汉堡套餐吧。

35

A: 请问，行李在哪儿取？

B: 先往前走，然后到那儿再下去吧。

A: 不好意思，我听不懂。我汉语会说是会说，但是说得不太好。

B: 那我帮你找你的行李。

36

A: 九月的上海还是很热。后天北京天气怎么样？

B: 听天气预报说，北京比上海还凉快。

A: 秋天拉萨的天气也很凉快。

B: 那我们这次就去拉萨，十一月再去北京。

37

A: 明天我要退房，明天几点要退？

B: 12点之前退就行了。我们不但免费提供上网服务，而且免费提供早餐。

A: 从几点到几点可以吃早餐？

B: 从早上九点到十二点。

38

A: 喂，不是张阳家吗？

B: 是。我是她的爱人。

A: 你好! 我是他的朋友李英南。他在吗？

B: 因为他去出差了，所以不在家。明天晚上回来。

39

A: 你的脚怎么了？

B: 昨天一边看地图一边走路，摔倒了。

A: 哎呀！你伤得严重吗？

B: 脚被扭伤了，不过现在好多了。

40

A: 请给我那条旗袍吧。

B: 现在打七折，三百五十块钱。

A: 我先试试。哦，一点儿也不紧，正合适。这儿可以刷卡吗？

B: 当然可以。

연습문제 정답

01

1. (1) ①　　(2) ②　　(3) ②

2. (1) ①　　(2) ②

3. (1) 你好！

(2) 不客气！

(3) 再见！

02

1. (1) ②　　(2) ①　　(3) ②

2. (1) ②　　(2) ①

3. (1) 你好吗？

(2) 我们很好。您呢？

(3) 我也很好。

03

1. (1) ②　　(2) ①　　(3) ②

2. (1) ③　　(2) ③

3. (1) 他是谁？

(2) 我是英俊。

(3) 她是我朋友。

04

1. (1) ①　　(2) ③　　(3) ②

2. (1) ②　　(2) ③

3. (1) 你做什么？

(2) 我看中国电影。

(3) 你看什么书？

05

1. (1) ③　(2) ①　(3) ②
2. (1) ③　(2) ②
3. (1) 他在哪儿?
　　(2) 手机在公司。
　　(3) 我没有手机。

06

1. (1) ①　(2) ②　(3) ①
2. (1) ③　(2) ①
3. (1) 今天几月几号?
　　(2) 明天星期三。
　　(3) 昨天不是星期五。

07

1. (1) ①　(2) ①　(3) ②
2. (1) ③　(2) ②
3. (1) 现在两点三刻。
　　(2) 我们差一刻八点上班。
　　(3) 我七点半下班。

08

1. (1) ②　(2) ①　(3) ①
2. (1) ③　(2) ②
3. (1) 你今年多大?
　　(2) 我属羊。
　　(3) 她属什么?

09

1. (1) ②　(2) ①　(3) ①
2. (1) ②　(2) ③
3. (1) 你哥哥哪儿不舒服?
　　(2) 你爸爸、妈妈身体好吗?
　　(3) 我头有点儿疼。

10

1. (1) ②　(2) ①　(3) ③
2. (1) ③　(2) ②

3. (1) 我要两杯可乐。
　　(2) 多少钱?
　　(3) 二十块二毛。

11

1. (1) ③　(2) ①　(3) ②
2. (1) ①　(2) ②
3. A : 만나서 반가워.
　　B : 认识你我也很高兴。
　　A : 너는 중국인이니?
　　B : 不是，我是韩国人。

12

1. (1) ②　(2) ③　(3) ①
2. (1) ②　(2) ②
3. A : 너 공부하는 게 어떠니?
　　B : 我最近学习太累了。
　　A : 너는 좀 쉬어야겠구나.

13

1. (1) ②　(2) ①　(3) ③
2. (1) ①　(2) ③
3. A : 这是谁?
　　B : 이 사람은 우리 오빠야.
　　A : 너희 오빠는 무슨 일을 하니?
　　B : 我哥哥是老师。

14

1. (1) ③　(2) ②　(3) ③
2. (1) ②　(2) ③
3. A : 너는 취미가 뭐니?
　　B : 我喜欢打高尔夫球。
　　A : 나는 골프를 칠 줄 몰라.
　　B : 我教你打。

15

1. (1) ②　(2) ③　(3) ①
2. (1) ②　(2) ③

3. A : 사무실은 어디에 있어요?

    B : 办公室在银行北边。

    A : 은행은 어떻게 가요?

    B : 往前走，到书吧往左拐。

16

1. (1) ①   (2) ②   (3) ③

2. (1) ③   (2) ②

3. A : 우리 책 보러 서점에 갈래?

    B : 书店离学校远吗？

    A : 안 멀어. 서점은 학교에서 가까워.

    B : 好，你别迟到。

17

1. (1) ②   (2) ①   (3) ③

2. (1) ③   (2) ①

3. A : 당신 밥 먹었어요?

    B : 还没吃。

    A : 언제 밥 먹을 거예요?

    B : 我先发电子邮件，然后吃饭。

18

1. (1) ②   (2) ③   (3) ①

2. (1) ①   (2) ②

3. A : 너 뭐 하고 있니?

    B : 我在吃饭呢。

    A : 이번 주말에 우리 같이 영화 보러 가자.

    B : 好的。我想看喜剧片。

19

1. (1) ①   (2) ②   (3) ③

2. (1) ②   (2) ①

3. A : 听说你头疼？现在好一点儿了吗？

    B : 많이 좋아졌어요. 그런데 열이 조금 나요.

    A : 你在家休息吧。

    B : 관심 가져 주셔서 감사합니다.

20

1. (1) ①   (2) ②   (3) ③

2. (1) ③   (2) ①

3. A : 오늘 너 모임에 참가할 수 있니?

    B : 我不能参加聚会。

    A : 너 오늘 일이 바쁘니?

    B : 不，我想休息休息。

21

1. (1) ②   (2) ②   (3) ①

2. (1) ③   (2) ②

3. A : 我来介绍一下，我叫王明。

    B : 见到你，我很高兴。

    A : 저도 정말 반가워요.

    B : 请多多指教。

22

1. (1) ③   (2) ②   (3) ①

2. (1) ③   (2) ②

3. A : 당신 회사의 판매 수입은 어때요?

    B : 销售收入越来越增加。

    A : 잘됐군요! 당신 회사의 모임은 언제 시작해요?

    B : 聚会七点就要开始了。

23

1. (1) ②   (2) ③   (3) ①

2. (1) ③   (2) ②

3. A : 味道真不错吧？

    B : 네, 당신들의 정성스러운 대접에 감사드려요.

    A : 아니에요. 이건 이곳의 특별 요리예요. 드셔 보세요.

    B : 真对不起。我对海鲜过敏。

24

1. (1) ③   (2) ①   (3) ②

2. (1) ②   (2) ②

3. A : 너 뭐 하고 있니?

    B : 我在用面粉做面包呢。

A : 너 아직 밥 안 먹었니?

B : 还没吃，我晚上八点**才**下班了。

25

1. (1) ③　(2) ①　(3) ②

2. (1) ③　(2) ①

3. A : 打印机**在**哪儿?

B : 컴퓨터 오른쪽에 프린터가 있어요.

A : 프린터가 고장 났어요.

B : **别**担心。我来帮你。

26

1. (1) ①　(2) ②　(3) ③

2. (1) ③　(2) ①

3. A : 今天我**请**你看京剧，怎么样?

B : 미안해. 오늘 난 야근해야 돼.

A : **要是**不加班**的话**，一起去吧。

B : 좋아.

27

1. (1) ②　(2) ①　(3) ③

2. (1) ②　(2) ③

3. A : 你吃**过**北京烤鸭吗?

B : **没**吃**过**。

A : 너 좀 먹어 봐. 정말 맛있어.

B : 我真**没想到**北京烤鸭这么好吃。

28

1. (1) ①　(2) ②　(3) ③

2. (1) ②　(2) ②

3. A : 您是从哪儿来的?

B : 저는 한국에서 왔습니다.

A : 您预计停留**多长时间**?

B : 저는 5일 동안 머물 예정이에요.

29

1. (1) ③　(2) ②　(3) ①

2. (1) ③　(2) ②

3. A : 你预订好明天的机票了吗?

B : 아직 안 했어요.

A : 好像没票**似的**。你**还是**下周去吧。

30

1. (1) ②　(2) ③　(3) ①

2. (1) ①　(2) ③

3. A : 请告诉我今天的汇率。

B : 오늘의 환율은 1대 7입니다.

A : 我有五百美元，想**换成**人民币。

B : 您**得**出示您的护照。

31

1. (1) ②　(2) ①　(3) ③

2. (1) ③　(2) ②

3. A : 너 뭐 하고 있니?

B : 我在看着小说。

A : 你**给**我看一下那本小说，可以吗?

B : 好，我**会给**你看的。

32

1. (1) ②　(2) ②　(3) ③

2. (1) ①　(2) ③

3. A : 王明，你家离车站多远?

B : 많이 멀어. 너 버스 타고 와.

A : 要坐几路公共汽车?

B : 500번이나 350번 모두 타도 돼.

33

1. (1) ②　(2) ③　(3) ①

2. (1) ①　(2) ③

3. A : 너 주말에 뭐 하는 걸 좋아하니?

B : 我喜欢看演唱会、玩儿游戏**什么的**。

A : 너 어떤 운동을 할 줄 아니?

B : **除了**打乒乓球**以外**，我都不会做别的运动。

34

1. (1) ② (2) ③ (3) ①

2. (1) ① (2) ②

3. A : 你是不是结婚了?

B : 안 했어요. 전 여자 친구도 없어요.

A : 我办公室的她怎么样?

B : 그녀를 두 번 만난 적이 있어요. 저에게 소개해 주세요.

35

1. (1) ③ (2) ② (3) ①

2. (1) ② (2) ②

3. A : 味道怎么样?

B : 맛있긴 맛있는데 매워요.

A : 你吃得完吗?

B : 저는 다 못 먹겠어요.

36

1. (1) ② (2) ③ (3) ②

2. (1) ③ (2) ②

3. A : 他个子高吗?

B : 他个子不高也不矮。

A : 그 사람은 올해 몇 살이니?

B : 听说他比我小几岁。

37

1. (1) ③ (2) ① (3) ②

2. (1) ③ (2) ②

3. A : 你能不能把我的行李拿到家?

B : 응, 들어 줄게.

A : 你不但很帅, 而且很善良。

B : 아니야.

38

1. (1) ② (2) ① (3) ③

2. (1) ③ (2) ①

3. A : 他成绩不是很好吗?

B : 不知道, 他没讲清楚。

A : 그는 매우 열심히 하기 때문에 성적이 반드시 아주 좋을 거야.

39

1. (1) ② (2) ③ (3) ①

2. (1) ③ (2) ③

3. A : 우리 뭐 할래?

B : 我们一边喝咖啡一边聊天儿吧。

A : 좋아, 그런데 나 돈이 없어. 지갑을 도둑맞았어.

40

1. (1) ② (2) ① (3) ①

2. (1) ③ (2) ②

3. A : 이 스웨터는 몇 퍼센트 세일해요?

B : 现在打八折。你先试试吧。

A : 这件一点儿也不肥, 真好看。

B : 20% 세일해서 320위안이에요.

중국어 회화
핵심패턴 233

—

패턴 233개만 알면 중국어 말문이 트인다!
입 트이기에 최적화된 구성으로
회화를 완벽하게 트레이닝 할 수 있습니다.

엄상천 저 | 296쪽 | 15,800원
부록: mp3 파일 무료 다운로드, 휴대용 소책자

첫걸음 | **초 급** | 중 급 | 고 급

드라마 중국어회화 핵심패턴 233

임대근, 高瑜 저 | 304쪽 | 정가 15,800원
부록: 휴대용 소책자, 저자 음성 강의 및 mp3 파일
무료 다운로드

첫걸음 | **초 급** | 중 급 | 고 급

비즈니스 중국어회화&이메일 핵심패턴 233

윤미희, 郭祎 저 | 296쪽 | 정가 15,800원
부록: 휴대용 소책자, mp3 파일 무료 다운로드

첫걸음 | **초 급** | 중 급 | 고 급

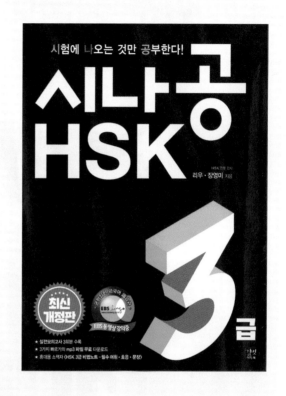

네이티브는
쉬운 중국어로 말한다
1000문장 편

40만 독자가
선택한
베스트셀러!

부록

mp3 파일
무료 다운로드

김소희(차라) 지음 | 592쪽 | 16,000원

중국인이 입에 달고 사는 1000문장을 모았다!

중국 SNS, 인터넷에서 쓰는 진짜 중국어!
드라마, 영화보다 재미있는 mp3 파일 제공!

| 난이도 | 첫걸음 초급 중급 고급 | 시간 | 하루 5분, 다섯 문장 |

| 대상 | 반말, 회화체를 배우고 싶은 학습자 중드로 중국어를 공부하는 초중급자 | 목표 | 교과서 같은 딱딱한 중국어에서 탈출하여 네이티브처럼 자연스러운 중국어 회화 구사하기 |